Christa Meves
Freiheit will gelernt sein

Herderbücherei Band 517   144 Seiten, 6. Aufl.

Ausgehend von ihren psychagogischen Erfahrungen macht die bekannte Taschenbuchautorin (700 000 Bände in der Herderbücherei) hier auf die Gefahren einer übertrieben freiheitlichen Erziehung aufmerksam. Bindungs- und Orientierungslosigkeit machen zutiefst unglücklich, wie Beispiele verhaltensgestörter Kinder, straffälliger Jugendlicher und zerbrechender Familien deutlich machen. – Der Rückschlag ins Autoritäre ist unvermeidlich, wenn wir nicht bald begreifen, daß wirkliche Emanzipation ein Reifeprozeß ist. Freiheit will gelernt sein.

Christa Meves / Joachim Illies
Mit der Aggression leben

Herderbücherei Band 536   128 Seiten, 4. Aufl.

Anhand vieler anschaulicher Beispiele baut dieses Taschenbuch Vorurteile ab und ermöglicht ein differenziertes Urteil. Aus dem Dialog zwischen der Psychagogin Ch. Meves und dem Zoologen J. Illies wird deutlich, daß Aggression zunächst einen lebenserhaltenden Sinn hat. Mit einer Verteufelung der Aggression ist weder Eltern noch Erziehern geholfen; wir müssen vielmehr ihre Lebensfunktion durchschauen lernen, um in einer schwierigen Situation besonnen reagieren zu können.

Herderbücherei

Christa Meves
Manipulierte Maßlosigkeit

Psychische Gefahren im technisierten Leben

Herderbücherei Band 401   140 Seiten, 19. Auflage

Von der Befreiung des Menschen wird heute viel gesprochen, kaum dagegen von den Zwängen und den seelischen Gefahren des technisierten Lebens. Eine erfahrene Psychologin durchbricht die Mauer des Schweigens. Schonungslos diagnostiziert sie die kollektive Neurose unserer Gesellschaft und weist Wege, ihr zu entrinnen, Wege zu einem individuellen Glück.

Christa Meves
Wunschtraum und Wirklichkeit

Lernen an Irrwegen und Illusionen

Herderbücherei Band 433   160 Seiten, 9. Auflage

Die Wirklichkeit zu verdrängen statt sich ihr zu stellen ist die große Versuchung unserer Zeit. Die Autorin geht dieser Tendenz in den verschiedenen Lebenssituationen nach und zeigt an vielen Beispielen aus ihrer psychologischen Praxis, welche schweren seelischen Schäden aus der Flucht in starre Prinzipien, illusionäre Wunschbilder und ideologische Denkmodelle entstehen. Lebensunfähige Kinder, zerbrochene Ehen, Drogensucht und Verhaltensstörungen sind der Preis für solche Irrwege.

Herderbücherei

Inhalt

Einführung 9

Austreibung als Anstoß zur Reife. Eine tiefenpsychologische Deutung des Sündenfalls 14

Lebenshilfe durch Hiob 25

Die zeitlose Wahrheit der Jonas-Geschichte 42

Vom Mythos der Engelehen 55

Jakob und Joseph. Die Geschichte eines psychischen Wandlungsprozesses 61

Der Lebensbaum 72

Gleichnisse Christi als Orientierungshilfe zur Lösung von zentralen Lebensproblemen heute 78

Psychische Heilung und religiöse Erneuerung 103

Endzeit als existentielle Erfahrung. Eine tiefenpsychologische Deutung der apokalyptischen Visionen 108

Literaturverzeichnis 155

Über das Buch

Was sagen uns die biblischen Bilder? Eine verkopfte Theologie hat ihre Sprache zum Verstummen gebracht. Es ist daher ein legitimer Versuch, sie mit Mitteln der Tiefenpsychologie wieder zu erschließen. Das führt naturgemäß zu neuen, oft überraschenden Zugängen zur Bibel; denn es zeigt sich, daß in den Mythen und Symbolen ein tiefer menschheitlicher Sinn steckt, der von den traditionellen Auslegungen eher zugedeckt als befreit wird.
Dieses neue Taschenbuch von Christa Meves ist daher ein geistiges Abenteuer für den Leser. Er wird die Bibel mit neuen Augen sehen lernen, er wird erfahren, daß ihr Zuspruch gerade in der verstummten Sprache der Bilder zu suchen ist.

Über die Autorin

Christa Meves, geboren 1925. Studium der Germanistik, Geographie und Philosophie an den Universitäten Breslau und Kiel. Staatsexamen in Hamburg, dort zusätzlich Studium der Psychologie. Psychagogen-Ausbildung an den Psychotherapeutischen Instituten Hannover und Göttingen. Frei praktizierend in Uelzen. Arztfrau und Mutter zweier Töchter.
Vortrags- und Lehrtätigkeit in Rundfunk und Akademien sowie in zahlreichen Arbeitskreisen. Neben Veröffentlichungen in Fachzeitschriften folgende Bücher:
Erziehen lernen in tiefenpsychologischer Sicht (Bayerischer Schulbuchverlag, [5]1975), Erziehen und Erzählen – Von Kindern und Märchen (Kreuz-Verlag, [5]1976), Ermutigung zum Leben (Kreuz-Verlag, [5]1976), Verhaltensstörungen bei Kindern (R. Piper & Co., [6]1976), Mut zum Erziehen (Furche-Verlag, [8]1976), Die Schulnöte unserer Kinder (Furche-Verlag, [6]1976), Ich reise für die Zukunft (Verlag Herder, [2]1974), Ich will leben (Verlag Weisses Kreuz, [4]1977), Ninive darf nicht untergehen (Verlag Weisses Kreuz, [5]1977), Wer paßt zu mir? (Verlag Weisses Kreuz, [3]1976), Antrieb – Charakter – Erziehung (Fromm Verlag 1977), Wer wirft den ersten Stein? (Verlag Weisses Kreuz 1977), Chancen und Krisen der modernen Ehe (Verlag Weisses Kreuz 1977).

Herderbücherei

Band 461

Originalausgabe
Erstmals veröffentlicht als Herder-Taschenbuch

1. Auflage Mai 1973
2. Auflage Juli 1973
3. Auflage September 1973
4. Auflage März 1974
5. Auflage November 1974
6. Auflage Juni 1975
7. Auflage März 1976
8. Auflage Januar 1977
9. Auflage Januar 1978

Alle Rechte vorbehalten – Printed in Germany
© Verlag Herder Freiburg im Breisgau 1973
Herder Freiburg · Basel · Wien
Herstellung: Freiburger Graphische Betriebe 1978
ISBN 3-451-01961-2

Christa Meves

Die Bibel antwortet uns in Bildern

Tiefenpsychologische Textdeutungen
im Hinblick auf Lebensfragen heute

Herderbücherei

Einführung

In den vielen Diskussionen, die ich in den letzten Jahren auf Tagungen und nach Vorträgen – meistens über Erziehungsfragen – erlebte, zeichnete sich erstaunlicherweise ab, daß die Ratlosigkeit und das Informationsbedürfnis sich keineswegs auf das pädagogische und psychologische Feld beschränkten, sondern daß hinter allen Fragen nach den rechten Handlungen im Alltag ein fundamentaleres Suchen nach Orientierung sichtbar wurde: nach dem Sinn des eigenen Lebens, nach dem Ziel des Entwicklungsprozesses der Lebewesen, nach dem Woher und Wohin der Existenz, nach dem „Wozu dies alles?" Oft habe ich dann versucht, Antworten mit einem Wort oder einem Bild aus der Bibel zu geben, wobei ich die Bedeutung der Aussage in unsere abstrakt-logische Sprache und Denkweise gewissermaßen „übersetzte". Das erwies sich dann meist als ein Mosesches Klopfen gegen den Fels: Es trat ein elementarer Durst nach mehr von solchem Wasser in Erscheinung, es zeigte sich, daß ein außerordentlich starkes Bedürfnis vorhanden ist, die alten Weisheiten besser zu verstehen, daß der unter den Axtschlägen der Naturwissenschaft religiös entwurzelte Mensch nach einem Standort sucht, in dem seine Seele eine neue Heimat fände.

In der vorliegenden Schrift komme ich diesem Bedürfnis meiner Zuhörer und der mir schreibenden Leser nach, das sich geradezu drängend verdichtete. Sie will Anstoß sein, die Sprache der Bilder und die zeitlose Wahrheit, die in vielen biblischen Geschichten durch sie hindurch aufleuchtet, klarer erfassen zu können. Das bedeutet nichts anderes, als eine Zementschicht loszuklopfen, mit der wir im Zuge unserer Bewußtseinsentwicklung (mit Hilfe des rational-logischen Denkens) die alten Weisheitsbrunnen zugemauert haben, weil wir wähnten, wir hätten sie nicht mehr nötig. Aber – um im Bild zu bleiben – unser Seelenbaum läßt sich nicht mit aufbereitetem verkalktem Wasser aus der Leitung ernähren. Er geht ein, wenn wir das über lange Zeit wagen. Der eigentliche Durst, d. h. unsere religiöse Bedürftigkeit, läßt sich nur aus den ewigen Quellgründen stillen. Sie sind auch – das soll mein Bild vom zugemauerten Brunnen sagen – in jedem von uns noch vorhanden, wir müssen uns nur die Mühe machen, sie freizulegen; denn wir haben alle – das beweist die Welt der Bilder in unseren Träumen – im Grunde eine unmittelbare Beziehung zu jener Welt, die hinter dem Sinnlich-Wahrnehmbaren existiert. In ihr allein sind auch die Antworten nach dem Sinn zu suchen und zu finden, für jeden in einer konkreten Weise anders und nur individuell passend und doch in einer großen gemeinsamen Übereinstimmung. Ohne ein solches Auf-die-Suche-Gehen nach der Frage: Was hat dieses *mein* Leben eigentlich für einen Sinn, bleiben wir nicht nur arm, sondern sind auch für die unvermeidbaren Krisen und Katastrophen unseres Lebens kaum hinreichend ausgerüstet. Die Bibel kann uns in der Sprache der Bilder diese Antworten immer noch vermitteln! Wir müssen nur wieder lernen, sie zu verstehen. Kürzlich sagte in meiner Praxis ein junges Mädchen, das nach mehreren Selbstmordversuchen zu mir gekommen war und von mir betreut wurde: „Als es zu Hause wieder so verdammt schwierig wurde, hätte ich gewiß noch einmal versucht, mich umzubringen, aber seit Sie mir die Geschichte von Hiob erzählt haben, seit ich weiß, daß schon mein Aushalten Sinn hat, geht das einfach nicht mehr."

In der Hoffnung, mehr Hilfe dieser Art vermitteln zu können, sind die Interpretationsversuche der biblischen Texte geschrieben worden, denn in meiner langjährigen Arbeit mit Kindern und Jugendlichen, im Beachten ihrer Träume, ihrer Phantasien und unbewußten Spielinhalte hatte sich mir gezeigt, daß es eine artgemäße schöpferische Produktivität gibt, die gänzlich unbewußt waltet und sich in ähnlichen Bildern und Symbolen ausdrückt, wie sie auch in der Bibel in großer Fülle enthalten sind. Ich konnte das, was ich hier in staunenswertem Reichtum erfuhr, nur als Blick *hinter* die Tür der Realität, als ein Erleben des Wirkens Gottes verstehen, und so öffnete sich mir durch meine Arbeit, durch das Verstehen der Symbole, ein Zugang zum Christentum, der auch bei mir durch Fehlinformation verschüttet gewesen war. In der Praxis lernte ich, wie elementar gültig die Weisheiten der Bibel für uns heute noch sind und wieviel entscheidende, handfeste Lebenshilfe aufgrund des Verstehens biblischer Erkenntnisse möglich ist. Den Menschen früher war das sicher unmittelbar möglich; wir heutigen Menschen mit unserem aufklärerischen Ich-Bewußtsein brauchen den holperigen Umweg über unseren Verstand. Das bedeutet aber nicht, in einem solchen „Entmythologisierungsprozeß" steckenbleiben zu müssen. Die Erfahrung lehrt, daß, sind die Ohren erst wieder geöffnet, eine neue Dimension des Begreifens und des Ergriffenwerdens einsetzen kann. Sie bedarf der Reflexion nicht mehr, weil eine neue Erkenntnisfähigkeit, die Intuition als eine vertiefte Sehergabe, eine neue Möglichkeit des *Durchschauens* zur Wirkung gelangt. Auch in Heilungsprozessen innerhalb einer Psychotherapie kann sich so etwas ereignen als eine Belebung jener Tiefendimension, in der die Bilderwelt der Seele wurzelt. Um das zu verdeutlichen, habe ich innerhalb der Schrift einen Praxisfall dieser Art in einem gesonderten Kapitel gebracht (Psychische Heilung und religiöse Erneuerung).

Das Buch enthält nur eine kleine, eine geradezu winzige Auswahl biblischer Texte. Sie wurde einerseits bestimmt durch die Absicht, für eine solche exemplarische Studie diejenigen Geschichten herauszugreifen, in denen besonders füllig in mythischen Bildern gesprochen wird und in denen durch die tiefenpsychologische Betrachtungsweise Aspekte der Erkenntnis sichtbar werden, die von den theologischen Exegeten bisher weniger in den Vordergrund gerückt worden sind. Keineswegs erhebt die Studie in irgendeiner Weise den Anspruch, den einzigen, alleingültigen Deutungskern entdeckt zu haben. Dennoch sind die vorliegenden Interpretationen keineswegs willkürlich, wie es sich bei dem Vergleichen der tiefenpsychologischen Deutungen mit denen der Thora-Forschung bestätigte. Zu der Zeit, als die hebräischen Texte geschrieben wurden, war das Darstellen von Erkenntnissen in der Bildersprache, die Schilderung seelischer Entwicklungsprozesse als ein farbiges Geschehen vieler Einzelpersonen, Gruppen und Etappen gang und gäbe. Die Bewußtseinsstufe des Abstrahierens und Analysierens hatte noch nicht begonnen. Es herrschte eine Einheit von innen und außen, von Mikrokosmos und Makrokosmos, eine Situation, die es viel leichter möglich macht, durch die Welt der Erscheinungen zum Wesentlichen hindurchzuschauen. Aber dennoch gehört es zum Wesen der Symbole, unendliche Möglichkeiten der Betrachtung zuzulassen, selbst wenn sie widersprüchlich erscheinen. Und jede Zeit hat gewiß wie jeder einzelne spezielle Zugangswege zum Mythos.

In bezug auf die Vielfalt der Deutungsmöglichkeiten in den biblischen Bildern gilt die Aussage, die C. G. Jung einmal über den Archetyp, über die von ihm so benannten kollektiven Bildungssymbole, gemacht hat: „Man darf sich keinen Augenblick der Illusion hingeben, ein Archetyp könne schließlich erklärt und damit erledigt werden. Auch der beste Erklärungsversuch ist nichts anderes als eine mehr oder weniger geglückte Übersetzung in eine andere Bildsprache."*

---

* Aus: C. G. Jung / K. Kerényi: Einführung in das Wesen der Mythologie.

Andererseits habe ich mich bei der Auswahl der Geschichten bemüht, diejenigen herauszufinden, die uns in bezug auf die Problematik unserer Zeit am meisten Erkenntnis vermitteln oder zum Nachdenken über sie anregen könnten. Dabei schienen mir von meiner Praxiserfahrung her die individuelle Frage nach der Selbstfindung und die soziale Frage nach der Effektivität von Hilfe besonders wichtig. Hier sollen die Gleichnisse Jesu lediglich als Startrampe des Nachdenkens und der Problembewältigung verstanden werden. Unumgänglich erschien es mir bei dieser Zielsetzung, das letzte Kapitel der Bibel, die apokalyptischen Visionen des Johannes, einer ausführlichen Deutungsarbeit zu unterziehen. In unserer Zeit der Kompromisse und der Verschleierungen ist man nur allzu leicht geneigt, die mächtige Mahnung, die klare Orientierung, die dieses Kapitel zu vermitteln vermag, zu vertuschen. Aber wer die Existenz der Mächte verdrängt oder sie in höhnischer Überheblichkeit „auf ein Kleinstes" zu verschieben trachtet, sie also zu bagatellisieren oder zu verkleinern sucht, schafft sie damit nicht aus der Welt, sondern bewirkt nur, daß er genötigt ist, sich ihrem Ansturm unvorbereitet auszuliefern. Die Offenbarungen des Johannes lehren uns, daß es als großes kosmisches Erziehungsprinzip ein konstruktivfruchtbares Lernen durch Abschreckung gibt und daß es Überheblichkeit wäre, zu meinen, wir könnten die positive Funktion der Angst eliminieren. Es ist sträflicher Leichtsinn, den Hinweis Christi auf das „Heulen und Zähneklappern" im Endgericht nicht mehr ernst zu nehmen, indem wir meinen, bereits päpstlicher als der Papst sein und uns humaner gebärden zu können als Jesus. Angst und Schuld sind existentielle Grundphänomene, sie lassen sich ebensowenig verdrängen wie unsere vitalen Antriebe, z.B. die Sexualität. Eine humane Seelsorge kann wohl krankhafte Schuldgefühle, die Gewissensdiktatur einer skrupulösen Einstellung, abbauen – aber es gibt eben auch berechtigte, reale Angst, die den lebenserhaltenden Sinn hat, uns davor zu bewahren, blind in unser Verderben zu tappen.

Darüber hinaus habe ich mich bemüht, diejenigen Abschnitte der Bibel herauszugreifen, in denen ihre wesentlichen Grundmotive besonders in den Vordergrund rücken. Bei dem vielen Lesen der Heiligen Schrift, die dieser Arbeit vorausging, erschien sie mir wie eine große herrliche Symphonie, in der einzelne Leitthemen immer wieder hervortreten, entweder unverhüllt in machtvoller Klarheit oder auch verwandelt, moduliert mit Überleitungen, präludienhaft langgezogenen Zwischenpartien, aber in einer ebensolchen kunstreichen und kaum auslotbar konstruktiven Ordnung wie in den großen

Konzerten Bachs. Auf diese Leitthemen hinzuweisen, sie in didaktischer Manier gewissermaßen immer wieder, in jedem Kapitel erneut, vorzutragen war meine Absicht.

In bezug auf den Gebrauch des Büchleins möchte ich den Lesern empfehlen, nach Möglichkeit die Texte in der hier vorgelegten Reihenfolge zu lesen. Es erschien mir unsinnig, in jedem Kapitel noch einmal tiefenpsychologische Voraussetzungen oder Symbole zu erklären, die in vorausgehenden bereits abgehandelt wurden.

Ich habe – soweit es den Fluß der Gedankenführung nicht zerstörte – die biblischen Texte, auf die ich mich beziehe, wörtlich zitiert. Dabei habe ich mich vor allem den Übersetzungen der Jerusalem-Bibel, in einigen Fällen auch der Luther-Bibel bedient. Beim Vergleichen der beiden eben genannten Darstellungen zeigte es sich, daß gelegentlich einzelne Worte hier und dort sehr abweichend voneinander übersetzt sind, so daß ich zunächst ratlos war. Die Symbolik eines „Kalbes", wie eins der vier Tiere der Apokalypse bei Luther genannt wird, ist tiefenpsychologisch eine völlig andere als die eines Stiers, von dem die Jerusalem-Bibel in diesem Text spricht. In solchen Fällen wurde auf den Urtext zurückgegriffen, wobei mir mein griechisch vorgebildeter Mann und der theologisch versierte Biologe Prof. J. Illies wertvolle Hilfe leisteten. In diesem Fall erwies es sich z. B., daß der Urtext von μόσχος spricht, eine Bezeichnung, die ganz wörtlich mit Sproß, junges Tier, junges Rind zu übersetzen wäre. Da die Bedeutung des Jungen im griechischen Urtext dominiert, zeigt sich, daß die Bezeichnung Kalb mehr Berechtigung zu haben scheint als die Bezeichnung Stier.

Außerdem danke ich Herrn Pfarrer Manfred Kießig, München, für die Durchsicht des Manuskripts mit theologisch hellwachen Augen und meiner Freundin, Charlotte Rosteck, für ihre unermüdliche Aufmerksamkeit in bezug auf Stilblüten und Schreibfehlerteufel.

Das Büchlein will bescheidene Anregung geben, es möchte ein wenig mitwirken, die Nebelschwaden der Orientierungslosigkeit beiseite zu schieben, damit die großen heiligen Leuchttürme wieder sichtbar werden.

Uelzen, Januar 1973 *Christa Meves*

Austreibung als Anstoß zur Reife

Eine tiefenpsychologische Deutung des Sündenfalls
(Genesis 3,1–24)

Die Beschäftigung mit den Träumen der Menschen hat den Tiefenpsychologen zu der Erkenntnis verholfen: Es gibt in uns eine Sprache der Seele, die sich in Bildern ausdrückt. Unsere Phantasien, unser Fabulieren und die oft seltsamen, rätselhaft scheinenden, ja skurrilen Vorgänge in unseren nächtlichen Träumen haben uns gelehrt, daß unsere Seele in Form von „Gleichnissen" von sich erzählt. Sie berichtet von ihrer Befindlichkeit, entlastet sich dabei von gestauten Drängen, meldet durch dramatische Vorgänge innere Not, schlägt Alarm, warnt, ja sie ist wohl auch in der Lage, Rat und Kraft an jene Instanzen des Menschen auszusenden, die dann am Tage antreten, um diesen Alltag, um dieses Leben mit seinen Problemen und Konflikten aktiv zu bewältigen. Die Träume gleichen den Mitteilungen einer geheimen Heeresleitung, die ihre Nachrichten in einem bestimmten, verschlüsselten Geheimcode übermittelt. Die Gesetze dieser Geheimsprache zu entschlüsseln ist seit ihrer Wiederentdeckung durch Freud zu einem Hauptanliegen aller jener Ärzte geworden, die sich daranmachten, die unbekannten Hintergründe seelischer Erkrankungen zu erforschen.

Auf diesem Wege nun zeigte es sich überraschenderweise, daß eine ähnlich gleichnishafte Sprache in den uralten Geschichten der Menschen, in den Mythen und Märchen gesprochen wird, ja daß sich der Sinn dieser „Sagen" als ein seelisches Geschehen entschlüsselt, wenn man die bisher gefundenen Gesetze der Traumdeutung auf sie anwendet. Es handelt sich bei diesen Geschichten nicht um Vorgänge, die in alter Zeit in der Realität so abgelaufen sind, die also historisch beschreibbar wären, sondern um zeitlose innerseelische Zustandsberichte oder Entwicklungsvorgänge, die vom Seelenleben eines einzelnen, oft aber auch von dem eines ganzen Kollektivs berichten. Die Beschäftigung mit solchen symbolischen Bildern, mit dem Mythos, ist eine Möglichkeit, durch die Welt des sinnlich Wahrnehmbaren, durch die Oberfläche der Realität hindurch zu leuchten in eine Schicht menschlichen Lebens, die „tiefer ist als der

Tag", die mit unserem Verstand nicht faßbar ist, deren Sinn uns aber mit Hilfe von „Übersetzungsarbeiten" teilweise verstehbar werden kann.

Eine solche urwahre Geschichte, die mit Naturbeschreibung nicht das geringste zu tun hat, scheint auch die Genesis der Bibel zu sein, zumindest zeigt sich, daß ihr Inhalt zu einer erhellenden Aussagekraft aufleuchtet, wenn man den Versuch unternimmt, im Sinne der „Codeentschlüsselung" die Gesetze der Traumdeutung anzuwenden, wie sie vor allem durch C. G. Jung unter Zuhilfenahme völkerkundlicher Studien erweitert und differenziert worden sind. An einer der eindrucksvollsten Begebenheiten der Genesis, dem Bericht vom Sündenfall, soll nun ein solcher „Übersetzungsversuch" gewagt werden.

Bevor ich damit beginne, bedarf es aber noch einer weiteren Vorbemerkung: Falls das bildhafte Geschehen einen innerseelischen Prozeß darstellt, so hat C. G. Jung gelehrt, läßt es sich auf der sog. Subjektstufe erfassen. Das bedeutet, daß die einzelnen Gestalten nicht als Individuen zu verstehen sind, sondern daß sie personifizierte Teilfunktionen einer einzigen höheren psychischen Ganzheit darstellen, Aspekte einer Vielfalt im Menschen selbst. Die einzelnen Gestalten sind bei dieser Deutungsweise Symbolisierungen subjektiver Teilseelen. Manche der großen Dichter der Romantik haben das bereits empfunden, ja sogar bewußt erfaßt, wie zum Beispiel Novalis. Er schreibt in den Fragmenten: „Die Person mag in mehrere Personen zerteilt doch auch eine zu sein. Die echte Analyse der Person als solche bringt Personen hervor, die Person kann nur in Personen sich vereinzeln, sich zerteilen und zersetzen."

Wenden wir diese Gesetze der Subjektstufe auf die Gestalten der Sündenfallgeschichte an, so scheint es möglich, sie als einen artspezifischen, innerseelischen Entwicklungsprozeß des Menschen, des Homo sapiens, zu verstehen. Daß in der Gestalt der Schlange hier unmöglich eine Kobra, eine Kreuzotter oder sonst ein Exemplar dieser Gattung gemeint sein kann, geht bereits eindeutig aus der Gegebenheit hervor, daß sie in der Lage ist, mit Eva Gespräche zu führen. Und es wird wohl keinem Wissenschaftler gelingen nachzuweisen, daß Schlangen je in Menschensprache geredet haben noch daß sie dereinst innerhalb der Stammesgeschichte mehrfüßige Wesen gewesen sind. Vielmehr können wir annehmen, daß dieses verführerische Sprechen der Schlange als eine „innere Stimme" im Menschen selbst verstanden werden darf. Was für eine Bedeutung kann es haben, daß dieser Teilbereich der Seele als Schlange dargestellt wird? Wir haben in unserer Arbeit mit Träumen die Erfahrung gemacht, daß ein solches Bild bestimmte Eigenschaften verkörpert, die eben einen Teilbereich der Seele charakterisieren. Was für Eigenschaften, so müssen wir uns fragen, verkörpert denn für den Menschen die Schlange? Wir dürfen annehmen, daß auch bereits zur Zeit der Entstehung der Genesis den Menschen die Schlange aus Beobachtungen bekannt war. Zunächst einmal: die Schlange ist ein unheimliches Wesen. Sie lebt im Verborgenen, ist schnell und listig im Beutefang. Sie zeigt im Phänomen der Häutung die Fähigkeit zur Verwandlung, zur Entwicklung, durch Abstoßen des „alten Kleides", des Toten, Erstarrten, Überholten, Unbrauchbaren. Außerdem kann sie durch ihre phallusähnliche Gestalt vor allem des Kopfes und durch ihre Fähigkeit, Gift zu verspritzen, das den Tod herbeiführen kann, Symbol eines negativen Aspektes der Zeugungskraft werden, wie sowohl die Träume von modernen Menschen heute als auch mythische Darstellungen in den verschiedensten Kulturen zeigen.

Aus diesen Gegebenheiten läßt sich der Schluß ziehen, daß die Schlange einen Teilbereich im Menschen verkörpert, der auf Veränderung drängt, der sich in Gegensatz zu der bestehenden Ordnung stellt, der eigenmächtig und listig auf Überwindung von Abhängigkeit sinnt und die Macht zu rauben versucht. Die Schlange steht für den Geist der Revolution, den Geist des Renegaten in jedem von uns, der die Absonderung aus der Urordnung zu provozieren und zu verwirklichen sucht. Daß es sich bei diesem Drang um eine Versuchung zur Machtergreifung handelt, geht eindeutig aus den an Eva gerichteten Worten der Schlange hervor: „... und ihr werdet sein wie Götter, die Gutes und Böses erkennen."

Dieses Bild der Versuchung zu Renegatentum und Machtergreifung gehört so unmittelbar zum Wesen des Menschen, ist im Leben des einzelnen und der Völker schon so millionenfach vollzogen worden, daß man mit Recht behaupten darf, daß in dieser bildhaften Darstellung eine archetypische, eine Urwahrheit enthalten ist, die lebendig bleiben wird, solange es Menschen gibt. Nicht nur in den Revolutionen der Alten, nicht nur in den Emanzipationsbewegungen von heute lebt das Sein der Schlange und ihre Stimme – Impulse dieser Art treten geradezu zwangsläufig bereits in jedem kindlichen Werdeprozeß auf. In jedem drei- bis vierjährigen Bürschchen, das sich füßestampfend gegen die Gebote der Eltern auflehnt oder gerade das heimlich zu tun trachtet, was sie besonders streng verboten haben, steckt der Geist der Schlange, der Anstoß sein will zur Veränderung, zur Sprengung der Fesseln, die Abhängigkeit bedeuten.

Bevor wir uns nun mit den Folgen dieser Verbotsübertretung befassen, müssen wir die beiden Menschengestalten der Geschichte noch ein wenig eingehender ins Auge fassen, den Mann und die Frau, Adam und Eva. Bleiben wir im Bereich der Deutung auf der Subjektstufe, so ist es legitim, auch diese beiden Personen als Teilbereiche des Menschen schlechthin zu betrachten. In jedem von uns lebt Männliches und Weibliches, gleich welchem Geschlecht wir von Geburt an zugehören, das heißt, in jedem von uns sind Eigenschaften lebendig, die man seit Urzeiten als spezifisch männlich und spezifisch weiblich erlebt. Als männlich gilt die Vorherrschaft der Verstandeskräfte, des Denkens, des Logos, als weiblich gilt die Dominanz des Gefühls, der Naturnähe, der Schönheit, der Ansprechbarkeit, der Spontaneität. Das Weibliche in uns, so sagt die Bibel, steht in einer engeren Verbindung mit den Naturkräften, mit Instinkt, Trieb und Drang; denn es ist Eva, die die Stimme der Schlange vernimmt. Das Gefühl – die Eva in uns –, so wird ausgesagt, ist begehrlich, ist triebhaft, egoistisch und impulsiv, es möchte nicht nur anschauen, sondern auch haben und besitzen. Deshalb heißt es in der Genesis: „Das Weib sah, daß der Baum gut zu essen wäre und lieblich anzuschauen und begehrenswert, um Einsicht zu gewinnen." Aber noch mehr Weisheit wird hier über die Fühlseite in uns Menschen ausgesagt: Sie ist ein wenig einfältig, verführbar und deshalb doppelt hungrig nach Erkenntnis, nach Einsicht, nach mehr Wissen. Unsere Fühlseite ist triebhaft-neugierig und kann – wie sich zeigt – dabei leicht in gefährliche Grenzsituationen geraten. Diese Seite unseres Wesens erinnert an den blinden Tatendrang von Kleinkindern, die die Gefahren, in die sie sich begeben, trotz Warnung nicht voll übersehen, erinnert auch an das Spiel von kleinen Buben mit gefundenen Granaten – aber ebenso auch an das blinde neugierige Forschen von Wissenschaftlern, die, ohne ihre Grenzen zu beachten, ohne die Folgen zu bedenken, sich blind in Abenteuer des Geistes stürzen, allein um des Forschens, um der Erkenntnis willen.

Schläft das Männliche in uns während solcher Zugriffe? Zumindest – so wird ausgesagt – benimmt es sich im höchsten Maße passiv; es *empfängt* die Erkenntnis und wird von ihr erleuchtet. Der Logos, so könnte man interpretieren, ist weder der Anreger noch der Ausführer zu verändernden Handlungen. Er gerät passiv, durch eine schläfrige Toleranz gegen die drängend aktiven Teile der Seele in die veränderte Situation, das heißt, obgleich das Denken die am höchsten entwickelte Wesenheit der Schöpfung darstellt, wird hierdurch allein keineswegs Veränderung bewirkt. Veränderung – so zeigt der Komplott zwischen der Schlange und der Eva – ist eine Angelegenheit des Tierischen, des Triebhaften in Kombination mit spontaner Handlungsbereitschaft und gierigem Besitz- und

Erkenntnisdrang in uns. Veränderung entsteht nicht durch Nachdenken – das ist eine psychologische Gegebenheit von unumstößlicher Wahrheit; ja man kann aus der Erfahrung mit psychisch Kranken zu der zusätzlichen Einsicht kommen, daß Menschen, in denen der Verstand, des „Gedankens Blässe", vorherrscht, große Nöte haben, schließlich überhaupt noch zu irgendwelchen spontanen Handlungen oder Entschlüssen zu kommen, während Menschen, in denen der Geist der Eva regiert, unentwegt von einem unbedachten Abenteuer in das andere stürzen. Menschen aber, die allein der Geist der Schlange regiert, sind in der Gefahr, die Welt, ihre Umgebung, sich selbst durch das Gift der Eigenmächtigkeit zu zerstören.

Nun, die Genesis schildert eine solche Situation, in der Machttrieb und Spontaneität das Feld beherrschen – mitsamt den Folgen solchen Handelns. Im Bild des Ergreifens und Essens vom Baum der Erkenntnis wird bildhaft eine Handlung des Menschen über die ihm gesetzte Grenze hinaus geschildert. Das „Ergreifen" der Frucht symbolisiert das „Begreifen" von Erkenntnissen, die dem Menschen bisher verwehrt waren, das Essen ist ein uraltes mythisches Bild für die „Einverleibung", die Integration, das Hineinbringen der neuen Einsicht in den bisherigen Lebenszusammenhang. Zahllose wissenschaftliche Erkenntnisse, angefangen von der Erfindung des Dynamits bis zur Konstruktion der Atombombe, von der Einsicht, die aufgrund von Vivisektionen oder durch Experimentieren mit Menschen gewonnen wurden, sind Wiederholungen solcher Grenzübertretungen. Aber auch in jedem Einzelschicksal, in jedem kindlichen Werdeprozeß vollzieht sich Schlangenverführung neu dergestalt, daß der Forschertrieb schon der vier- bis fünfjährigen Kinder die „Geheimnisse", gleich ob es sich um den Weihnachtsmann oder den Osterhasen, elterliches Intimleben oder den Inhalt von Puppenbäuchen handelt, zu enträtseln trachtet. Immer sind die Folgen solcher Grenzüberschreitungen die gleichen, wie sie dramatisch eindrucksvoll in der Genesis geschildert werden: Der Schritt über gesetzte Ordnung hinaus bewirkt zwar eine Enthüllung, aber enttäuschenderweise keineswegs die von eigener Machtvollkommenheit, sondern von schuldhafter Unvollkommenheit. Erkenntnis macht Nacktheit sichtbar, und in dieser Nacktheit wird die Selbsterkenntnis tierischer Triebhaftigkeit deutlich. Der Schlangencharakter des Menschen zeigt sich unverhüllt als Körperteil an Adams Leib. Zur Erkenntnis in Gottes Schöpfung gehört die Einsicht in das Tierische in uns – als Zeichen unserer Unvollkommenheit, als Makel, dessen wir uns schämen und den wir zu überdecken trachten. Es wäre gewiß eine verengte Deutung, wenn hier nur eine Aussage über den Geschlechtstrieb gemacht werden sollte. Adams und Evas Scham über ihre Nacktheit, die Blöße ihrer Genitalien steht als Bild für die Einsicht in die Unvollkommenheit des Menschen angesichts der triebhaften Teilbereiche in ihm. Zu diesen Trieben gehört das Gesamt dessen, was den Menschen zu einem Abhängigen von seiner Natur macht: Gier nach Nahrung, Besitz, Macht ebenso wie Sexualität.

Die Erfahrung der Grenzüberschreitung und das Nachdenken über sie führt eben auch zu der Erkenntnis, daß der Mensch ein Wesen ist, das sich von der Schlange in ihm, von seiner Triebhaftigkeit verleiten lassen kann zu einem Abgetrenntwerden aus einem Zustand natürlichen, unbewußten Eins- und Geborgenseins in der Schöpfung. Deshalb heißt es mit Recht in der Genesis in den Worten Evas: „Die *Schlange* hat mich verführt, und ich aß."

Vorgänge dieser Art finden jederzeit neu dort statt, wo ein Naturvolk eine Bewußtseinsstufe erreicht, in der es sich selbst in Gegensatz stellt zur Natur und sie zu erforschen und zu verändern trachtet, wo der erste Schritt zum Kulturvolk vollzogen wird; sie zeigen sich aber auch geradezu gesetzmäßig innerhalb der Entwicklungsgeschichte des einzelnen: Fünf- bis sechsjährige Kinder sind auf Entzauberung der Geheimnisse aus, und typischerweise setzt mit der zunehmenden Trennung von Ich und Außenwelt unversehens das seltsame Bedürfnis ein, sich nicht mehr nackt zeigen zu wollen, sich zu verhüllen – das Kind beginnt sich vor anderen zu schämen. Das Auftauchen solcher Tendenzen im kindlichen Entwicklungsprozeß kann durchaus als Gradmesser dienen, der anzeigt, daß im Entfaltungsprozeß der Seele der „Sündenfall" sich vollzogen hat, daß die Anhebung des Bewußtseins auf eine höhere Erkenntnisebene, der erste Schritt zur Individuation und damit eine Abtrennung, eine Isolierung des Ich und ein sich im Schamgefühl ankündigendes Aufdämmern der notvoll-triebhaften Unvollkommenheit eingesetzt hat.

Das Erreichen der neuen Bewußtseinsebene, wie es im Essen der verbotenen Frucht bildhaft dargestellt ist, bewirkt nun zunächst eine mächtige innerseelische Veränderung; sie wird in der Genesis im Bild der Strafen, die Gott über die Schlange, über Eva und Adam verhängt, symbolisiert: Die Schlange wird verflucht unter allen Tieren des Feldes, sie muß auf dem Bauche kriechen und Erde fressen. Deuten wir die Schlange weiterhin auf der Subjektstufe als einen Seelenteil des Menschen, nämlich den Geist triebhafter Eigenmächtigkeit, so wird in diesen Worten Gottes der Machttrieb des Menschen als der gefährlichste Widersacher der Schöpfung gekennzeichnet, als ein Teil des Menschen, der böse ist, mehr als alle sonstige Triebhaftigkeit in der Natur um ihn und in ihm. Herrlich wird im

Bild des Auf-dem-Bauche-Kriechens und Erde-Fressens ausgesagt, daß dieser Geist der Eigenmächtigkeit immer auf das engste mit dem Reich des Materiellen verknüpft sei, ja daß diese enge Verhaftung an die Materie bewirkt, daß lediglich Materielles auf diese Weise begriffen, einverleibt zur Erkenntnis kommen kann.

Sind die zahllosen Grenzüberschreitungen unserer modernen Naturwissenschaft auf diese Weise nicht auf das glänzendste charakterisiert? Ist der Schlangenhochmut eigenmächtiger Machbarkeit nicht mit dieser Aussage mit Recht verächtlich gemacht und auf seinen Platz verwiesen: Mit dieser Schlangeneinstellung werden wir zu Erdschluckern, zu Wesen, die platt wie die Schlangen dem Oberflächlichen, dem Materiellen, dem Niedrigen verhaftet bleiben.

Besonders tiefsinnig aber ist der Fluch der Feindschaft zwischen Weib und Schlange und die Voraussage, daß die Nachkommen des Weibes der Schlange den Kopf zertreten und die Nachkommen der Schlange den Nachkommen des Weibes in die Ferse stechen werden. Soll das heißen, daß Erkenntnisdrang und Aktionsfreudigkeit des Menschen in der Lage sein werden, materialistische Vorherrschaft zu entmachten, daß dieser Sieg aber ein Scheinsieg sein wird, da die Materie sich hinterlistig, hinterrücks rächen wird? Jedenfalls sind uns heute die Gefahren eines allzu unbekümmert handelnden Forschergeistes und die oft viel zu spät sichtbar werdende Rache der Natur in den vielen künstlichen Manipulationen des Menschen sichtbar geworden. Ich meine, daß uns durch eine Deutung auf der Subjektsstufe der Sinn des Fluches über das Weib besonders einleuchtend werden kann; denn fassen wir auch die Beschwerden der Schwangerschaft und die Schmerzen der Geburt, mit denen Eva bestraft wird, nicht wörtlich auf, sondern als bildhafte Darstellungen von Gefühls- und Bewußtseinsentwicklungen des Menschen, so wird der riesige Schritt der ersten Grenzüberschreitung aus seiner Unbewußtheit, aus seiner Einheit mit der Schöpfung deutlich: Er gibt den Anstoß zu permanent neuen Verwandlungen, zu schmerzhaften Prozessen innerseelischen Werdens. Das Bild von Schwangerschaften und Geburten zeigt, daß der Übergriff des Menschen über seine ihm gesetzten Grenzen hinaus ihn zwischen Hoffen und Zagen, Blut und Tränen, Wehen und Ausstoßungen zu einem Objekt unendlicher Veränderungsvorgänge werden läßt. Der Drang zu eigenmächtigen Handlungen also gibt sowohl in der Geschichte der Menschheit als auch in der Lebensgeschichte des einzelnen auf den verschiedensten Ebenen und Bewußtseinsstufen immer neu den Anstoß zu neuen Häutungen, zu Bewegungen von Werden, Vergehen und neuem Werden. Und in den Worten Gottes an Eva:

„... nach deinem Manne wird dein Verlangen sein, er aber wird über dich herrschen" ist auf der Subjektstufe nicht das Patriarchat verkündet, sondern das triebhafte Verlangen des Gefühls nach Ergänzung durch den Verstand dargestellt, das bewirkt, daß die Gefühlsbereiche zunehmend mehr im Menschen unterdrückt werden und eine Vorherrschaft des Verstandes einsetzt, eine Entwicklung, die wohlgemerkt durch die Triebhaftigkeit und Impulsivität des Erkenntnisdranges und des Gefühls so und nicht anders eingeleitet worden ist. Die Zuchtlosigkeit des Gefühls, so wird ausgesagt, beschwört seine Einschnürung unter die Macht des Intellekts herauf. Und hat sich diese Prognose in der „Verkopfung", der Überintellektualisierung des modernen Menschen mit allen Gefahren, die auf diese Weise entstehen, nicht in geradezu dämonischer Weise neu erfüllt?

Adams Werdegang nach der Bestrafung durch Gott, das Schicksal des Verstandes also, zeigt sich in seiner permanenten Verführbarkeit durch das Gefühl, in seinem kritiklosen Verfallensein an dessen reflexionslose Handlungsbereitschaft. Denn Gott spricht zu Adam:

> „Weil du auf die Stimme deines Weibes gehört und von dem Baume gegessen hast, obwohl ich dir geboten hatte: Du sollst nicht von ihm essen, verflucht sei der Erdboden um deinetwillen."

Die Einflüsterungen des Geistes der Eigenmächtigkeit und des Erkenntnisdranges fesseln den Verstand an die Materie, machen die Erde zu einem verfluchten Objekt in seiner Hand; das heißt: die Bewußtseinsebene, auf die der Mensch durch Eigenmächtigkeit, Erkenntnisdrang und Reflexion gestellt wird, bewirkt seine Verhaftung an die Materie und ihre dauernde Entwürdigung durch immer neue Manipulationen. Diese Abhängigkeit von der Materie beschert dem Verstand ein trauriges Schicksal: Sein Tun ist voller Mühsal, die Früchte seiner Erkenntnis sind dürftig und unschmackhaft wie das Kraut des Feldes, seiner Arbeit setzt sich in Gestalt von Dornen und Disteln sperriger Widerstand entgegen. Die Gegebenheit seiner Abgetrenntheit vom Ursprung macht ihn im Grunde erst zu einem Gefangenen der Materie, der „Erde", und bewirkt, daß dieser Teil des Menschen dem Tod in der Materie anheimfallen muß. Deshalb heißt es: „... denn Erde bist du und zur Erde mußt du zurückkehren." Aber da Eigenmächtigkeit eine triebhafte Angelegenheit ist, da Triebhaftigkeit an die Materie gebunden ist, da Materie den Tod einschließt, wie es im tödlichen Biß der Schlange symbolisiert wird, kann der Mensch auf diesem Wege nicht zum ewigen Leben kommen. Sein Ungehorsam macht Austreibung aus der geistigen, ewigen

Ureinheit mit Gott, aus dem Garten Eden, unumgänglich. Deshalb heißt es in der Genesis:

> „Und Gott der Herr sprach: Siehe, Adam ist geworden wie unsereriner und weiß, was gut und böse ist. Nun aber, daß er nicht ausstrecke seine Hand und breche auch von dem Baum des Lebens und esse und lebe ewiglich!
> Da wies ihn Gott der Herr aus dem Garten Eden, daß er das Feld baute, davon er genommen ist, und trieb Adam aus und lagerte vor den Garten Eden die Cherubim mit dem bloßen, hauenden Schwert, zu bewahren den Weg zu dem Baum des Lebens."

Jeder Mensch, der geboren wird, erfährt in seinem vorgeburtlichen und in den ersten Jahren seines nachgeburtlichen Lebens diesen Garten Eden, diese unbewußte Einheit mit Gott, jeder trägt daher mehr oder weniger bewußt die Sehnsucht nach dieser Urgeborgenheit mit sich herum, nachdem er mit dem Erwachen seines Verstandes und dem Geist des Widerstandes zum Ich-Bewußtsein gelangt und damit aus dem Paradies entfernt worden ist. Und jeder Mensch kann auch die Erfahrung machen, daß ihm Cherub, der Engel mit dem Flammenschwert, begegnet, wenn er versucht zurückzugehen, zurückzufliehen in den einstigen seligen Zustand der Unbewußtheit und damit der Todlosigkeit. Wenn der Mensch den Versuch macht, sich fallenzulassen, weil ihm das Leben zu schwer wird, diese karge Arbeit zwischen Dornen und Disteln, gerät er in die Gefahr, vom Flammenschwert des Engels versengt und verwundet zu werden. Das heißt: wer gegen das Weitergehen meutert, gerät in einen Widerstand gegen das Leben, er wird seelisch krank, oft auch körperlich – er wird zu einem, der seinen Trotz an den Pforten des Paradieses austobt und dabei in eine Stagnation seiner Entwicklung gerät, bei der er selbst der Verwundete ist. Es gibt keinen Weg zurück, so sagt uns das Bild des Engels mit dem Flammenschwert – es gibt *nach* dem Sündenfall, nach der Trennung von Gott ohne Alternative nur das Annehmen des Schicksals zu ewiger Veränderungsnot.

Soweit die Aussage auf der Subjektstufe über die Geschichte von der Austreibung aus dem Paradies. Die Entwicklungspsychologie des Menschen kann den Wahrheitsgehalt dieser Erzählung bestätigen, ja sie kann vielleicht darüber hinaus noch einige tröstliche Zusätze machen über den Sinn dieses unseres Menschenschicksals. Bei der Beobachtung seelisch und geistig kranker Kinder und Jugendlichen läßt sich nämlich die Einsicht gewinnen, daß der Verlust des Pradieses der Kleinkinderzeit keineswegs nur einen negativen Stellenwert zu haben braucht. Kinder zum Beispiel, die durch einen angeborenen hirnorganischen Schaden im Sinne von

Schwachsinn keine Möglichkeit haben, ihren adamhaften Verstand zu entfalten, bleiben gnädigerweise „im Paradies", sie trotzen nicht, sie sind freundlich-unbekümmert, sie sind in sich glücklich und harmonisch; aber es ist ihnen völlig unmöglich, in irgendeiner Weise zu eigenschöpferischen Gestaltungen oder zu individueller Entscheidungsfreiheit zu kommen. Ähnliches sehen wir auch bei Naturvölkern, deren Situation so „paradiesisch" ist, daß sie ohne Not leben können. Eben diese Völker sind es, die noch heute auf einem primitiven Niveau stehen und keine Kultur entwickelt haben.

Ein „Sitzenbleiben" im Paradies gibt es gelegentlich auch im Einzelschicksal, wenn Kinder Eltern haben, die überhaupt keine Verbote setzen und die mit viel Wärme ihren Kleinen das Leben geradezu vollkommen bequem und anstrengungslos-behaglich machen. Wir erleben, daß bei Kindern solcher sog. überbehütenden Eltern zunächst im Kleinkindalter die obligatorische Trotzphase ausfällt; Ängstlichkeit, Handlungsunfähigkeit, sportliche Untüchtigkeit durch fehlenden Wagemut, Kontaktunfähigkeit durch das Unvermögen, sich zu verteidigen, sind zunächst die deutlich erkennbaren Folgen im Grundschulalter. Später zeigt sich im Extremfall, daß sie in der Jugendzeit die Ablösung vom Elternhaus nicht zustande bringen und meist als allmählich vertrocknende und erstarrende, ängstlich übergewissenhafte Duckmäuser griesgrämig hinter dem Ofen ihres Kinderparadieses hockenbleiben. Die Entfaltungsmöglichkeiten solcher Kinder kommen – so läßt sich erkennen – nicht zum Tragen, es setzt keine Reifung zum mündigen Erwachsenen ein, es kommt zu einer Verkümmerung, die bereits an der subjektiven Stimmung solcher Menschen, an ihrem Unglücklich- oder Launischsein ablesbar ist. Man könnte in der Bildersprache der Bibel sagen: Wo der Geist der Schlange *fehlt,* kann es nicht zur evahaften Unbekümmertheit des Handelns kommen. Dort fehlt dann aber auch nicht nur der Start in die Selbständigkeit, sondern auch die Möglichkeit, zu einer durch die Bewußtseinssteigerung bedingten Höherentwicklung, Entfaltung und Ausdifferenzierung. Die Psychopathologie singt uns in dieser Weise nicht nur das Lied von der Tragödie des Menschen, der sein Maß überschreitet, sie läßt auch den positiven Aspekt dieser Vorgänge zu: nämlich die Not-wendigkeit von Abtrennung, des antreibenden Stachels des Verlassenseins im Elend, das durch die Vereinzelung, die Isolierung und die Entfremdung der Austreibung hervorgerufen wird. Ja sie gibt zu der Verheißung Anlaß, daß das Verbot, seine Übertretung mit Hilfe der eigenmächtigen aggressiven Kräfte in uns ein gottgewolltes Geschehen darstellt, daß auch die Kultur der Völker und geistiges

Schöpfertum, das auf diese Weise hervorgerufen wird, keineswegs ein Unglück im Schöpfungsplan darstellt, sondern ein Weg Gottes ist, um werdend seinem Geist in diesem Leben zur Inkarnation zu verhelfen. Vielleicht kommt dieser Wille zur Kultur- und Geistesentwicklung des Menschen durch Gott in den Worten der Genesis zum Ausdruck: „Gott machte dem Menschen und seinem Weibe Kleider aus Fellen und bekleidete sie damit." Soll hier vorbildhaft der Auftrag des Menschen geschildert werden, das Tierische in ihm durch schöpferische Gestaltung umzuwandeln und damit seine Nacktheit, seine Unvollkommenheit zu überdecken?

Damit soll das dramatische und gefährliche Geschehen der eigenmächtigen Abtrennung von Gott nicht verharmlost und zu der Aussage umgebogen werden, daß die böse Schlange allein ein Mittel zu positiven Zwecken darstellt, daß die böse Aggression letztlich doch nur Gutes bewirkt. Vielmehr zeigt die Sündenfallgeschichte eindeutig die gefährliche Möglichkeit zu einem Verderben des Menschen durch den Geist der Schlange auf.

Täglich, ja stündlich steht jeder von uns in der Entscheidung, dem Machttrieb in sich die Zügel schießen zu lassen und sich damit der Gefahr auszuliefern, im irdischen Tod in die Chaosmacht formloser Materie zurückzufallen. Wer sich selbst zum Maß aller Dinge setzt, geht unweigerlich einen Pakt mit der Materie ein und liefert sich ihr letztlich aus. Rettung vor diesem Schicksal ist aber nicht möglich durch Tötung der Schlange (sie ist ja unsterblich und fällt dann allenfalls hinterrücks an), sondern nur – wie es in Gottes Kleidermachen angedeutet ist – durch Umwandlung des Tierischen zu guter Form unter dem Primat steuernder Menschlichkeit.

Die Geschichte vom Sündenfall lehrt uns, die tödliche Dämonie unserer Eigenmächtigkeit zu fürchten – sie zeigt uns das Schicksal unserer Austreibung und unseren Weg in unvorhersehbare, permanente Prozesse verändernder Entwicklungen hinein; aber die Geschichte Jesu im Neuen Testament läßt die Verheißung zu, daß dieser bittere, schmerzliche Gang nicht nur im Tod in der Materie zu enden braucht. Die Gestalt Christi zeigt uns, daß es das Vorbild einer unverletzten Gottesbeziehung gleichzeitig bei hoher schöpferischer Selbständigkeit wohl gibt, ja daß wir die Chance haben, in der Verwirklichung des Geistes der Liebe trotz unseres schuldhaften Schicksals der Eigenmächtigkeit den Baum des ewigen Lebens neu geschenkt zu bekommen: wenn wir getrost und tapfer in evahaftem Geist durch die Dornen und Disteln zu gehen wagen, die Todesmacht der Schlange wachsam in Schranken halten, Gottes Allgegenwart ehrfürchtig beachten und uns ihr stellen.

Lebenshilfe durch Hiob

Gibt es heute in unserer friedlichen Zeit und der wirtschaftlichen Hochblüte der Bundesrepublik überhaupt noch Not? Wenn man sich das Getriebe eines bunten Straßenbildes mit seinen vielen gutgekleideten, heiter-geschäftigten Menschen anschaut, mag es so scheinen, als seien zumindest sehr viele darunter, die unbeschwert zufrieden sind. Aber die Wartelisten der Seelenärzte wissen es anders: Die Zahl der Hilfesuchenden wird immer größer und ist kaum zu bewältigen. Und wenn solche Bedürftigen ihren Helfern gegenübersitzen, so fällt sehr oft der anklagende Satz: „Warum habe denn ausgerechnet *ich* dieses viele Unglück, warum muß *ich* dieses Übermaß von Leid tragen, womit habe *ich* das verdient? Man sieht doch, wie vielen Menschen es gut geht, vielen bestimmt, die viel schlechter sind als ich und die doch heiter, gesund und glücklich sind. Warum gibt es diese Ungerechtigkeit in der Welt?"

Diese Frage nach dem Sinn des Leids und die Klage über die Härte eines als unangemessen empfundenen Schicksals wird nicht erst von den Menschen in unserer Zeit gestellt. Sie ist eine der brennendsten Fragen des Menschen zu allen Zeiten gewesen, und viel Abkehr von Religion ist nicht erst heute, sondern auch früher schon am Erfahren eines harten Geschicks vollzogen worden.

„Was soll mir da der Pastor", sagte eine Patientin, die nach einem mißglückten Selbstmordversuch den Gemeindepfarrer an ihrem Bett sitzen fand. „Ich habe meinen Mann und meine beiden Söhne im Krieg verloren, seitdem will ich mit Religion nichts mehr zu tun haben. Gottes Barmherzigkeit, die Kraft des Gebetes, Gerechtigkeit – das sind doch alles Phrasen. Mein Unglück ist schlimmer als alles ringsumher. Das Leben ist ohne Sinn, und für mich gibt es eben keinen Ausweg."

Diese verzweifelten Worte enthalten nun zunächst einmal eine Täuschung, nämlich die, man könne aus dem äußeren Verhalten von anderen Menschen schließen, sie seien nicht in Not. Menschen, die bei ihresgleichen Vertrauen erwecken, so daß sie sich ihnen aufschließen und ihre Sorgen zur Sprache bringen, können gerade die entgegengesetzte Erfahrung machen: Es gibt kaum irgend jemanden, der *nicht* in irgendeiner Form in Not ist: Denn selbst bei den heiteren Lebenskünstlern gleicht die Leidenslosigkeit bei näherem Hinsehen häufig einem Tanz auf dem Vulkan, ist Identifikation mit einer brüchigen Fassade, deren Instabilität bei zusätzlicher Belastung nur allzu rasch zu leidvoller Lebenskrise zu werden droht. Viele Menschen heute verdrängen ihre Lebensnot, schirmen sie ab, indem sie sich betäuben, sich ablenken durch Fernsehen und andere Zerstreuungen. Der Preis solcher Verdrängungen ist groß: Der Mensch wird stumpf und gleichgültig, und seine innerseelische Entwicklung stagniert. Die Verdrängung, so wissen wir seit Freud, ist grundsätzlich keine Lösung der Lebensprobleme. Sie harren als immer brennender werdende, als schwelende Unruheherde in der menschlichen Seele und warten darauf, ins Bewußtsein genommen zu werden. Schaut man also genau hin und hinter die Fassaden, so kehrt sich die Frage geradezu radikal ins Gegenteil: Wo ist eigentlich keine Not – und wie werden wir mit ihr fertig?

Nun, manche der Nöte, unter denen Menschen heute leiden, lassen sich beheben. Es gibt Medikamente gegen Schmerzen, Operationen und Behandlungen gegen Krankheiten, finanzielle Unterstützung staatlicher, kirchlicher oder privater Art in Fällen der Bedürftigkeit. Es gibt die Möglichkeit zu beruflicher und häuslicher Veränderung, wenn die Verhältnisse dem einzelnen unerträglich erscheinen. Eine optimistische Grundregel des Psychologen H. D. Thoreaux lautet: „Es gibt keine Lebensweise, der man nicht entrinnen könnte. Untersuchen Sie Ihre eigene genau. Wenn sie Ihnen nicht gefällt, dann ändern Sie sie!"

Manche Mutlosigkeit, manche als Sackgasse erscheinende Situation mag sich auf diese Weise beseitigen lassen. Der Appell an die eigene Tatkraft, an die Bereitschaft, sich an dem eigenen Zopf aus dem Sumpf zu ziehen, kann in der Tat hilfreich sein; aber gewiß nicht in allen Fällen. Oft erweist es sich zum Beispiel als eine Täuschung, daß das Unglück durch die *äußere* Situation hervorgerufen wurde. Es entzündete sich nur im äußeren Bereich, wurde dort lediglich zur Wirklichkeit. Im Grunde entstanden die Schwierigkeiten auf dem Boden eigener innerer Unausgeglichenheiten, Charakterfehler und Konflikte. Nun mag es vielleicht in solchen Fällen für den einen oder den anderen möglich werden, auch seinen Charakter zu ändern – mit dem Mut zur Einsicht, durch fachmännische Hilfe oder durch die Liebe eines anderen. Aber es gibt auch Fälle, in denen das nicht möglich ist. Ebenso gibt es unheilbare Krankheiten und unvollkommene Zustände in der Gesellschaft, die sich auch mit größter Anstrengung und dem besten Können nicht abstellen lassen. Es gibt also Situationen, in denen „nichts mehr zu machen" ist – denen der Mensch ausgeliefert ist. Deshalb können wir auch heute – trotz aller Medizin, aller Technik, aller sozialen Organisiertheit – nicht die Frage fortretuschieren: Wie werde ich mit unabänderlicher Not fertig? Muß ich an ihr verzweifeln und allem Glauben an einen guten Sinn des Lebens abschwören?

Diesen Weg – den in die Verzweiflung – zu gehen ist eine uralte Versuchung des Menschen. Im Buch Hiob spricht der Teufel spottend und im Wissen über die Anfechtbarkeit des Menschen durch schweres Schicksal zu Gott: „Meinst du, daß Hiob umsonst Gott fürchtet? Hast du doch ihn, sein Haus und alles, was er tat, ringsum verwahrt. Du hast das Werk seiner Hände gesegnet, und sein Gut hat sich ausgebreitet im Lande. Aber recke deine Hand aus und taste an alles, was er hat: Was gilt's – er wird dir ins Angesicht absagen." Und als Hiob aufgrund dieser zynischen Behauptung auf die Probe gestellt wird, ohne daß die teuflische Prognose sich bewahrheitet, verstärkt der Teufel in einem erneuten Streitgespräch mit Gott seine Bedingungen: „Alles, was ein Mann hat, läßt er für sein Leben. Aber recke deine Hand aus und taste sein Gebein und Fleisch an, was gilt's – er wird dir ins Angesicht absagen." Eine solche „teuflische Stimme", die Versuchung, angesichts großen Unglücks das Vertrauen zu Gott fortzuwerfen wie einen geliebten Edelstein, der sich als unecht und wertlos erwiesen hat, gibt es unter uns gewiß auch heute jeden Tag. Und deshalb ist die Geschichte Hiobs und die Antwort, die er von Gott bekommt, für uns noch immer hochaktuell.

Wie Hiob wird es vielen Menschen der Gegenwart auf ihrem Leidensweg ergehen: Hiob nämlich bleibt zunächst ganz unerschüttert in seinem Glauben. Als er alle seine Habe und alle seine Kinder verloren hat, leidet er zwar hart, aber er bleibt standhaft in seiner Treue zu Gott. Er sagt: „Ich bin nackt von meiner Mutter Leib gekommen, nackt werde ich wieder dahinfahren. Der Herr hat's gegeben, der Herr hat's genommen, der Name des Herrn sei gelobt." Und auch nachdem er „von der Fußsohle bis zum Scheitel mit bösen Schwären" heimgesucht worden war und selbst seine Frau durch das Unglück aufgehört hatte, an Gott zu glauben, sprach er standhaft: „Haben wir Gutes empfangen von Gott und sollten das Böse nicht auch annehmen?"

Aber heute wie damals bewahrheitet sich gegenüber der Not das Wort des Volksmundes: „Die Länge trägt die Last." Nach sieben

Tagen und sieben – wie angedeutet wird – schlaflosen Nächten, in denen der Schmerz unerträglich wütete, hält Hiob den Schmerz nicht mehr klaglos aus. Dabei ist es sicher angemessen, diese „sieben Tage" nicht allzu realistisch als eine Woche anzusehen. Die Zahl Sieben deutet mythologisch immer auf eine dramatische Steigerung, auf einen Höhepunkt vor einer Wandlung und Wendung hin. Nach sieben solchen Tagen also werden aus den Klagen immer härtere, immer bitterere, immer verzweifeltere Anklagen gegen Gott. Und zwar leidet Hiob jetzt nicht allein unter der grausamen Krankheit, sondern zusätzlich unter seinen sogenannten „Freunden", die sein Klagen nicht verstehen, die es ihm nicht zubilligen wollen als einen nur allzu menschlichen Ausdruck seiner Not, sondern die selbstgerecht die Krankheit als eine Strafe Gottes ansehen und ihn zu Einkehr und Buße zwingen wollen. Die Qual Hiobs ist also dreifach, wie es auch in den allermeisten Fällen heute geschieht, ganz gleich ob Menschen in körperliche, seelische oder materielle Not geraten sind: sie sind von schrecklichem Unglück befallen, sie empfinden sich als von Gott verlassen und ungerecht behandelt und müssen dazu noch das mangelnde Verständnis, die Schadenfreude und die Herabwürdigung durch die Menschen in ihrer Umgebung erdulden, so daß ihre Not auf diese Weise ins Unerträgliche gesteigert wird.

Aber trotz dieser überzeitlich realistischen Darstellung ist die Situation damit sicher nicht vollständig ausgedeutet. Betrachtet man das Geschehen von der Subjektstufe her*, so ist Hiobs Leid nicht nur als eine äußere Schicksalsnot zu verstehen, sondern als ein meist unter äußeren Lebensschwierigkeiten entstehender innerer Prozeß, der sich in Terzinen von Leiden vollzieht. Die seelische Kraft wird in einem solchen Vorgang immer stärker reduziert – symbolisch dadurch ausgedrückt, daß Hiob all seine Habe und alle seine Kinder verliert, daß seine Frau kleingläubig wird –, die Entwicklung schreitet nicht mehr vorwärts, sondern stagniert und drängt in einen Kulminationspunkt der Veränderungsnot hinein. Diese Stadien des Leides sind zusätzlich belastet durch die vier Anschuldiger, die eben keineswegs nur taktlose „Freunde" allein sind, sondern sie lassen sich auch als Hiobs eigene Gewissensskrupel und zernagenden Gedanken verstehen. Wir Tiefenpsychologen erleben es in der Praxis nur allzu häufig, daß Menschen sich angesichts von schicksalhaftem Unglück mit einer Batterie von Schuldgefühlen beladen und schließlich in die Gefahr geraten, von ihnen gänzlich zerstört, er-

---

* Auf S. 15 habe ich beschrieben, was darunter zu verstehen ist und inwiefern es legitim ist, diesen Aspekt zu verwenden.

stickt zu werden. Durch solche sinnlosen und übertriebenen Schuldgefühle kann der positive Prozeß, nämlich die Möglichkeit, an seinem Leid zu erstarken und sich gerade durch die Krise zu wandeln, gelähmt und damit gefährdet werden. Hiob wird zum Vorbild dadurch, daß er den unrealistischen, aufgebauschten Schuldgefühlen widersteht und sich aktiv gegen sie zur Wehr setzt. Und die Tatsache, daß Gott selbst am Schluß der Geschichte die Freunde verurteilt, zeigt deutlich, daß eine masochistische Haltung als schöpfungsfeindlich, ja als bekämpfenswürdig gekennzeichnet wird. Das soll nicht heißen, daß die Bibel hier das Phänomen der Schuld verkleinern will – sie macht uns in anderen Geschichten in der vielfältigsten Weise deutlich, wie sehr der Mensch, besonders durch Eigenmächtigkeit, in schwere Treulosigkeit gegen Gott, in Abgetrenntheit von ihm und damit also in schwere existentielle Schuld geraten kann, die der Einsicht und Umkehr, eben der Buße bedarf –, aber hier, in der Hiobsgeschichte, wird uns die Erkenntnis vermittelt, daß es auch unberechtigte, falsche und damit zerstörerische Schuldgefühle gibt. Sie bedeuten Mißbrauch des entwicklungsfördernden Sinnes der Einsicht in Schuld. Sie sind Ausdruck einer destruktiven Leidenssucht des Menschen, die nicht im Dienst der Schöpfung stehen und damit Gott keineswegs wohlgefällig sind. Deshalb spricht Gott zu einem der Freunde: „Mein Zorn ist gegen dich und deine beiden Freunde entbrannt, weil ihr über mich nicht die Wahrheit gesprochen habt wie mein Knecht Hiob." Am fündigsten aber in der Geschichte von Hiob ist in bezug auf die tiefenpsychologische Deutungsmöglichkeit die Antwort Gottes aus dem Wetter, in der sehr viel mehr enthalten ist als eine Demonstration der Herrlichkeit des Herrn und ein Erkennen seiner Übermächtigkeit durch Hiob; denn diese Antwort Gottes macht es Hiob möglich, Gott weiter zu vertrauen, ja seine Anklage als unberechtigt zu erkennen und zurückzunehmen. Denn er sagt am Schluß: „Ich habe unweise geredet, was mir zu hoch ist und ich nicht verstehe ... aber nun hat mein Auge dich gesehen."

Das heißt, Hiob hat durch die Antwort Gottes eine Erkenntnis gewonnen, die es ihm möglich macht, sein Schicksal anzunehmen, ohne weiterhin mit Gott zu hadern.

Wenn das möglich ist, so muß es für uns von brennendem Interesse sein, zu erfahren, wie diese Antwort aussieht.

Das erstaunliche ist nun, daß in dieser sehr langen Rede Gottes „aus dem Wetter" in herrlichen Bildern von der Schöpfung gesprochen wird. Diese Rede ist bei genauerem Hinsehen keineswegs eine realistische Darstellung von Naturvorgängen auf der Erde allein, sondern in bildhafter Weise Sinndeutung der Schöpfung, Bekenntnis zu einer gezielten Aktion, dem „Ratschluß" Gottes. Der Anfang dieses Textes lautet:

> Wo warst du, da ich die Erde gründete? Sage an, bist du so klug! Weißt du, wer ihr das Maß gesetzt hat oder wer über sie eine Richtschnur gezogen hat?
> Worauf stehen ihre Füße versenkt, oder wer hat ihr einen Eckstein gelegt, da mich die Morgensterne miteinander lobten und jauchzten alle Kinder Gottes?

Zunächst also wird die Schöpfung der Erde mit dem Bau eines Hauses verglichen, dessen Architekt und Baumeister Gott ist. Die Gegebenheit, daß Er sich dieser seiner Schöpfung rühmt und die Nichtigkeit des Menschen angesichts solcher Tat in den Vordergrund gerückt wird, verstellt nun nur allzuleicht den Kern der Antwort Gottes auf Hiobs Frage nach dem Sinn seines Leides. Denn ein Gott, der auf *diese* Anklage Hiobs nur mit einer ellenlangen Hymne seiner Übermächtigkeit antwortete, gäbe seinem Geschöpf keine Hoffnung. Diese Antwort käme einer Vernichtung gleich und würde damit keineswegs die Erlösung des Hiob als Ergebnis der Einsicht mit Hilfe von Gottes Rede rechtfertigen. Im Mittelpunkt dieses ersten Teils der Antwort muß vielmehr die Aussage stehen, daß über diese Schöpfung ein festes *Maß* gesetzt ist, daß die Schöpfung etwas mit Ecksteinen und Richtschnur zu tun hat, daß also eine feste Form vorhanden ist, eine Form, die unterscheidet und begrenzt. Daß der Akzent der Antwort auf dieser Gegebenheit der Schöpfung beruht, wird durch die folgenden Variationen zum Thema immens deutlich: In den nächsten Versen heißt es:

> Wer hat das Meer mit Türen verschlossen, da es herausbrach wie aus Mutterleib, da ich's mit Wolken kleidete und in Dunkel einwickelte wie in Windeln, da ich ihm den Lauf brach mit meinem Damm und setzte ihm Riegel und Türen und sprach: „Bis hierher sollst du kommen und nicht weiter; hier sollen sich legen deine stolzen Wellen!"

Schöpfung bedeutet Zähmung und Begrenzung des Meeres. Ein „Damm" wird gesetzt, „Riegel" und „Türen" werden geschaffen. Schöpfung ist Abtrennung, ist feste Ordnung, heißt das. Sie bedeutet ein klares Absetzen von der diffusen Unbegrenztheit der Anfangssituation. Schöpfung bedeutet Zähmung einer ungeheuren Gewalt, ein Herausheben aus der Ununterschiedenheit. Daß hier mehr gemeint ist als nur die Schaffung von Festland, geht aber besonders aus den Worten hervor, daß Gott das Meer mit seinen Wolken in Dunkelheit einwickelte wie in Windeln. Dieses Bild zeigt deutlich, daß, ebenso wie das Haus in den ersten Versen, Meer und Festland als Bilder, als Metaphern gebraucht werden, um einen bestimmten Sachverhalt zu veranschaulichen: Auch in den Träumen mancher Menschen ist das Meer, das Wasser noch heute Symbol für die ungeformte, unbewußte Ursubstanz. Viele, denen es nicht gelingt, in einer inneren, bewußten Ordnung zu leben, träumen im Meer zu versinken, von den Wellen überflutet, verschlungen zu werden; auch Geisteskranke und Süchtige kennen solche Phantasieerlebnisse. Das Meer ist gleichzeitig ein Symbol für die Chaosmacht, für ungestaltete Ureinheit, für Unbewußtheit, für die Unentschiedenheit des Anfangs. Das Wesen der Schöpfung besteht in der *Begrenzung* des Urchaos, und zwar wird es im Schöpfungsgeschehen nicht nur verschlossen, es wird interessanterweise auch verdunkelt. Die Metapher Helligkeit steht in der Sprache der Seele für die Klarheit des Bewußtseins (wir sagen im Volksmund: da ging mir ein Licht auf), im Gegensatz zu unerklärbaren, geheimnisvollen, unsichtbaren, „dunklen" Bereichen. Die Schöpfung, so wird hier also behauptet, bedeutet Eindämmung des Unbewußten, Verstärkung und Hervorhebung des Bewußtseins. In den Bildern der nächsten Verse wird diese Erkenntnis in neuen Symbolen weiter bekräftigt:

> Hast du bei deiner Zeit dem Morgen geboten und der Morgenröte ihren Ort gezeigt, daß sie die Ecken der Erde fasse und die Gottlosen herausgeschüttelt werden? Sie wandelt sich wie Ton unter dem Siegel, und alles steht da wie im Kleide. Und den Gottlosen wird ihr Licht genommen, und der Arm der Hoffärtigen wird zerbrochen.

Noch deutlicher wird hier in Gleichnissen gesprochen und keineswegs nur eine Beschreibung eines Naturereignisses, des anbrechenden Morgens, gegeben. Gottes Schöpfung ist *wie* der Morgen, ist *wie* eine Prägung mit einem Siegel, bedeutet Bewußtseinsprozeß, „Erhellung". Das Werk dieses Gottes bewirkt, daß den „Gottlosen ihr Licht genommen" und den „Hoffärtigen der Arm zerbrochen" wird. Schöpfung heißt also auch Unterscheidungsmöglichkeit zwischen Gut und Böse, bedeutet nicht nur Richtschnur, sondern auch Gericht. Hier wird besonders deutlich, daß die Schöpfung als ein Vorgang *geistiger* Gestaltung verstanden wird, keineswegs nur ein äußerer, sondern auch ein innerer Prozeß ist, der mit der Errichtung einer Ordnung, eines Maßes auch das Vermögen zu Urteil und *Ver*urteilung bewirkt. Ein solches Urteil aber ist dem Menschen nicht ohne weiteres möglich, weil er selbst ein Teil dieser Schöpfung ist und die dahinterliegenden dunklen Urmächte nicht im Bewußtsein hat. Von dieser Schwierigkeit des Menschen spricht Gott in den folgenden Versen:

> Bist du in den Grund des Meeres kommen und in den Fußtapfen der Tiefe gewandelt? Haben sich dir des Todes Tore je aufgetan, oder hast du gesehen die Tore der Finsternis? Hast du vernommen, wie breit die Erde sei? Sage an, weißt du solches alles! Welches ist der Weg, da das Licht wohnt, und welches ist der Finsternis Stätte, daß du mögest ergründen seine Grenze und merken den Pfad zu seinem Hause? Du weißt es ja, denn zu der Zeit wurdest du geboren, und deiner Tage sind viel.

Wiederum darf unter „Licht" und „Finsternis" keineswegs nur der Unterschied zwischen Tag und Nacht verstanden werden, sondern zwischen Ordnung und Chaos, zwischen Gut und Böse, zwischen Helligkeit des Bewußtseins und Dunkelheit ununterschiedener Unbewußtheit, zwischen Gestalt und Gestaltlosigkeit. Die Worte: „Zu der Zeit wurdest du geboren" sind abermals ein Hinweis darauf, daß die Schöpfung, ja die Geburt jedes einzelnen Menschen neu Gestaltungs- und Bewußtwerdungsprozeß bedeutet, der die „Finsternis" begrenzt.

Aber ebensowenig wie der Mensch die Dimension der Tiefe, des Urchaos, der Materie im Bewußtsein haben kann, ebensowenig kann er die Gesetze des Geistes durchschauen. Das Wirken des Geistes wird in der Sprache der Mythologie oft als Wind, als Regen, Tau, Hagel und Schnee dargestellt; denn sie kommen „von oben". Intrapsychisch ordnet aber der Mensch alles „Obere" dem Bereich des Geistes, alles „Untere" dem Bereich der Materie zu.

Über die altjüdische Symbolik dieser Naturvorgänge schreibt Friedrich Weinreb: „Immer wenn vom Regen oder irgendwelchen anderen natürlichen Geschehnissen gesprochen wird, weiß man, daß es mit Dingen zusammenhängt, die im Absoluten vorhanden sind – ja daß es im tiefsten Grunde identisch mit ihnen ist. Vom Regen weiß man in diesem Sinne, daß er als Phänomen in unserer Welt nur existiert, weil der Himmel dem Menschen die Möglichkeit gibt, daß Fruchtbarkeit und Wachstum entstehen können. Mit anderen Worten: der Regen zeigt die Abhängigkeit der irdischen von der himmlischen Welt." Ähnlich kommt der Hagel als Strafe oder Prüfung über die Menschen. Ähnlich undurchschaubar wie die Gewitterwand ist oft die Wirksamkeit Gottes. Sein Geist, so wird gesagt, ist befruchtend und zerstörend, verwandelnd und erneuernd:

> Bist du gewesen, da der Schnee herkommt, oder hast du gesehen, wo der Hagel herkommt, die ich habe aufbehalten bis auf die Zeit der Trübsal und auf den Tag des Streites und Krieges? Durch welchen Weg teilt sich das Licht und fährt der Ostwind hin über die Erde? Wer hat dem Platzregen seinen Lauf ausgeteilt und den Weg dem

> Blitz und Donner und läßt regnen aufs Land, da niemand ist, in der Wüste, da kein Mensch ist, daß er füllt die Einöde und Wildnis und macht, daß Gras wächst? Wer ist des Regens Vater? Wer hat die Tropfen des Taues gezeugt? Aus wes Leib ist das Eis gegangen, und wer hat den Reif unter dem Himmel gezeugt, daß das Wasser verborgen wird wie unter Steinen und die Tiefe oben gefriert?

Die Gesetze des Geistes sind dem Menschen fern und undurchschaubar, geschweige denn beherrschbar – genausowenig wie er die Ordnung der Sterne oder des Wetters bestimmen kann:

> Kannst du die Bande der Sieben Sterne zusammenbinden oder das Band des Orion auflösen? Kannst du den Morgenstern hervorbringen zu seiner Zeit oder den Bären am Himmel samt seinen Jungen heraufführen? Weißt du des Himmels Ordnungen, oder bestimmst du seine Herrschaft über die Erde? Kannst du deine Stimme zu der Wolke erheben, daß dich die Menge des Wassers bedecke? Kannst du die Blitze auslassen, daß sie hinfahren und sprechen zu dir: Hier sind wir? Wer gibt die Weisheit in das Verborgene? Wer gibt verständige Gedanken? Wer ist so weise, der die Wolken zählen könnte? Wer kann die Wasserschläuche am Himmel ausschütten, wenn der Staub begossen wird, daß er zuhauf läuft und die Schollen aneinanderkleben?

Aber diese Erklärungen über das Wesen der Schöpfung machen keineswegs die eigentliche „Antwort" Gottes aus. Sie dienen nur als Einführung. Sie machen dem hadernden Hiob einerseits sein Unvermögen zum Urteil und damit das Ungerechtfertigte seiner Klage deutlich, sie geben andererseits Auskunft über das Wesen der Schöpfung: Es ist im innersten Kern ein Gegenwerk gegen das Chaos. Das Chaos ist aber nicht beseitigt, es ist nur gebannt; der Sinn der lebendigen Geschöpfe besteht in fortwährenden, ja gesteigerten Bannungsprozessen gegen das Ungestaltete, gegen die tote Materie schlechthin. Hierin kann, ja sollte jeder Mensch Gottes Knecht sein, ja er ist es bereits, indem er als ein gestaltetes Wesen in dieses Leben hineingeboren wurde. Deshalb ist der „Sinn des Lebens" bereits erfüllt, wenn wir dieses Leben durchstehen, ohne zu verzweifeln, ohne „Gott abzuschwören". Denn damit ist unser Leben ein Körnchen Sand im Deich Gottes gegen das Nichts. Von dieser Warte her ist jedes Leben, das sich um Ordnung bemüht, ein spezieller Beitrag, eine notwendige Verstärkung des Willens Gottes. Eine „Nur-Hausfrau" zum Beispiel, die ihren Alltag unverzagt und geduldig über Jahrzehnte leistet, ist nach dieser Aussage eine sehr viel wertvollere „Magd des Herrn" als ein hochangesehener Künstler, der mit seinen Reden seine Mitmenschen in den Strudel seiner eigenen Verzagtheit reißt oder ihnen mit drastischen oder gar raffinierten Mitteln sinnlose Absurdität des Lebens vormacht. Machwerke dieser Art sind Perversionen des eigentlichen Wesens von künstlerischem Schöpfertum; denn solche „Verführer" liefern an die Chaosmacht aus, statt kraft ihrer Begabung von ihr wegzuführen.

Die Frage nach dem Sinn des Leides wird noch zentraler in den folgenden Kapiteln beantwortet, in denen vor allem in Tiersymbolen gesprochen wird. Daß es sich auch dort keineswegs um eine gewöhnliche Beschreibung der Tierwelt handelt, geht besonders schön aus dem Vers hervor:

> Wer bereitet dem Raben die Speise, wenn seine Jungen zu Gott rufen und fliegen irre, weil sie nicht zu essen haben?

Als Beschreibung des Verhaltens von Vögeln wären diese Worte sachlich unrichtig und widersprächen der einfachen Beobachtung. Rabenkinder fliegen nicht irre, weil sie nichts zu essen haben. Sie verhungern im Nest, wenn die Alten nicht wiederkommen, um sie zu atzen. Diese Schwierigkeit hellt sich hingegen auf, wenn man versteht, daß der Rabe mythologisch ein Symbol der geistigen Weisheit ist. Gottes Geist wird den Menschen dadurch vermittelt, daß er seine „Speise", das heißt seine Erkenntnisse weisen, führenden Männern vermittelt, die damit ihre „Jungen", also die geistig unmündigen Menschen, nähren. Wie sieht diese „Speise" aus, die uns in den Abschnitten 39 und 40 vermittelt wird? Sie enthält die Erkenntnis, daß Schöpfung einerseits klare lebendige Form mit festen Maßen ist, daß sie aber andererseits ihre Geschöpfe frei läßt. In der *Freiheit* liegt ihre Chance, aber auch ihre Gefahr. Denn das Freigelassenwerden hat zur Folge, daß die Geschöpfe mit den Mächten der Finsternis konfrontiert werden und ihnen verfallen können. Das Leid ist eine Folge solcher Kämpfe und daher, wie bereits am Anfang in den Worten des Satans angedeutet wurde, immer eine Prüfung, eine Versuchung, eine Probe, die Gott den Menschen nicht ersparen kann. Denn Gott bedarf des Menschen als Mitarbeiter an seiner Schöpfung. Wenn Schöpfung verstanden wird als ein im Menschen sich immer neu ereignender Bewußtwerdungs- und Unterscheidungsprozeß, so muß sich in seinem Leben immer wieder ein Ringen des Geistes mit der Chaosmacht vollziehen.

Schöpfung ist nicht eine einmalige Tat Gottes, sondern sie ist ein sich in den Menschengeschlechtern vollziehender geistiger Vorgang des Ringens der Vorherrschaft des Geistes über das Chaos und die formlose Materie. Vollziehen kann sich dieser Prozeß nur in der Konfrontation mit dem Finsteren. Deshalb sind bestandene Proben von Menschen die wesentlichen Marksteine der Inkarnation des göttlichen Geistes in der Materie. Deshalb wird Hiob versucht. Deshalb sagt Gott anfangs zum Satan:

> Hast du nicht acht gehabt auf meinen Knecht Hiob? Denn es ist seinesgleichen nicht im Lande, schlecht und recht, gottesfürchtig und meidet das Böse. Der Satan antwortete dem Herrn und sprach: Meinst du, daß Hiob umsonst Gott fürchtet? Hast du doch ihn, sein Haus und alles, was er hat, ringsumher verwahrt. Du hast das Werk seiner Hände gesegnet, und sein Gut hat sich ausgebreitet im Lande. Aber recke deine Hand aus und taste an alles: was gilt's, er wird dir ins Angesicht absagen? Der Herr sprach zum Satan: Siehe, alles, was er hat, sei in deiner Hand.

Die Voraussetzung dazu, daß die Menschen, wie Hiob, Knecht Gottes werden können, ist ihr Freigelassensein. Deshalb wird in den folgenden Versen von der *Freiheit* der Geschöpfe gesungen. So vergleicht Gott den Schöpfungsvorgang mit Geburtsvorgängen von Gemsen und Hinden: Bereits im ersten Bild heißt es:

> Sie beugen sich, lassen aus ihre Jungen und gehen aus und kommen nicht wieder zu ihnen.

Und weiter:

> Wer hat den Wildesel so *frei* lassen gehen, wer hat die *Bande* des Flüchtigen *gelöst?*

Danach wird der Wildesel zum Symbol des geistig freien Menschen, der den Versuchungen standhält und geistiger „Höhe" zustrebt.

> Er verlacht das Getümmel der Stadt, das Pochen des Treibers hört er nicht. Er schaut nach den Bergen, da seine Weide ist und sucht, wo es grün ist.

Die Wüste, das Getümmel der Stadt und das Pochen des Treibers stehen hier für die „unfruchtbaren", sinnlosen Betätigungen in der Welt. Menschen, die wie Wildesel sind, suchen höhere Stufen zu erreichen. Das wird im Symbol des Berges angedeutet.

Eine Variation dieses Freigelassenseins der Geschöpfe ist auch die Darstellung des Einhorns:

> Meinst du, das Einhorn werde dir dienen und werde bleiben an deiner Krippe? Kannst du ihm dein Seil anknüpfen, die Furchen zu machen, daß es hinter dir brache die Täler? Magst du dich auf das Tier verlassen, daß es so stark ist, und wirst es dir lassen arbeiten? Magst du ihm trauen, daß es deinen Samen dir wiederbringe und in deine Scheune sammle?

Das Einhorn wird in der Mythologie häufig als Symbol des phallisch-schöpferischen Geistes verwendet. Aber auch dieser Geist ist völlig frei; es ist nicht selbstverständlich, daß sich Menschen, die mit einem einhornhaften Geist gesegnet sind, wie zum Beispiel Künstler, in den Dienst der Schöpfung stellen und ihr Lebenswerk (seinen Samen) wieder einbringen in die Scheuer des Herrn.

Göttlicher Geist wird in der Heiligen Schrift auch – wie häufig in der Mythologie – als geflügeltes Tier oder als Vogel dargestellt, im Hiob als Storch, als Habicht und als Adler. Von ihm wird gesagt: „Im Felsen wohnt er und bleibt auf den Zacken der Felsen und auf Berghöhen."

Wie sehr es hier um einen Prozeß des geistigen Werdens in Freiheit geht, kommt besonders schön im Symbol des Straußeneies zum Ausdruck. Mythologisch ist das große Vogelei ein Symbol für einen Werdeprozeß vor seinem Beginn, ein Symbol der Hoffnung auf ein geistig erfülltes Leben. Da heißt es über den Strauß:

> Doch läßt er seine Eier auf der Erde und läßt sie die heiße Erde ausbrüten. Er vergißt, daß sie möchten zertreten werden und ein wildes Tier sie zerbreche. Er wird so hart gegen seine Jungen, als wären sie nicht sein, achtet's nicht, daß er umsonst arbeitet. Denn Gott hat ihm die Weisheit genommen und hat ihm keinen Verstand zugeteilt. Zu der Zeit, da er hoch auffährt, verlacht er beide, Roß und Mann.

Die Verwirklichung des Geistes (das Ausbrüten der Eier), so darf man mythologisch interpretieren, findet mitten in der Materie (im unfruchtbaren Wüstensand) statt. Damit ist der Geist praktisch an die Natur ausgeliefert – so wie Hiob an Satan. Er kann daran zugrunde gehen (die Eier können zertreten werden, die wilden Tiere können sie zerbrechen), das heißt, die Menschen können von der Übermacht ihrer Krankheiten, der Nöte ihres Leibes, ihrer Triebe, der Gewalt der Materie, mit denen sie in ihrem Leben täglich konfrontiert sind, so überflutet werden, daß der göttliche Geist in ihnen stirbt; denn, so wird hier gesagt, die Menschen sind uneinsichtig wie der Strauß – sie können das Wesentliche vom Unwesentlichen nicht unterscheiden. So heißt es:

> Denn Gott hat ihm die Weisheit genommen und hat ihm keinen Verstand zugeteilt.

Aber gleichzeitig wird gesagt, daß das nicht so zu sein braucht, daß der göttliche Geist *auch* im Menschen den Sieg davontragen kann und dann eine Kraft entfaltet, die über die Schnelligkeit eines Läufers oder eines Pferdes weit hinausreicht. Deshalb heißt es:

> Zu der Zeit, da er hoch auffährt, verlacht er beide, Roß und Mann.

Der gute Geist des Widerstandes und der Standfestigkeit wird im Bild des Streitrosses dargestellt, ein Geist, der es dem Menschen möglich macht, die Kämpfe des Lebens durchzustehen und den Versuchungen des Bösen (hier des „Fürsten") zu begegnen:

> Kannst du dem Roß Kräfte geben oder seinen Hals zieren mit seiner Mähne? Läßt du es aufspringen wie die Heuschrecken? Schrecklich ist sein prächtiges Schnauben. Es stampft auf den Boden und ist freudig mit Kraft und zieht aus, den Geharnischten entgegen. Es spottet der Furcht und erschrickt nicht und flieht vor dem Schwert nicht, wenngleich über ihm klingt der Köcher und glänzen beide, Spieß und Lanze. Es zittert und tobt und scharrt in die Erde und läßt sich nicht halten bei der Drommete Hall. Sooft die Drommete klingt, spricht es: Hui! und wittert den Streit von ferne, das Schreien der Fürsten und Jauchzen.

Der Sinn des Lebens ist Kampf und Arbeit für Gott und seine Schöpfung, bedeutet unerschrockene Standfestigkeit, Entschiedenheit gegen Unterschiedslosigkeit, wertende Formung des gestaltlosen Chaos. Nicht Anklage ist da am Platze, sondern immerwährende Wachsamkeit, um „Hochmut" und „Gottlosigkeit" zu bekämpfen (Hiob 40,11.12), wobei Gott die zusätzliche Empfehlung gibt, daß dem Menschen „seine rechte Hand helfen kann" (Hiob 40,14). Die rechte Hand, Symbol der Tatkraft und des gesunden Menschenverstandes, soll es dem Menschen erleichtern, die richtigen Unterscheidungen vollziehen zu können; denn völlig klare Urteilsfähigkeit ist ihm ja nicht gegeben.

Dennoch vermittelt Gott dem Hiob jetzt einen weiteren Einblick in seine Schöpfung, indem er ihm die Ungeheuer „Behemoth" und „Leviathan" vorstellt:

> Siehe da den Behemoth, den ich neben dir gemacht habe, er frißt Gras wie ein Ochse. Siehe, seine Kraft ist in seinen Lenden und sein Vermögen in den Sehnen seines Bauches. Sein Schwanz streckt sich wie eine Zeder, die Sehnen seiner Schenkel sind dicht geflochten. Seine Knochen sind wie eherne Röhren; seine Gebeine sind wie eiserne Stäbe. Er ist der Anfang der Wege Gottes, der ihn gemacht hat, der gab ihm sein Schwert. Die Berge tragen ihm Kräuter, und alle wilden Tiere spielen daselbst. Er liegt gern im Schatten, im Rohr und im Schlamm verborgen. Das Gebüsch bedeckt ihn mit seinem Schatten, und die Bachweiden umgeben ihn. Siehe, er schluckt in sich den Strom und achtet's nicht groß; läßt sich dünken, er wolle den Jordan mit seinem Munde ausschöpfen. Fängt man ihn wohl vor seinen Augen und durchbohrt ihm mit Stricken seine Nase?

Behemoth, das Sinnbild des Nahrungstriebes und der Sexualität, ist mehr urmächtig als gefährlich: „Er frißt Gras wie ein Ochse, seine Kraft ist in seinen Lenden und sein Vermögen in den Sehnen seines Bauches." Er ist die Voraussetzung der Inkarnation des göttlichen

Geistes; denn es heißt: „Er ist der Anfang der Wege Gottes." Die Gefährlichkeit Behemoths für den Menschen liegt in der Trägheit, die von diesen Naturkräften ausgeht, wenn sie vorherrschen. Behemoth kann die Kräfte des Menschen verschlingen und einsaugen wie den Lebensstrom, wie einen ganzen Jordan. Deshalb heißt es: „Er liegt gern im Schatten und im Schlamm (!). Siehe, er schluckt in sich den Strom und achtet's nicht groß." Diese gewaltigen Urantriebe lassen sich nicht einfach bewältigen, indem man ihnen einen Ring durch die Nase zieht! Diese großartige Einsicht des Alten Testaments ist in der Kirchengeschichte wenig beherzigt worden. Wie wenig sich diese Urgewalten einfach verdrängen lassen, sondern in Gestalt von seelischen Erkrankungen unkontrolliert wieder hervorbrechen, das haben wir erst in der Neuzeit in den Griff bekommen. Die angemessene Einstellung des Menschen zu Behemoth heißt: Ehrfurcht und Kenntnis, ja Einsicht der eigenen Ohnmacht – statt drastisch hochmütige Manipulationen, wie wir sie heute im Sexgeheul oder Modehungerzwängen zu sehen bekommen!

Aber die direkteste Antwort erhält Hiob auf die Frage nach seiner Not durch die Beschreibung des Leviathan. Der Kampf Gottes gegen das Ungeheuer Leviathan ist, wie der Kampf des Helden gegen den Drachen, ein archetypischer Mythos, der viel älter ist als die Heilige Schrift. Er trägt denselben Stellenwert wie Gottes Zähmung des Meeres. Er ist Symbol für das urschöpferische Werk: der Materie durch Formung, Gestaltung und Ordnung ihre Übermacht zu nehmen. Dieses Ungeheuer ist zwar auch „wohlgeschaffen", aber es steht dennoch im Widerstreit mit Gott – und die Freiheit der gesamten Schöpfung bedingt, daß der Mensch neben Leviathan leben muß, ohne die Kräfte zu besitzen, ihn zu bezwingen. Leviathan ist ein Symbol für die noch von der Materie beherrschten Natur in all ihrer erbarmungslosen Gewalt in uns und um uns.

> Kannst du den Leviathan ziehen mit dem Hamen und seine Zunge mit einer Schnur fassen? Kannst du ihm eine Angel in die Nase legen und mit einem Stachel ihm die Backen durchbohren? Meinst du, er werde dir viel Flehens machen oder dir heucheln? Meinst du, daß er einen Bund mit dir machen werde, daß du ihn immer zum Knecht habest? Kannst du mit ihm spielen wie mit einem Vogel oder ihn für deine Dirnen anbinden? Meinst du, die Genossen werden ihn zerschneiden, daß er unter die Kaufleute zerteilt wird? Kannst du mit Spießen füllen seine Haut und mit Fischerhaken seinen Kopf? Wenn du deine Hand an ihn legst, so gedenke, daß es ein Streit ist, den du nicht ausführen wirst. Siehe, die Hoffnung wird jedem fehlen; schon wenn er seiner ansichtig wird, stürzt er zu Boden.

Dieser Leviathan ist der verschlingende, der zerstörerische Aspekt der Natur, das Symbol der Aggression, des Bösen, der Todesmacht.

> Wer kann die Kinnbacken seines Antlitzes auftun? Schrecklich stehen seine Zähne umher.

Aber diese Macht ist auch gestaltet. Es herrscht bei Leviathan eine strenge Gesetzlichkeit, die im Symbol des Schuppenkleides dargestellt wird. Wie die Kausalgesetze in der Natur hängen bei Leviathan die Schuppen zusammen.

> Seine stolzen Schuppen sind wie feste Schilde, fest und eng ineinander. Eine rührt an die andere, daß nicht ein Lüftlein dazwischengeht. Es hängt eine an der andern, und halten sich zusammen, daß sie sich nicht voneinander trennen.

Und die grausame, unerbittliche Härte der Natur wird mit den Worten dargestellt:

> Sein Herz ist so hart wie ein Stein, und vor ihm her hüpft die Angst.

Die Schrecken der Natur als leidenschaftliche, zerstörerische Aktionen wie Naturkatastrophen, wie Zorn, Haß, Rache, Mord werden als Feueratem und als scharfe Scherben an Leviathans Flanken beschrieben:

> Aus seinem Munde fahren Fackeln, und feurige Funken schießen heraus. Aus seiner Nase geht Rauch wie von heißen Töpfen und Kesseln. Sein Odem ist wie lichte Lohe, und aus seinem Munde gehen Flammen... Unten an ihm sind scharfe Scherben; er fährt wie mit einem Dreschwagen über den Schlamm. Er macht, daß der tiefe See siedet wie ein Topf und rührt ihn ineinander, wie man eine Salbe mengt. Nach ihm leuchtet der Weg; er macht die Tiefe ganz grau. „Auf Erden ist seinesgleichen niemand, er verachtet alles, was hoch ist; er ist ein König über alles stolze Wild", beendet Gott seine Rede.

Solchen Mächten also ist der Mensch ausgeliefert, und wir empfinden das gerade in solchen Situationen, die wir als unabänderlich erkennen: in Zuständen unheilbarer Krankheit oder in der Konfrontation mit charakterlichen Abartigkeiten, wie Hinterlist, Sadismus, Machtgier und Gewalttätigkeit, in unserem eigenen Zorn und anderen leidenschaftlichen und deshalb unberechenbaren „feurigen" Gefühlen, im Feuersturm eines Krieges, eines Flugzeugabsturzes oder einer Naturkatastrophe.

Der Mensch in Nöten solcher Art bedarf dringend des Wissens, daß es über diese Gegebenheit bereits im Alten Testament eine eindeutige Erklärung gibt, nämlich die Rechtfertigung Gottes vor dem sich quälenden Menschen mit dem Argument der Freiheit der Lebensmächte und damit eben auch der Freiheit der dunklen, der von uns als zerstörerisch, ja als böse empfundenen Mächte. Denn wohl hat Gott den Leviathan bezwungen; dennoch lebt er, wie Satan, in der Schöpfung, und er kann, wie der Satan den Hiob, die Menschen in furchtbares Leid stürzen. Es ist unangemessen, Leviathan mit primitiven technischen Mitteln (Spieße, Lanze und Schwert) zu bekämpfen.

> Wenn man zu ihm will mit dem Schwert, so regt er sich nicht, oder mit Spieß, Geschoß und Panzer. Er achtet Eisen wie Stroh und Erz wie faules Holz. Kein Pfeil wird ihn verjagen; die Schleudersteine sind ihm wie Stoppeln. Die Keule achtet er wie Stoppeln; er spottet der bebenden Lanze.

Solche unangemessenen Kämpfe sind Hochmut. Sie sind letztlich zum Scheitern verurteilt, wie z. B. der Kampf der Mediziner gegen den Tod. Alles Materielle ist unumgänglich dem Tod anheimgegeben. Leviathan ist unbezwingbar. Alle Versuche des Menschen, diese Todesmacht der Materie durch Technik zu besiegen, sind letztlich unzureichend. Nur Demut, die das „Hochmütige" und „Gottlose" verdammt und die „rechte Hand" – das heißt der gesunde Menschenverstand – und der geflügelte Geist, der über das Irdische hinausblickt wie der Adler, kann gegen Behemoth und Leviathan Hilfe bedeuten, jener Geist, der ahnt, daß Gott mehr mit ihm vorhat, als ihn der Macht der Natur und des materiellen Todes auszuliefern. Die Existenz des Bösen in der Welt, mancher Leiden und Nöte, ist zwar unumgänglich, aber jeder Beweis der Treue zu Gott, zum Geist der Ordnung, hat einen Sinn: den Machtbereich des Bösen einzuschränken und damit immer neu und mehr „Schöpfung" zu vollziehen. Sehen wir das Leid des Menschen unter diesem Aspekt, so erhellt sich mit einem Schlage, daß schweres, unverschuldetes Unglück nicht nur eine Probe, sondern sogar eine *Auszeichnung* sein kann, die Hoffnung Gottes, in seinem „Knecht" Hiob den Baum zu finden, der dem Sturmesanprall des Leviathan widersteht und damit Schöpfung vorantreibt. Unter diesem Aspekt kann eine in Geduld ertragene unheilbare Krankheit oder ein unverschuldeter Verkehrsunfall, der zum Krüppel schlug, eine geheiligte Weihe erhalten und einen Sinn aufleuchten lassen hoch über mancher marktschreierischen Tat. Besteht nämlich der Mensch die Probe des Leides – und zieht aus ihm die richtige Erkenntnis wie Hiob, so geht er geläutert aus einer solchen Feuerprobe des Glaubens hervor. Er wird – das besagt der Ausgang der Hiobgeschichte – mit Fruchtbarkeit und Reichtum gesegnet, womit in dieser Bildergeschichte gewiß nicht materielles Glück und leiblicher Kindersegen gemeint sind. Die Treue zu Gott und das Erahnen des Sinnes seiner Schöpfung bewirkt, daß die Angst vor Lebens- und Todesnöten den Menschen nicht mehr beherrscht und damit Anklagen gegen das Leid und Fragen nach der Gerechtigkeit gegenstandslos werden. Denn das Leid, das unser irdisches Leben, das Leviathan uns bereitet, trägt die Chance in sich, den Menschen zu verwandeln und zu läutern, so daß ihn „keine Qual mehr anrühren" kann. Im Vertrauen auf Gott und die Zielhaftigkeit seiner Schöpfung wird das Annehmen und Ertragen der Not als eine sinnträchtige Prüfung, als eine *für Gott* dringliche Leistung möglich. Sich in der Not fallenzulassen, sich der Sinnlosigkeit zu ergeben – das allein besagt, vergeblich gelebt zu haben. In solchen Fällen schlägt das „Chaosmeer" in der Tat über dem Menschen zusammen. Indem wir leben, haben wir uns bereits für den Schöpfer-Gott, den Gestalter auch unseres Seins entschieden, und in Frage steht allein, ob wir diese Entscheidung im unumgänglichen Leid des Lebens durchhalten, ob wir uns selbst und damit Gott treu bleiben. Im Aushalten der Not steckt eine Verheißung, die in den Apokryphen direkt ausgesprochen wird: „Die Finsternis wird vernichtet, unaufhörlich wird Licht sein, Leviathan wird zerteilt und aufgegessen" (Hen. 58,6). Not, Verzweiflung und neue Hoffnung, das heißt seelisches Absterben und seelische Erneuerung, sind die Voraussetzungen zur allmählichen Einverleibung der Naturmächte in eine allumfassende Geisteskraft.

Über die Notwendigkeit zum Durchhalten hinaus können wir auch heute noch an den Bildern der Rede Gottes aus dem Wetter lernen, wie das göttliche Wertsystem zu verstehen ist: In der Hierarchie der Schöpfung steht die schöpferische Tat über der Urträgheit, der Geist über der Materie, das Ringen um geistige Formung und Entscheidung über einem ununterschiedenen Pluralismus.

Das Neue Testament bringt uns dann in der Gestalt Christi die konkrete Erkenntnismöglichkeit, wie wir uns diesem Ziel – der Überwindung des Chaos – annähern können: durch den Geist der Liebe, den wir gegen Leviathan hier auf der Erde zu leben versuchen. Deshalb heißt die endgültige Antwort in Christus: „Ich bin die Wahrheit und das Leben. Wer an mich glaubt, wird das ewige Leben haben, wenn er gleich stürbe." Das Bestehen des Lebens im Leid mit Hilfe der *Liebe* führt daher in der Nachfolge Christi zu dem triumphalen Jubel des Paulus: „Der Tod ist verschlungen in den Sieg. Tod, wo ist dein Stachel? Hölle, wo ist dein Sieg?" (1 Kor. 15,55). Die Antwort, die die Bibel auf den Schrei der Existenznot zu geben hat, heißt nicht äußere Veränderung, weist nicht auf ein pragmatisches Andersmachen hin, sondern spricht verheißungsvoll – ja fordernd – von innerer Wandlung in der Feuerprobe der Not.

Die zeitlose Wahrheit der Jonas-Geschichte

Von einem Arzt werde ich ins Krankenhaus gerufen. Er habe da einen jugendlichen Patienten, der an einer Überdosis Rauschgift fast zugrunde gegangen wäre. Anscheinend sei der Junge aber nicht süchtig – er zeige keinerlei Entziehungserscheinungen. Er sträube sich gegen eine Benachrichtigung seiner Eltern, zuletzt habe er in einer Kommune gelebt, zu der er aber anscheinend keinerlei Bindung besitze, jedenfalls habe sich von dorther niemand um ihn gekümmert. Er sei wohl schwer depressiv, vermöge kaum Nahrung zu sich zu nehmen, läge apathisch in seinem Bett, sei kaum ansprechbar.

Als ich den einundzwanzigjährigen Patienten zum erstenmal zu Gesicht bekomme, habe ich sofort den Eindruck, daß er die Talsohle der Depression bereits hinter sich hat. Er schaut mich mit klaren Augen an, lächelt und sagt: „Mir scheint, ich bin wieder an Land." Ich erwidere: „Wenn man so weit unten war, ist das ein tolles Gefühl, nicht wahr?" – „Ja", sagt er, „wissen Sie, ich war wie ein Stein, den man ins Meer geworfen hat, und ich fiel und fiel und fiel, war entsetzlich schwer und gänzlich ohnmächtig. Es war so ähnlich, als wenn ich in ein riesiges Ungeheuermaul eingesogen wurde und als wenn es vollständig ausgeschlossen sei, aus dieser Lage je gerettet zu werden. Irgendwann wurde es dann besser. Ich träumte von zu Haus, von unserem Betrieb, davon, daß ich das Unternehmen leite – und als ich aufwachte, wußte ich auf einmal, daß alles falsch gewesen war, wie es gelaufen war, daß ich einfach Quatsch gemacht hatte. Ich hatte mich gedrückt, ich war feige gewesen, war einfach davongelaufen vor dem, was für mich zu tun nötig gewesen wäre – und hatte mich noch als Held gefühlt. Na ja, Sie wollen natürlich wissen, was ich damit meine: Mein Vater hat einen ziemlich großen Verlag, in den habe ich schon viel hereingerochen. Mich hat der Laden immer interessiert. Mein Vater ist überhaupt nicht autoritär. Natürlich hat er gesagt, es würde ihn freuen, wenn ich sein Nachfolger würde – aber ich könnte mir aussuchen, was ich studieren wolle. Es ginge auch ohne mich.

Eigentlich hatte ich das Gefühl, daß das nicht stimmte. Mir paßte eine ganze Menge nicht an der Art, wie Vater das auswählte, was er drucken wollte. Da ging es ganz einfach oft nur um die merkantile Zweckmäßigkeit. Und die Wochenzeitschrift, die er herausgibt, ist nichts als schläfriger Trott. Da gäbe es eine Menge zu ändern, um den ganzen Mief unserer in Materialismus erstickenden Generation auszulüften. Man kann sich doch ausrechnen, daß alles kaputt geht, wenn die Leute so weiterschlafen und nur ihr eigenes Schaf ins trokkene bringen wollen. Mein Vater lachte nur, wenn ich mal davon sprach. ‚Das könntest du erst beurteilen, wenn du lange genug dabeigewesen wärst', sagte er dann. Eigentlich müßte ich mich da 'reinhängen, merkte ich – aber dann dachte ich auch wieder wütend, daß sie doch alles besser wüßten und mich ja gar nicht so recht haben wollten. Auf einmal hatte ich das Gefühl: wenn ich hier nicht zu gebrauchen bin, bin ich überhaupt unbrauchbar. Da bin ich abgehauen – weg von zu Haus', weg von der Schule. Nach 'ner Weile, als mein Geld alle war, bin ich in die Kommune gegangen. Die Leute da hatten auch ihr bürgerliches Leben aufgegeben und machten Gelegenheitsarbeiten. Das Schlimme war, daß ich immer bedrückter wurde, morgens einfach nicht aufstand, nicht arbeitete und mich von den anderen mit durchziehen ließ. In unserer Wohngemeinschaft gab es deswegen immer häufiger Krach. Da waren 'ne ganze Menge dabei, die längst ausgeflippt waren und nur noch herumlagen. Ein paar nur zogen den Karren. Einmal kam es zu einem Riesenkrach, Windstärke zwölf, alle schrien, einige kloppten sich, Stühle gingen zu Bruch. Und dann sagten sie, ich sei an allem schuld, ich vermiefte ihnen den Laden, ich wäre ihr Ruin. Und dann schmissen sie mich 'raus, setzten mich einfach vor die Tür. Das war eine verdammte Pleite, mit der bin ich nicht fertig geworden. Da hab' ich mich mit dem Stoff, den ich noch bei mir hatte, selbst auf die Reise geschickt. Das hatte ich sonst nur für die anderen organisiert. Ja, und dann fand ich mich hier im Krankenhaus wieder."

Es war nicht mehr viel therapeutische Arbeit nötig. Der junge Mann hatte ja bereits selbst erkannt, daß er vor einem ihn von innen her drängenden Auftrag geflohen war, daß er alle Voraussetzungen hatte, auf der Basis des Verlages, der ihm einst zur Verfügung stehen würde, an einer geistigen Veränderung der Welt zu arbeiten. Er ging und stellte sich dieser Aufgabe.

Wenn man davon absieht, daß unserem jungen Verlegersohn noch das Bewußtsein darüber fehlt, vor *wessen* Auftrag er geflohen ist und durch welche Umkehr ihm Heilung zuteil wurde, so ist diese Situation eine bemerkenswert unveränderte Neuauflage der alten

Geschichte von Jona, der vor seinem Auftrag, nach Ninive zu gehen, ans Ende der Welt zu fliehen suchte. Der Text lautet:

> Es erging das Wort Jahwes an Jona, den Sohn des Amittai, also: „Auf, gehe nach Ninive, der großen Stadt, und predige ihr, denn ihre Bosheit ist zu mir gedrungen." Aber Jona machte sich auf, um vor Jahwe nach Tarschisch zu fliehen. Er ging nach Japho hinab und fand ein Schiff, das nach Tarschisch fuhr, und er bezahlte das Fahrgeld und stieg ein, um mit ihnen nach Tarschisch zu fahren, fort von dem Angesicht Jahwes. Jahwe aber warf einen starken Wind auf das Meer, und es entstand ein gewaltiger Sturm, so daß das Schiff nahe daran war, zu scheitern. Da fürchteten sich die Schiffer und schrien, ein jeder zu seinem Gott; und sie warfen die Gegenstände, die im Schiffe waren, ins Meer, um das Schiff zu erleichtern. Jona aber war in den untersten Teil des Schiffes herabgestiegen, hatte sich hingelegt und war eingeschlafen. Da ging der Kapitän zu ihm und sprach zu ihm: „Was schläfst du? Steh auf und rufe zu deinem Gott! Vielleicht wird der Gott unser gedenken, daß wir nicht umkommen." Und sie sprachen einer zum anderen: „Wohlan, wir wollen das Los werfen, um zu erfahren, wer schuld ist, daß dieses Unglück uns getroffen hat." Und sie warfen das Los, und das Los fiel auf Jona. Und sie sagten zu ihm: „Sag uns doch, was du für ein Geschäft betreibst, woher du kommst und welchem Volke du angehörst." Da sagte er zu ihnen: „Ich bin ein Hebräer und verehre Jahwe, den Gott des Himmels, der das Meer und das Festland gemacht hat." Da fürchteten sich die Männer sehr und sagten zu ihm: „Warum hast du das getan?" Denn die Männer wußten, daß er vor Jahwe geflohen war, er hatte es ihnen selbst erzählt. Da sagten sie zu ihm: „Was sollen wir mit dir anfangen, damit das Meer sich beruhigt und von uns ablasse?" Denn das Meer wurde immer stürmischer. Er antwortete ihnen: „Nehmt mich und werft mich ins Meer, damit das Meer sich beruhige und von euch ablasse, denn ich weiß, daß um meinetwillen dieser große Sturm über euch gekommen ist." Und die Männer legten sich in die Ruder, um ans Land zu kommen, aber sie vermochten es nicht, denn das Meer stürmte immer mächtiger gegen sie an. Da riefen sie zu Jahwe und sprachen: „Ach Jahwe, laß uns doch nicht zugrunde gehen wegen des Lebens dieses Mannes da und bringe nicht unschuldiges Blut über uns, denn du, Jahwe, hast, wie es dir gefiel, getan." Und sie nahmen Jona und warfen ihn ins Meer, und das Meer ließ ab von seinem Toben. Da fürchteten sich die Männer sehr vor Jahwe, und sie brachten Jahwe ein Opfer dar und machten Gelübde.
> Da bestellte Jahwe einen Fisch, um Jona zu verschlingen, und Jona war drei Tage und drei Nächte im Bauche des Fisches. Und Jona betete zu Jahwe, seinem Gott, aus dem Bauche des Fisches und sprach: „Ich rief aus meiner Not zu Jahwe, und er erhörte mich; aus dem Schoß des Scheol schrie ich empor, du hörtest meine Stimme. Du warfst mich in die Tiefe mitten ins Meer, die Fluten umgaben

mich. Alle deine Wogen und Wellen gingen über mich dahin. Da sagte ich mir: Ich bin verstoßen von dir. Wie werde ich je wieder schauen deinen heiligen Tempel? Die Wasser stiegen mir bis zur Gurgel, es umfing mich die Flut, Schilf wand sich um mein Haupt an der Wurzel der Berge. Hinabgestiegen war ich zur Unterwelt, zu den Völkern von einst. Aber du zogst aus der Grube mein Leben, Jahwe, mein Gott. Als meine Seele in mir verschmachtete, da gedachte ich Jahwes. Mein Gebet drang bis zu dir in deinen heiligen Tempel. Die da nichtige Götzen verehren, verzichten auf ihr Glück. Ich aber will mit lautem Dank dir Opfer bringen. Was ich gelobt, will ich erfüllen. Die Hilfe kommt von Jahwe."
Und Jahwe gebot dem Fisch, und er spie den Jona aufs Land.
Es erging das Wort Jahwes an Jona zum zweiten Male also: „Steh auf und geh nach Ninive, der großen Stadt, und halte ihr die Predigt, die ich dir auftragen werde." Und Jona machte sich auf und ging nach Ninive, wie Jahwe ihm aufgetragen hatte.

Auch Jona hatte also eine Aufgabe bekommen, und zwar hier in der Welt, für die die Stadt Ninive Symbol ist; es wurde ihm geboten, das Abfallen der Menschen von Gott durch sein Predigen zu verhindern. Auch er entzog sich diesem Auftrag, und zwar genau wie der Jugendliche, weil er meinte, daß es im Grunde auch ohne ihn ginge. Jona nahm den Auftrag zunächst nicht an, einerseits weil er sich selbst nicht ernst genug nahm, zum anderen aber, weil er fürchtete, sich lächerlich zu machen, wenn seine negativen Prognosen nicht einträfen. Aber das Mitleid, das Jahwe schließlich mit der Stadt Ninive zeigte, war ja nicht ein Akt willkürlicher Langmut und Barmherzigkeit – die Verschonung vom Strafgericht war eine direkte Folge davon, daß Jona seine Bußpredigten schließlich dennoch gehalten hatte, und zwar so eindringlich, daß in der Tat eine große Zahl von Menschen ihre Einstellung änderten. Die Jona-Geschichte sagt aus, wie unumgänglich Gott den Menschen braucht. Deshalb geraten wir in Sackgassen, wenn wir unsere Aufträge nicht erkennen oder nicht annehmen, deshalb kommt die Finsternis seelischer oder realer Nöte über uns, wenn wir vor den uns zugeschriebenen Ämtern ans Ende der Welt, nach Tarschisch, zu fliehen trachten. Und geht es im Grunde in unserem Leben viel anders zu als auf Jonas Schiffsreise? Die Umwelt hat oft gänzlich unbewußt eine feine Nase dafür, daß wir mit unserer Verweigerung sie und das gesamte Kollektiv gefährden, und sie sucht uns auszustoßen; mit Recht, denn nur auf diese Weise haben wir, die Ungehorsamen, eine Chance, in der immer größer werdenden Not dennoch die Möglichkeit zur Umkehr zu finden. Nicht immer brauchen das Budenstürme in einer Kommune zu sein, wie bei unserem Jungen, die hier brutale Handlangerdienste leisteten. Wir können auch als nörgelnde, stänkernde oder als unzuverlässige Arbeitskameraden aus dem Kreis, in dem wir untergekrochen sind, ausgestoßen werden; wir können uns unter großen „Stürmen", Krächen, aus der Familie, in der wir leben, herauskatapultieren – dies alles um des einen Zieles willen: damit wir endlich in der Isolation darüber nachdenken, daß wir an einer entscheidenden Stelle die Weiche falsch gestellt haben, daß wir flohen, statt zu gehorchen.

Dabei sind die Bilder in unserer Geschichte (das Verharren des Jona im unteren Teil des Schiffes, sein Verschlungenwerden von dem großen Fisch) grandiose Bilder für den seelischen Zustand, in den wir uns auf diese Weise hineinmanövrieren: Es handelt sich um einen Rückfall in eine Art vorgeburtlichen Zustand, in die handlungsunfähige Versteinerung der Depression, die der Jugendliche sogar ganz Jonas-ähnlich ausdrückte, ohne daß er sich dieser Geschichte überhaupt noch aus dem Religions- oder Konfirmandenunterricht erinnerte! Er fühlte sich „wie in eines Ungeheuers Riesenmaul eingesogen". Die „reaktive Depression", wie wir Fachleute diesen Zustand nennen, ist in der Tat eine Art Verschlingungsprozeß zurück in eine chaotische Unbewußtheit. In dieser Stimmung sind auch unsere Patienten nicht mehr in der Lage, Aktivität zu entwickeln, sie haben kein Interesse mehr, nicht einmal das, sich sauber zu halten oder überhaupt etwas zur Erhaltung ihres Lebens zu tun. Das Chaos hat sie wieder. Dieser Rückfall ist im Bild des Urmeers und seines großmäuligen Ungeheuers ausgedrückt. Und deshalb treten in Träumen, allegorischen Ausdrücken und Phantasien auch bei den Menschen heute diese Bildinhalte immer noch auf, wenn der Mensch sich in einer ähnlichen Situation befindet. Sie sind in typischer Weise Entsprechungen für solche Notlagen; und infolgedessen hat die Jona-Geschichte einen zeitlosen, weil immer wiederkehrenden Wahrheitskern. Denn in der Not und Isolation seines Klinikbettes wird unserem Jugendlichen plötzlich klar, wohin er gehört – und *diese* Erkenntnis macht es aus, daß er, wie er sich wörtlich ausdrückt, „wieder gelandet ist". Dies bedeutet das Bild, daß der Fisch den Jona wieder an Land speit: Durch Einsicht und Umkehr in der finstersten Nacht der Ausweglosigkeit verschwindet mit einem Schlage die Depression, diese ozeanische Verschwommenheit, das Gefühl des Ausgeliefertseins und der Hilflosigkeit; es ist dem Menschen wieder möglich, sich zu orientieren, er weiß, was er will. Das drückt sich in dem Bild aus, daß Jonas wieder Land unter den Füßen hat, und zwar genau das Land, das auf ihn wartet. Mit Recht ist daher das Symbol der Nachtmeerfahrt

– ursprünglich dem Beobachten von Sonnenuntergang und Sonnenaufgang abgelauscht –, das Eingesogenwerden in Finsternis, Meer und Ungeheuer, ein Bild für einen seelischen Wandlungsprozeß, für seelische Höllenfahrt und seelische Wiedergeburt mitten in diesem Leben. Aber die Jona-Geschichte spricht nicht nur von der ungeheuerlichen Härte solchen Erlebens, sie sagt auch sehr eindeutig, daß die Voraussetzung zur Rettung eben in der Bereitschaft und dem Entschluß zur Umkehr besteht; denn Jona, der vor Gott floh, gelang es ja in der Not, wieder zu ihm zu finden, zu beten und sich gehorsam zu seinem Auftrag zu bekennen.

Wir Fachleute wissen auch von Nachtmeerfahrten, die *nicht* am Strand von Ninive im hellen Glanz der Morgensonne endeten. Es gibt auch Nachtmeerfahrten ohne Wiederkehr, in denen alle Tore zur Wiedergeburt verschlossen bleiben und die Nacht des Todes unwiderruflich wird. Unheilbare „Umnachtung", Selbstmord, Verdämmern in einer Sucht sind schreckliche Konkretionen solchen Unglücks.

Ninive existiert auch heute noch. Es ist mehr als not-wendig, genau hinzuhören, wie *unser* Auftrag lautet, den wir in bezug auf diese Stadt bekommen haben.

Aber mit dieser Erkenntnis ist die Jonas-Geschichte nicht zu Ende. Sie besteht noch aus zwei weiteren Teilen, die ebenso bedeutsam sind:

> Ninive aber war eine große Stadt vor Gott, drei Tage brauchte man, um sie zu durchwandern. Jona ging eine Tagereise weit in die Stadt hinein und predigte und sprach: „Noch vierzig Tage, und Ninive wird zerstört werden." Die Männer von Ninive aber glaubten Gott und riefen ein Fasten aus und zogen Bußgewänder an, groß und klein. Und die Kunde davon drang bis zum König von Ninive, und er erhob sich von seinem Thron, legte seinen Mantel ab, hüllte sich in den Sack und setzte sich in die Asche. Und er ließ in Ninive ausrufen und gebot: „Auf Befehl des Königs und seiner Großen! Menschen und Tiere, Rinder und Schafe sollen nicht das Geringste genießen, nicht auf die Weide gehen und kein Wasser trinken! Man soll sich vielmehr in den Sack hüllen, und sie sollen mit Macht Gott rufen, und ein jeder soll sich bekehren von seinem bösen Tun und von dem Unrecht, das an seinen Händen ist! Vielleicht daß Gott es sich wieder gereuen läßt und von seinem Zorn abläßt, daß wir nicht zugrunde gehen." Als nun Gott sah, was sie taten, daß sie von ihrem bösen Tun sich bekehrten, da reute ihn das Böse, daß er ihnen zu tun angedroht hatte, und er tat es nicht.

Ninive, die große reiche Stadt, war gewiß nicht allein zu Jonas Zeiten reif zum Untergang, als Gott sich ihrer erbarmte, weil ihre Menschen Buße taten. Diese Geschichte kann auch für uns heute noch gelten, für unsere Zeit Orientierungshilfe geben. Von Buße zu sprechen, ja Buße tun ist heute allerdings unmodern geworden. Das ist so scheußlich unbequem, und unsere freundlichen Pastoren sind sich ihrer eigenen menschlichen Schwächen bescheidener- und ehrlicherweise *so* bewußt geworden, daß es ihnen in zunehmenden Maße schwerfällt, etwas zu predigen, das wie eine moralinsaure Anklage anderer, das wie ein Angstmachen vor göttlicher Strafe, wie ein Bangemachen vor dem Jüngsten Gericht aussehen könnte. Oft wird sogar von theologischer Seite her die Meinung vertreten: Die Bußbedürftigkeit, die die Propheten im Alten Testament aufzeigen, sei lediglich die Folge eines noch primitiven Bildes von Gott, das Bild des harten, unerbittlichen, des autoritär absolute Unterwerfung fordernden Gottes. Buße sei *nach* Jesus Christus, der uns den *liebenden* Vater einsichtig gemacht habe, kaum noch nötig, da Gott ohnehin der sei, der den Sündern vergäbe, seit Christus sich zu ihrem Anwalt gemacht habe.

Aber diese Vorstellung erweist sich bei näherem Zusehen doch nur als bedingt richtig – sie bezieht sich auf die vielen Verfehlungen, die Nachlässigkeiten, die Trägheiten der Herzen, die wir schamvollerweise täglich vollziehen; aber auch im Neuen Testament, am deutlichsten in den Offenbarungen des Johannes, ist unmißverständlich nachzulesen, daß diese Generalabsolution ausbleibt, ja daß Untergang und ewige Verdammnis drohe, wo der Mensch Gott die Treue bricht und sich in hochmütiger Eigenmächtigkeit selbst zum Schöpfer ernennt. Und stehen wir nicht – heute ganz besonders – hart an einem solchen Abgrund? Gibt es nicht eine riesige Fülle von Zeichen dafür, daß wir gerade durch diese Eigenmächtigkeit in zunehmende Not geraten, die uns die Notwendigkeit zur Umkehr zwingend signalisiert?

Die Not in unserem Kulturkreis zeigt sich nicht als Hungersnot, Seuche oder Krieg – und dennoch ist auch sie so allgemein, ist eine so schwer verstörende kollektive Angelegenheit, daß sie die Mehrzahl der Menschen bereits täglich und stündlich zu schwer Leidenden macht. Ich meine jene Nöte, die, oft die Familien in ihren Fundamenten zerrüttend, durch die Erziehungsschwierigkeiten der Jugendlichen, aber auch von Jahrgang zu Jahrgang zunehmend bereits bei den Kindern entstehen. Diese Schwierigkeiten sind heute – ganz anders als früher – von einer penetrant lärmenden Art; sie sind nicht nur, wie üblich, mal ein wenig Unbotmäßigkeit, mal ein wenig Faulheit, mal ein wenig üble Angewohnheit. Nein, das Gros der Störungen heute läßt die Eltern binnen kurzem am Sinn all ihrer Mühe zweifeln, zieht sie in den Sog der Depression, weil ihre Kinder ihnen demonstrieren, daß ihre erzieherischen Bemühungen gänzlich ergebnislos waren. Die einen müssen erleben, daß ihr Junge in die Rauschgiftsucht geht und nach jahrelangem Terror zu Hause schließlich an einer Überdosis des Giftes stirbt, die anderen werden mit dem Schrecken konfrontiert, daß ihr Kind die Tür des Hauses auf Nimmerwiedersehen zuwarf und, ohne je wieder etwas von sich hören zu lassen, in einem Gammlertrupp untertauchte, viele schrecken mit einer Vorladung zu einer Gerichtsverhandlung gegen Sohn oder Tochter aus der süßen Illusion auf, daß bei ihnen selbst doch noch alles in Ordnung sei, und ein Heer von Vätern und Müttern kämpft heute einen sinnlos zermürbenden Kampf gegen die Unordentlichkeit, die Trägheit, den rücksichtslosen Lärm aus der Röhre, die lebensverkürzende Nikotinsucht ihrer Zöglinge. Manche Erwachsene werden bereits jahraus, jahrein mit Sprech- und Kontaktverweigerung und der eisigen Verachtung ihrer eigenen Brut bestraft, die sie je nach Temperament in den Jähzorn oder in den Alkoholismus treibt. Anderen wird durch die verwöhnten Überansprüche der Jugendlichen das letzte Hemd vom Leibe gezogen oder gar die Habe geraubt und zerstört. Ich habe in meiner Praxis jüngst erlebt, daß ein Jugendlicher in Abwesenheit der Eltern einen Schrank aufbrach, eine Münzsammlung stahl und sie versetzte; ein anderer setzte mit Hilfe mehrerer auf einmal entzündeter Streichholzpakete die Küche des Hauses in Brand, ein dritter warf seine querschnittsgelähmte Mutter vom Sessel und brach ihr den Arm, weil sie ihm die Cognacflasche fortgenommen hatte, der er schon im Unmaß zugesprochen hatte. Ein Mädchen aus allerbestem Hause lud, wenn die Eltern abends fortgingen, eine Schar von Gleichaltrigen ein und weidete sich am Entsetzen der Heimkehrenden über eine Wohnung, die deutlich alle Kennzeichen wüster sexueller Orgien – selbst in den Ehebetten – aufwies. Ich kann von meiner Praxis her jedenfalls ein Lied davon singen, daß viele Menschen in einem Leid leben, das von manchen schlimmer als Folter und Aussatz empfunden wird. Eltern junger Kinder, die noch nicht zur Schule gehen, sehen häufig voller Verachtung auf diese Not – sie sind doch so fleißig und ordentlich, sie sorgen für ihre Kinder und meinen, daß ihnen dergleichen niemals passieren könne. Sie wohnen nicht in einem Obdachlosenasyl, sie brauchen, weil sie sich das Häuschen im Grünen und ein Auto erarbeitet haben, nicht in einem Hochhaus, nicht in einer Mietskaserne zu wohnen, und sie meinen, sich damit einen Freipaß für die seelisch gesunde Entwicklung ihrer Kinder erkauft zu haben. Aber auch das erweist sich als Illusion. Wohlstand schützt weder vor neurotischer Verwahrlosung noch vor Rauschgiftsucht, noch vor Selbstmord, im Gegenteil: die Statistiken zeigen, daß die meisten Selbstmorde von wohlhabenden, ja von reichen Leuten begangen werden. Die Not unserer Zeit ist kein „Schichtenproblem", wie uns die Neomarxisten immer so gerne weismachen wollen, sie ist auch kein soziales Problem und nicht durch die Verteilung von mehr Geldern an das Heer der bereits auf 12 000 angewachsenen Frührentner zu lösen – diese unsere Not soll und will uns zur Buße auffordern; denn sie zeigt unmißverständlich auf, daß der Mensch nicht vom Brot allein leben kann. Unsere wie Raben stehlenden Kinder und Jugendlichen sind seelisch Verhungerte. Sie stehlen, ohne zu wissen warum, mit dem Negerkuß, mit dem Lutscher, mit dem sie ohnehin zu Hause überreichlich gefüttert werden, eine Süße, die sich nicht kaufen läßt: die Liebe, die Zuwendung, die ihnen von ihren fleißigen Eltern, die beide unentwegt im Beruf schufteten, nicht zuteil werden konnte. Es wirkt sich auf die seelisch-geistige Entwicklung des Kindes unheilvoll aus, wenn seine Erzieher ihr Leben unter den Primat des Gelderwerbs gestellt haben. Dazu muß unterscheidend betont werden: Es ist ein notwendiges, berechtigtes und natürliches Bedürfnis, durch Geldverdienen seinen und seiner Familie Lebensunterhalt zu sichern; unbekömmlich ist es für das Kind nur, zu erleben, daß in seinem Umkreis materielle Erwerbstätigkeit als höchster Wert fungiert und ihm alle anderen Lebensbereiche untergeordnet werden. Diese Einstellung ist heute keineswegs nur eine Angelegenheit der Industriebosse, sondern sie ist in unserer Erwachsenengeneration als tragische Folge des Zusammenbruchs der Ideale durch Hitlerschen Mißbrauch mit ihnen und als Folge der harten Kriegs- und Nachkriegszeit bei einer großen Zahl von Menschen gang und gäbe. Besonders Jugendliche vertragen diese Fehleinstellung nicht in dem Alter, in dem sie lernen wollen, über ihren Egoismus hinauszuwachsen, es verstört ihre Möglichkeit zu überpersönlicher Einsatzfähigkeit. Die Adoleszenz, das Jugendalter zwischen siebzehn und einundzwanzig Jahren, hat nämlich als Entwicklungsstufe die Aufgabe, auf überpersönliche Zielrichtungen der seelisch-geistigen Entwicklung vorzubereiten. Sind die Erwachsenen, ist die Gesellschaft aus ihrer eigenen Fehleinstellung heraus nicht in der Lage, den Jugendlichen hier Vorbilder und Betätigungsfelder zu geben, so reagieren sie – ohne zu wissen warum – mit vermehrter ungerichteter Aggressivität mit Protesten, Unruhe und Depressionen.

Noch schlimmer aber wirkt sich die Vergottung des Materialismus auf die seelisch-geistige Entwicklung *junger* Kinder aus. Sie werden heute mit Materialien, mit einer viel zu großen Fülle an

Spielzeug und Genußmitteln überschüttet, was ihre Aktivität lähmt und ihnen ein falsches Weltbild vermittelt. Denn auf diese Weise wächst in ihnen die Vorstellung, daß ihnen die gebratenen Tauben natürlicherweise in den Mund zu fliegen haben. Da die Tauben das bereits im Grundschulalter nicht mehr tun, reagieren diese Kinder mit empörtem Protest und beleidigter Verweigerung der Arbeitsforderung. Am bedenklichsten ist es aber, daß durch eine solche Verwöhnung generell die Fähigkeit, mit Lust aktiv zu sein, verkümmert, so daß es zu einer Aktivitätsatrophie kommt, wie ich diese Störung in meinen Büchern genannt habe, d. h., die unzureichende Entwicklung der Aktivität bewirkt eine fundamentale Trägheit, eine Passivität, die später nicht einfach durch Antreiben, durch Ermunterung oder ein freundliches Auf-die-Schulter-Klopfen wieder nachholbar ist. Das Schlimme aber ist, daß Kinder, bei denen in ihrer ersten Lebenszeit durch Verwöhnung das Instrumentarium für eine optimale Lebenserfüllung verschleudert worden ist, in einer gefährlichen Weise – dumpf berechtigt – durch all ihre gleichgültige Leere hindurch aggressiv unglücklich sind und nur eines einzigen ideologischen Anführers bedürfen, um sie zum Kampf gegen diese „verrottete Gesellschaft" zusammenzuschmieden.

Ich meine, daß es der Sinn der fürchterlichen Nöte ist, die zahllose Eltern heute schon mit ihren neurotisch verwahrlosten Jugendlichen haben, daß wir so schnell wie möglich die Konsequenz aus dem Dilemma und aus der Gefahr für die Zukunft ziehen sollen. Sie heißt, zu erkennen, daß der Mensch nicht nur als Einzelperson, sondern auch als Kollektiv zugrunde gehen muß, wenn er den Materialismus, ganz gleich, ob es der dialektische oder der liberale ist, zu seinem Gott ernennt. Entweder regrediert er in der Diktatur eines sozialistischen Schein-Paradieses auf die Stufe des Heringsschwarms, oder er versinkt im Chaos der Wohlstandsverwahrlosung.

Die Rettung unserer Stadt Ninive kann also weder durch die falschen Propheten aus dem Osten noch durch die aus dem Westen kommen. Auch wir brauchen schleunigst das, was die Leute von Ninive taten: *Sie glaubten Gott,* so sagt unser Text. Und das eben ist das Entscheidende. Das sollte und könnte die einzig richtige Konsequenz sein, die wir aus unserem Dilemma ziehen müßten, wenn wir Ohren hätten zu hören, nämlich zu erkennen: wie eigenmächtig es ist, die Mütter von ihren hilflosen Säuglingen in die Industrie fortzuholen, wie wissenschaftsgläubig, wie hochmütig es ist, uns Frauen vorzugaukeln, unsere Kinder könnten ohne die Kraft unseres Leibes und unserer Seele, ohne unser Opfer – Erziehen bedeutet, sich total einem Kind hinhalten – gleichartige Kraft durch

„Ersatzpräparate" bekommen, wie sehr sich an uns in aller eisernen Konsequenz der Satz Christi bewahrheitet: Man kann nicht zwei Herren dienen – Gott und dem Mammon; d.h., gewiß müssen wir für unseren Lebensunterhalt sorgen, aber das hat nicht an erster Stelle zu stehen; an erster Stelle muß stehen: Gehorsam, Ehrfurcht, Liebe und Dienst für Gott – und das heißt auch: Beugen unter die Lebensgesetze, denen wir unterstellt sind, Liebe zu den Nächsten, zu den Kindern, die uns in unserem Umkreis überantwortet sind. Mit Hilfe der Anstrengung jedes einzelnen sollten wir versuchen, unsere materialistische, egozentrische, verwöhnungsbereite, bequeme Einstellung zu ändern. Es ist besser für unsere Kinder, wenn wir für sie da sind, für sie Zeit haben, uns mit ihnen beschäftigen, als wenn wir ihnen von unserem verdienten Geld täglich ein neues Spielzeug kaufen. Es ist besser für die Kinder im Grundschulalter, wenn wir mit ihnen zelten, angeln, paddeln und Lagerfeuer machen, als wenn wir sie im Fond eines teuren Wagens durch die Kontinente jagen. Es ist besser, wenn wir mit ihnen spielen, als wenn wir sie unentwegt mit neuer Bekleidung ausstatten, die wir durch Arbeit irgendwo draußen erworben haben. Es ist unermeßlich viel besser, die Säuglinge ein dreiviertel Jahr lang voll an unserer eigenen Brust die Erfahrung machen zu lassen, wie man sich durch harte Arbeit zufrieden macht, statt die Verwöhnung bereits in diesem Alter durch eine zu leichte und unnatürliche Form der Ernährung einzubahnen und vorzuprägen.

Ein solches „Fasten" im übertragenen Sinne, ein bewußtes Sichwehren gegen die Bequemlichkeit, zu der wir durch Konsumgegaukele verschaukelt werden sollen, konnte nicht nur für Ninive, kann auch für uns heute noch heilsam sein. Aber auch wir bedürfen dazu, wie Ninive, des Vorbildes unseres „Königs", unseres „Oberen", der steuernden Seelenkräfte in uns, ihr Grenzensetzen, ihr Knien in der Asche der Demut statt eines selbstherrlichen Hockens auf den Thronen der Eigenmacht. Und im Symbol der Tiere, die nicht einmal zum Fressen auf die Weide getrieben werden dürfen, sagt unser Vorbild Ninive, daß diese Einstellung der Bußfertigkeit radikal sein muß, bis in die „primitiven, die tierischen" Bedürfnisse unseres Leibes hinein. Auch der Lust-Gott und der Genuß-Gott sind wie der Gott Verwöhnung und Geld falsche Götter – *wie* falsch sie sind, das zeigt sich eben an dieser durch einen falschen Zeitgeist entstellten jungen Generation, die unsere Zukunft ist. Wollen wir Zukunft haben, wollen wir nicht zugrunde gehen wie Babylon, geschlagen von Gottes Zorn, wie es auch *nach Christus* geschrieben steht, sollten wir alle, wie die Männer von Ninive, das große Fasten, die Änderung unseres Zeitgeistes zu Gottesfurcht, zu Menschenliebe und echter Opferbereitschaft ausrufen.

Der letzte Teil der Jonas-Geschichte hat einen völlig anderen Akzent als die beiden ersten. Hier handelt es sich um „Menschliches-Allzumenschliches". Jonas erlebt, daß seine Prophezeiung, Ninive werde untergehen, nicht eintrifft und antwortet darauf mit Unmut. Es heißt:

> Das verdroß Jonas gar sehr, und er ward zornig. Und er betete zu Jahwe und sprach: „Ach Jahwe, habe ich das nicht gesagt, als ich noch in meiner Heimat war? Deshalb wollte ich dir zuvorkommen und nach Tarschisch fliehen, denn ich wußte, daß du ein gerechter und barmherziger Gott bist, langsam zum Zorn und reich an Gnade, und daß dich das Böse gereut. Und nun, Jahwe, nimm doch mein Leben von mir, denn es ist besser, ich sterbe, als daß ich am Leben bleibe." Da sprach Jahwe: „Ist es wohl recht, daß du zornig bist?" Und Jona ging zur Stadt hinaus und ließ sich im Osten der Stadt nieder, machte sich daselbst eine Hütte und saß in deren Schatten, um zu sehen, was mit der Stadt geschehen würde. Und Jahwe Gott bestimmte eine Rizinusstaude, daß sie über Jona emporwachse, Schatten gebe seinem Haupt, um ihn von seinem Unmut zu befreien. Und Jona freute sich sehr über den Rizinusstrauch. Am anderen Morgen aber, als die Morgenröte emporstieg, da entbot Gott einen Wurm, der stach die Rizinusstaude, und sie verdorrte. Als nun die Sonne aufging, bestellte Gott einen glühenden Ostwind, und die Sonne stach Jona auf den Kopf, daß er ganz ermattete, sich den Tod wünschte und sprach: „Es ist besser, ich sterbe, als daß ich am Leben bleibe." Da sprach Gott zu Jona: „Ist es wohl recht, daß du zürnest wegen der Rizinusstaude?" Da erwiderte er: „Mit Recht bin ich erzürnt und möchte sterben." Da sprach Jahwe: „Du hast Mitleid mit dem Rizinusstrauch, um den du dich nicht gemüht hast und den du nicht herangezogen hast, der in einer Nacht heranwuchs und in einer Nacht verging. Und ich sollte nicht Mitleid haben mit Ninive, der großen Stadt, in der mehr als hundertzwanzigtausend Menschen leben, die nicht zwischen rechts und links unterscheiden können, und soviel Vieh?"

Jonasartigen Ärger dieser Art haben gewiß auch nach seiner Lebenszeit immer wieder Menschen gehabt, die sich selbstlos einem großen Auftrag stellten und am Ende all des Mühens, des Einsetzen ihrer Kraft erlebten, daß das Rad der Geschichte über sie hinwegrollte, daß man sie, nach einer Phase großer Beachtung, einfach vergaß oder gar achselzuckend erklärte, es sei nicht mehr up to date, was jener Dichter, jener Schriftsteller, jener Wissenschaftler erkundet habe. Er sei widerlegt, er spiele keine Rolle mehr. Wie verständlich ist es, daß die von solchen Urteilen betroffenen Menschen sich in den

Schmollwinkel zurückziehen und sich, wie Jonas, „im Osten", außerhalb der Stadt, d. h. jenseits des Getriebes der Welt eine Hütte errichten. Sie haben eine schwere Kränkung erlitten und fühlen sich vom Schicksal ungerecht behandelt – mit Recht, wenn man die Sache vom ichhaften Standpunkt des Betroffenen betrachtet, zu Unrecht, wenn man den überpersönlichen Erfolg, wenn man die konstruktive Wirksamkeit der prophetischen Arbeit im Blickpunkt hat. Auf der Subjektstufe gedeutet, sagt unsere Geschichte aus, daß Jonas nach dem Verblassen seines Sterns in der Welt in eine schwere seelische Krise gerät, daß ihm aber in der Einsamkeit seiner Zurückgezogenheit neue und kräftigende Erkenntnisse zuteil werden. Sie sind vor allem im Symbol der Rizinusstaude enthalten, die Gott an einem Tag schattenspendend emporwachsen und am nächsten Tag durch einen Wurm verdorren läßt. Wie die Rizinusstaude, so könnte man interpretieren, ist der Mensch durch einen großen überpersönlichen Auftrag in der Lage, über sich selbst hinauszuwachsen und sich zu ungewöhnlicher, segenspendender Größe zu entfalten. Aber der Wurm der Enttäuschung, der austrocknende Ostwind des Haders gegen Gott können augenblicklich diese Pracht lebendiger seelischer Fülle zerstören. Zwar ist die narzißtische Gekränktheit, das Selbstmitleid, menschlich verständlich, doch weist es gerade durch die Gegebenheit des Unglücklichseins über die eigene Zerrüttung (das Mitleid mit der verdorrten Rizinusstaude) auf die Notwendigkeit der Erhaltung des so großen Schöpfungswerkes und der vielen Menschen, eben der großen Stadt Ninive hin.

Auf der Subjektstufe gesehen, ist dieser letzte Teil der Jonas-Geschichte Kennzeichen dafür, daß der Prophet nach einer Phase der Kleingläubigkeit, des Rückfalls auf eine ichsüchtige Stufe den Blick frei bekommt für den Vorrang, den das Fortbestehen der Menschheit, das konstruktive Fortschreiten der Geschichte hat, vor dem persönlichen Ruhm und der persönlichen Bestätigung als Belohnung für geleistete Arbeit hier in der Welt.

Vom Mythos der Engelehen

Unmittelbar vor der Erzählung von der Sintflut, die als Strafgericht Gottes über die böse gewordenen Menschen hereinbricht, befindet sich eine kurze Geschichte, die den Exegeten bis heute als ein „schwierig zu deutender Text" (Anmerkung in der Jerusalemer Bibel) erscheint. Dort ist er folgendermaßen übersetzt:

> Als die Menschen anfingen, sich auf der Erde zu vermehren, und ihnen Töchter geboren wurden, sahen die *Gottessöhne*, daß die Menschentöchter zu ihnen paßten, und sie nahmen sich Frauen aus allen, die ihnen gefielen. Da sprach Jahwe: „Nicht soll mein Geist im Menschen ewig mächtig sein, da er Fleisch ist. Seine Lebenszeit soll nur hundertzwanzig Jahre betragen." Die Nephilim lebten damals auf Erden (und auch später noch), als die Gottessöhne mit den Menschentöchtern verkehrten und diese ihnen Kinder gebaren, jene Helden der Vorzeit, die berühmten.

Was sind das – Gottessöhne? Und wie ist es zu verstehen, daß die Menschen für diese von Gott gerügte Tat bestraft werden, vermutlich sogar nicht nur mit einer Einschränkung ihrer Lebensdauer, sondern mit der unmittelbar auf diese Textstelle folgenden Gesamtvernichtung, der Sintflut? Um was für eine unverzeihliche Sünde kann es sich hier handeln, und was hat sie mit jenen Wesen zu tun, die Luther mit dem Wort Tyrannen bezeichnet, während es andere Übersetzer für richtig erachten, das hebräische „Nephilim" mit dem Ausdruck „Riesen" oder „Titanen" zu belegen?

In der Geschichte der Exegese haben sich die *Gottessöhne* ein vielfältiges Geknetetwerden gefallen lassen müssen, wodurch die Wahrheit, nämlich daß sie mythischen Ursprungs sind, teilweise ganz verdeckt worden ist. So geht die sogenannte „Sethiten-Deutung" von der Annahme aus, daß die Gottessöhne männliche Nachkommen Seths, also des jüngeren Bruders von Kain, sind. Die sogenannte „Potentaten-Deutung" wird von jüdischen Erklärern vorgetragen: „Die Söhne Gottes seien die Vornehmen und Mächtigen, die Töchter der Menschen hingegen Frauen niederen Standes" (O. Loretz:

55

Schöpfung und Mythos, S. 32 ff.). In welche quietschenden Deutungsschubladen dieser Art man die Geschichte auch zu pressen suchte, allemal bleiben diese Versuche unbefriedigend. Darüber hinaus scheint es den Kirchenvätern eine höchst unbehagliche Vorstellung gewesen zu sein, daß die Götter mit den Menschentöchtern sexuellen Umgang pflegten, denn schließlich ist ja die Rede davon, daß sie ihnen Kinder gebaren, die – so wird nur dunkel angedeutet – zum Geschlecht der Riesen gehörten, oder daß jedenfalls mächtige, ungewöhnliche Menschen aus dieser Verbindung hervorgingen. Aus all diesen Schwierigkeiten hat sich wohl eine Verkürzung des Textes ergeben, die ihn zusätzlich verdunkelte. Wie er ursprünglich ausgesehen haben mag und daß es sich hier um eine alte mythische Aussage handelt, wird deutlich, wenn man dem biblischen Text dem im Buch Henoch hinzugesellt. Dort heißt es:

> Und es geschah, als die Menschenkinder anfingen, sich zu mehren auf der Oberfläche der Erde, und ihnen Töchter geboren wurden, da sahen die Engel Gottes sie in einem Jahre dieses Jubiläums, daß sie schön anzuschauen waren, und sie nahmen sich zu Weibern aus ihnen allen, welche sie erwählten, und sie gebaren ihnen Kinder, und dies sind die Riesen. Und die Gewalttätigkeit nahm zu auf der Erde, und alles Fleisch verderbte seinen Wandel vom Menschen hin bis zum Vieh und bis zu den Tieren und bis zu den Vögeln und bis zu allem, das auf der Erde wandelt. Sie alle verderbten ihren Wandel und ihre Sitten und begannen, sich gegenseitig zu verschlingen, und die Gewalttätigkeit nahm zu auf der Erde, und alle Gedanken des Erkennens aller Menschen waren so böse alle Tage. Und Gott sprach: Ich will die Menschen vertilgen und alles Fleisch auf der Oberfläche der Erde, die er geschaffen hat. Und Noah allein hatte Gnade gefunden vor den Augen Gottes. Und auf die Engel, die er auf die Erde geschickt hatte, zürnte er gewaltig. Und er gebot, sie auszurotten aus ihrer ganzen Herrschaft, und er sagte uns, wir sollten sie binden in den Tiefen der Erde, und siehe, sie sind mitten darin gebunden und allein gehalten. Und über ihre Kinder erging das Wort von seinem Angesicht, er wolle sie mit dem Schwert durchbohren und vertreiben unter dem Himmel. Und er sprach: „Mein Geist wird nicht in Ewigkeit auf den Menschen bleiben, denn sie sind Fleisch, und ihre Tage sollen 120 Jahre sein."

Unsere Schwierigkeiten lösen sich auf, wenn man sich wieder herausmanövriert aus der Sackgasse des Versuchs, die wörtlich richtige Deutung zu finden; denn das Buch Henoch gibt noch einen klaren Hinweis, daß hier von jenem alten Mythos die Rede ist, daß aus der Verbindung von Göttern mit Menschenfrauen Riesen, Halbgötter, mit besonderen Gaben und besonderer Kraft ausgestattete Söhne hervorgehen.

Dieser Mythos ist so alt wie die Menschheit selbst. Herakles, Sohn des Gottes Zeus und der Menschenfrau Alkmene, ist das bekannteste Beispiel dieses Mythos. Die Vorstellung von Halbgöttern ist den Menschen vermutlich angesichts der Erfahrung großer geistiger und körperlicher Kraft bei hervorragenden einzelnen, besonders bei Führerpersönlichkeiten, erwachsen. Mit Recht erschienen diese Menschen den Zeitgenossen vom Charisma überirdischen Glanzes durchleuchtet – sie erschienen ihnen als Inkarnationen des Göttlichen im Menschen. Das war besonders dann der Fall, wenn diese „Heroen" der Gruppe, aus der sie hervorgingen, zu einer neuen Bewußtseinsebene verhalfen oder ihre kulturelle Entwicklung steigerten. Es erschien unwahrscheinlich und mit Recht absurd, daß diese ungewöhnliche Kraft von einem gewöhnlichen Vater herrühren, durch Zeugung eines gewöhnlichen Mannes entstanden sein sollte. Auf diese Weise entstand gewiß auch der Mythos der Jungfrauengeburt. Entwicklungsgeschichtlich entspricht die Geburt der Heroen der Erstarkung des Ich-Bewußtseins in den Menschen, eine Gegebenheit, die notwendigen Fortschritt und Gefahr gleichzeitig bedeutet. Diese Zusammenhänge hat besonders Erich Neumann und in Übereinstimmung mit ihm Uwe Steffen betont. Er schreibt:

> „Die Geburt des Helden – es handelt sich dabei immer um die Jungfrauengeburt, denn die ungewöhnliche und andersartige Natur des Helden wird als Gezeugtsein von einem Ungewöhnlichen, Andersartigen, Über- und Unmenschlichen, eben dem Dämon oder der Gottheit verstanden – die Geburt des Helden bezeichnet im Mythos die Geburt des ‚oberen Männlichen', das mit dem Bewußtsein, dem Ich und dem Willen zusammengehört und dessen Symbol der Kopf und das Auge ist. Die obere Männlichkeit kommt mythologisch darin zum Ausdruck, daß der Held als Sohn Gottes die Machthaftigkeit des Himmels, der immer der Männlichkeit zugeordnet ist, verkörpert. Als Vertreter der zeugenden geistigen Welt wird er zum Verkünder des Neuen. Der Held ist also ‚Ich-Held', sein Kampf gegen den Drachen ist Kampf des Ich-Bewußtseins gegen die Macht des Unbewußten."

Zu segensreichen Taten führt das Wirken solcher Helden aber nur, wenn sie ihre besonderen Gaben nicht eigenmächtig mißbrauchen und sich selbst an die Stelle Gottes setzen. Im Grunde schließt der Mythos der Engelehen unmittelbar an den Schöpfungsmythos an, denn er besagt ja, daß Gott dem Menschen, indem er den Lehmkloß Adam anhaucht, und zwar ihm allein unter den Geschöpfen, durch

Eingabe seines Geistes die Möglichkeit gibt, zum Mitgestalter der Schöpfung zu werden. Aber diese „Ebenbildlichkeit" bedeutet gleichzeitig das Geschenk der Freiheit und damit die Gefahr von Eigenmächtigkeit und des hochmütigen Abfalls von Gott.

Besonders im Vergleichen mit der Jungfrauengeburt macht uns die Geschichte von den Engelehen klar, daß der „Held", der aus der Verbindung von göttlichem Geist und irdischer Substanz hervorgeht, den Menschen nur zum Segen gereichen kann, wenn dieser „Übermensch" sich in den Dienst Gottes stellt. Benutzt der Mensch die Kraft besonderer geistiger Gaben oder Erkenntnisfähigkeit, um titanenhaft und selbstherrlich sich göttliche Macht anzumaßen, so folgt unmittelbar darauf das Verderben dieser im Kern entarteten Menschengruppe. Dabei kommt das Charakteristikum der Eigenmächtigkeit in der Geschichte von den Engelehen bereits in dem Motiv zum Ausdruck, daß die „Gottessöhne" selbst den Entschluß faßten, sich mit den Menschentöchtern zu verbinden, daß hier also offensichtlich bereits im Ansatz Renegatentum vorliegt, während die Schwangerschaft Marias durch einen ausdrücklich von Gott gesandten, also in seinem Dienst stehenden Engel angekündigt wird. Ähnlich wie das ungehorsame Apfelessen Adams und Evas, ähnlich wie der Raub des Feuers durch Prometheus beschwört hier die lüsterne Aktivität der Gottessöhne eine Bestrafung durch Gott herauf; d.h., dieser Geist hatte selbstischen Genuß, nicht Dienst für Gott und seine Schöpfung im Auge, als er handelte. Die Bestrafung besteht deshalb konsequenterweise in einer gesetzmäßigen Eingrenzung der Machtmöglichkeiten des Menschen, weil es sich erwiesen hat, daß er die ihm geschenkte Freiheit mißbrauchte. Symbolisch wird dieses „Begrenzen" in einer Einschränkung seines Lebensalters ausgedrückt. Generell wird damit die Aussage gemacht, daß die eigenwillige Nutzung geistiger Fähigkeiten, ohne in einem Bezug zu Gott zu bleiben, eine Anmaßung bedeutet, die nicht zu einer Erweiterung des Bewußtseins, sondern zu seiner Verengung führt, ja, daß durch einen falschen Zeitgeist dieser Art die Selbstvernichtung heraufbeschworen wird.

Diese Aussage ist für uns immer noch aktuell; denn wieviel selbstische Anmaßung, wieviel höhnisch-überhebliche Genüßlichkeit gibt es heute, wie grell fallen uns die Dokumentationen eines vergotteten Lustprinzips zur Zeit von jedem Kiosk her in die Augen.

Der Ausdruck „Titanen" oder „Riesen" in unserem Text weist darüber hinaus auf die Richtigkeit einer solchen Deutung hin, denn auch die Titanen Griechenlands waren zwar mächtige Wesen, aber ganz eindeutig abgefallene, im Dienst der Zerstörung stehende

Phantome. Auch der Mythos des „Riesen" enthält das Symbol von übermächtiger Kraft, die aber nach gewalttätiger Zerstörung trachtet. Und selbst wenn wir uns Luthers Übersetzung der Nephilim als „Tyrannen" anschließen, bleibt der Kern der Aussage bestehen: Es treten Individuen hervor, die ihre große Kraft eigenmächtig, mißbräuchlich, egoistisch und zerstörerisch anwenden und damit Gottes Schöpfungswerk in Frage stellen. Es wird in der Geschichte zwar nur bei Henoch direkt ausgesprochen, daß diese Nephilim und Helden der Vorzeit unmittelbar als Riesen aus der Verbindung zwischen den Gottessöhnen und den Menschenfrauen hervorgingen, aber wir dürfen das auch bereits aufgrund des archetypischen Mythologems annehmen, zumal logischerweise als Folge dieser Entgleisung der Menschen in das „Böse" hinein ihre Vernichtung erfolgt. Gottes Zorn muß sich konsequenterweise gegen solche Menschen und ihre vergötterten Heroen richten; denn der Kult mit ihnen ist *mißbräuchlicher* Umgang mit Seinem Geist, der den Menschen die Möglichkeit zur Entwicklung (zur Erzeugung von „Geistkindern") überhaupt erst gibt; er gefährdet das Schöpfungswerk und führt deshalb, so wird ausgesagt, direkt ins Verderben der Abtrünnigen und ihrer Anhänger.

Immer noch gilt diese Wahrheit; denn wie sehr ist die grausige Vernichtung Hitlers und seines Reiches uns allen, die wir zähneklappernd aus der Arche Noah des Zweiten Weltkrieges krabbeln durften, noch unauslöschlich in der Erinnerung als eine Sintflut, wie sie über die Menschen hereinbricht, wenn sie größenwahnsinnigen Führern folgen.

Daß es sich vor allem um den Größenwahn, die Machtanmaßung des Menschen handelt, die den freigelassenen Menschen immer wieder an den Rand des Abgrundes treibt, geht besonders schön aus der Parallelgeschichte zu den Engelehen, nämlich dem Turmbau zu Babel hervor. Der Text lautet:

> Es hatte aber die ganze Erde die gleiche Sprache und die gleichen Worte. Als sie von Osten aufbrachen, fanden sie eine Ebene im Lande Schinear und ließen sich dort nieder. Sie sprachen zueinander: „Wohlan, wir wollen Ziegel formen und sie brennen!" Der Ziegel diente ihnen als Stein, und das Erdpech diente ihnen als Mörtel. Dann sagten sie: „Wohlan, laßt uns eine Stadt bauen und einen Turm, dessen Spitze bis zum Himmel reicht! Wir wollen uns einen Namen machen, damit wir uns nicht über die ganze Erde zerstreuen!"
> Da stieg Jahwe herab, um die Stadt und den Turm anzusehen, den die Menschen gebaut hatten. Und Jahwe sprach: „Siehe, sie sind *ein* Volk und sprechen alle *eine* Sprache. Das ist erst der Anfang ihres Tuns. Fortan wird für sie nichts mehr unausführbar sein, was immer

sie zu tun ersinnen. Wohlan, wir wollen hinabsteigen und ihre Sprache verwirren, so daß keiner mehr die Sprache des anderen versteht!" Da zerstreute Jahwe sie von dort über die ganze Erde, und sie mußten aufhören, die Stadt zu bauen. Darum nennt man sie Babel. Denn dort hat Jahwe die Sprache der ganzen Erde verwirrt, und von dort hat sie Jahwe über die ganze Erde zerstreut.

Im Turm zu Babel ist abermals das eigenmächtige Schöpfertum des Menschen symbolisch ausgedrückt. Tiefenpsychologisch ist der Turm ein Phallussymbol, d. h., er steht, durch seine Form bedingt, wie der Phallus für männlich-zeugende schöpferische Kraft. Der Turm kann – in vielen herrlichen Kirchen und Domen der abendländischen Kultur wird das sichtbar – zum Symbol der Schöpferkraft Gottes oder auch der schöpferischen Verbindung von Mensch und Gott, von Erde und Himmel werden. Er kann aber auch wie eine trotzige Demonstration und Exhibition menschlichen Hoch-Mutes im wahrsten Sinne des Wortes sein. Von diesem Geist jedenfalls spricht die Geschichte vom Turmbau zu Babel, für diese illusionäre Hypertrophie der Menschen ist er ein Symbol. Sie bedeutet eine derartige Gefährdung der Menschen, daß Gott sich genötigt sieht, eine geistige Verwirrung unter ihnen zu erwirken, das heißt dem intellektuellen Größenwahn des Menschen wird mit einer Erschwerung des Verstehens, mit einem Uneffektivwerden des Intellekts durch seine Zersplitterungs- und Zergliederungsmöglichkeiten begegnet. Durch diese Minderung des menschlichen Geistes will Gott die Gefahr einschränken, daß der Mensch durch einen Mißbrauch seiner Freiheit den Schöpfungsplan durchkreuzt.

Wie herrlich wahr ist dieses Bild, wenn man an die graue, logisch zergliedernde, die unfruchtbare Gelehrsamkeit mancher unserer Wissenschaftler denkt; wie tröstlich ist es zu wissen, daß das Unvermögen, ihre Gedanken zu verstehen, oder ihre Unfähigkeit, ihre Ideen verständlich zu machen, eine Vorsichtsmaßnahme des Schöpfers gegen ihr Eigenmächtigwerden ist!

Der Gegenpol zu solchen Folgen von Hochmut und Selbstherrlichkeit ist das Vorbild Christi. Obgleich der Kern des Mythologem in der Verbindung von Gott Vater und Jungfrau Maria als Symbol der Inkarnation des Göttlichen im Menschen dort erhalten bleibt, dient sein Leben durch Treue und Gehorsam im höchsten Maße dem Ziel der Schöpfung: den Primat des Geistes mitten in der Materie zu erwirken.

Jakob und Joseph

Die Geschichte eines psychischen Wandlungsprozesses

Wenn wir im Feld tiefenpsychologischer Deutung arbeiten, so ist die Figur des Jakob im Alten Testament, sind die vielen Gestalten in seinem Umkreis, die Stadien seines Lebens besonders geeignet, uns Aufschluß und Erkenntnis zu vermitteln über unsere eigenen seelischen Entwicklungsmöglichkeiten; denn versteht man, gemäß der Komplextheorie, die Personen im Umkreis des Jakob als unbewußte Teilaspekte seiner eigenen Seele, dann zeichnet sich in typischer Weise ein Individuationsprozeß ab, wie er auch in den Märchen und Mythen in vielfältigen Bildern dargestellt ist.

Mit Hilfe der Mutter Rebekka, so wird zunächst berichtet, erschwindelt sich Jakob das Erstgeburtsrecht, indem er sich seinem erblindeten Vater gegenüber als der älteste Sohn, als Esau ausgibt. In vielen anderen Geschichten der Bibel ist von „Erstlingen" die Rede. Oft handelt es sich um einen Befehl zur Opferung der Erstlinge; bei Hiob wird das Ungeheuer Behemot als der „Erstling" der Wege Gottes bezeichnet. Der Erstling Esau ist – wie im Gleichnis vom verlorenen Sohn – ein rechtschaffener Mensch und besonders dadurch gekennzeichnet, daß er so stark behaart ist, daß Rebekka dem Jakob Tierfelle umlegt, damit der blinde Vater den Betrug nicht merkt. An dieser Gegebenheit wird deutlich, daß es sich bei dem Betrug des Jakob um eine Variation und Modulation des ersten großen Hauptmotivs der Bibel handelt: um den Aufbruch des ungehorsamen Menschen aus dem Paradies. An die Stelle des apfelessenden Adams ist hier Jakob getreten, an die Stelle der Eva und der Schlange die Rebekka, an die Stelle Gottes der blinde Vater, an die Stelle des Lehmkloßes, aus dem Adam geschaffen wurde, Esau, der Erstling. Im Grunde könnte man sagen: Wie bereits in den Gestalten von Kain und Abel ist die Person unterteilt worden, das heißt, sie hat sich differenziert. Sie besteht jetzt neu aus *zwei* männlichen Aspekten, die deshalb sinnvollerweise als Zwillinge geboren wurden, als Esau und Jakob. Esau verkörpert den Teilaspekt in uns, der noch ganz in die Urordnung Gottes eingefügt ist, er ist noch sehr „tierisch" (deshalb ist er so behaart), denn er dient wie die Tiere, unbewußt noch den vorgeschriebenen biologischen Gesetzen der Schöpfung. Erich Neumann nennt diesen „Erstlingsstatus" der seelischen Entwicklung „das Stadium des Enthaltenseins des Ich im Unbewußten". Der zweitgeborene Sohn Jakob kennzeichnet die Tatsache, daß in der seelischen Entwicklung ein neuer Status eingetreten ist: das Stadium der Loslösung und Abhebung des Ich und des Bewußtseins vom Unbewußten. Dieses Ich ist deshalb „feiner" als Esau, es hat eine glatte, eben bereits eine menschliche Haut. Ebenso wie im Symbol der angegessenen Paradiesesfrucht wird in der Jakobgeschichte ausgesagt, daß Urordnung durch Raub, durch List verletzt wird. Es setzt eine Entzweiung ein, die bereits während der Schwangerschaft, das heißt während der latenten Reifungsphase durch „Bewegungen" erkennbar wurde. Deshalb heißt es über Rebekkas Schwangerschaft:

> Als aber die Kinder sich in ihrem Schoße stießen, sagte sie: „Wenn es so steht, warum lebe ich noch?" Und sie ging hin, Jahwe zu befragen. Jahwe sprach zu ihr: „Zwei Völker sind in deinem Schoß, zwei Stämme aus deinem Schoß werden sich scheiden. Der eine Stamm wird den anderen überwältigen, und der Ältere wird dem Jüngeren dienen."

In der Entwicklung jedes einzelnen gibt es solche „Zeichen" von Unruhe, von Schlaflosigkeit, von hektischem Bewegungsdrang, die Vorboten sind einer kommenden Veränderung.

Wie in der Geschichte vom Sündenfall handelt es sich hier um eine geheime, eine geradezu gewollte Notwendigkeit. Rebekka, die Urmutter Natur selbst, treibt diesen Prozeß voran, genauso wie auch heute noch immer wieder im Zuge der körperlichen Reife das Renegatentum der Pubertät in jedem Jugendlichen neu heraufbeschworen wird. „Aus *Es* soll *Ich* werden", hat Freud diesen unumgänglichen seelischen Entwicklungsprozeß genannt, der in der Geschichte Jakobs in großen, herrlichen Bildern dargestellt wird. Denn daß Jakob sich das Erstgeburtsrecht erschleicht, bedeutet gerade dieses: daß das zum Bewußtsein erstarkte Ich nun die Führung der Gesamtperson übernimmt. Zunächst geschieht das unweigerlich (auch noch im Werdegang der Menschen heute) auf Kosten der harmonischen Einheit der Person. Die triebhaften Teile, die bisher dominierten und unbewußt in guter Naturordnung funktionierten, werden entwertet, entmachtet, und das heißt in der Sprache moderner Psychologie: sie werden verdrängt. Gerade weil die Geburt des Ich aus der Materie selbst noch triebhaftes Geschehen ist, muß nach seiner Erstarkung ihr Zurückdrängen erfolgen, weil die Einsicht in das Unmoralische dieses Status das junge, noch schwache Ich in seiner Existenz allzusehr gefährden würde. Ein Mensch in diesem Status ist namenlos stolz auf seine Leistung, hat ein überhöhtes Selbstgefühl, hält sich für schrankenlos tüchtig und gut und ist voller unbekümmerter Aktionslust. Seine Schattenseiten sieht er nicht.

Dieser psychische Status ist gefährlich, denn Bruder Esau, so heißt es in unserem Text, sinnt auf Rache, er trachtet danach, den Bruder Jakob zu erwürgen. Dieses Bild kennzeichnet die Situation des inneren Konflikts, in der sich Menschen nach der Geburt ihres Ich, der Erstarkung ihres Bewußtseins, befinden: Sie geraten in den Zustand einer gefährlichen inneren Unausgeglichenheit, sie wehren alle Möglichkeiten, die ihr schwaches Ich verletzen können, ab und geraten bei all ihrem Abschirmen doch immer mehr in die Gefahr, von ihrem eigenen Unbewußten überflutet zu werden und damit in den undifferenzierten Urzustand der Bewußtlosigkeit zurückgeschwemmt zu werden. Das ist in der Mordabsicht des Esau ausgedrückt. Dieser Zustand führt in eine Zunahme der Abspaltung des Ich von seinem Unbewußten. Daß das geschieht, ist ein Gebot der Selbsterhaltung; deshalb ist es in unserer Geschichte abermals die Mutter Rebekka (die Urmutter sicherer Instinkte), die dem Sohn Jakob empfiehlt, außer Landes zu gehen, um den Würgegelüsten seines Bruders zu entgehen. Ein erstarkendes Ich, das seine Instinkte abgespalten hat, hat zunächst große Chancen in der Welt: Es kann seine Pläne, seine Gedanken bewußt einsetzen, um egoistischen Zielen und damit der Ausweitung seines Ich zu dienen. In Jakobs Reichtum und listigen Manövern im Bereich seines Schwiegervaters Laban wird das dargestellt. Die vielen Frauen, die große Herde, die dreizehn Kinder sagen aus: Es kommt auf diese Weise zu einer reichen Ausdifferenzierung der Seele, zu einem enormen Zuwachs an Erfahrung, Wissen und neuen Erkenntnissen (die Kinder).

Aber alle Ich-Ausweitung hat ihre Begrenzung. Lebenslänglich kann gerade ein so sich ausdifferenzierender Mensch nicht der Auseinandersetzung mit seinem Schatten entfliehen. Wenn der seelische Entwicklungsprozeß nicht stagnieren soll, bedarf der Mensch über kurz oder lang dringend der Reflexion über die Motive seines eigenen Handelns, braucht er Selbsterkenntnis über das eigene Machtproblem, die Auseinandersetzung mit sich selbst. Diese Auseinandersetzung ist in unserer Geschichte folgerichtig eine Begegnung mit Esau; und das Ich dieses neuen „Adams" besteht insofern die Prüfung an dem Markstein seiner Entwicklung, als er ihr mit der hinreichenden Demut, mit Achtsamkeit und Furcht begegnet. Diese Situation kennzeichnet der Text mit folgenden Worten:

> Darauf sandte Jakob Boten zu seinem Bruder Esau in das Land Seïr, das Gebiet von Edom voraus. Er trug ihnen auf: „So sprecht zu mei-

nem Herrn Esau: Dein Knecht Jakob läßt dir sagen: Ich habe als Gast bei Laban geweilt und mich bis jetzt (dort) aufgehalten. Ich habe mir Rinder, Esel und Kleinvieh, Knechte und Mägde erworben. Nun sende ich meinem Herrn Nachricht, damit ich Gnade in seinen Augen finde." Die Boten aber kehrten mit der Meldung zu Jakob zurück: „Wir kamen zu deinem Bruder Esau. Schon eilt er dir entgegen, vierhundert Mann sind bei ihm."

Da fürchtete sich Jakob sehr, und es wurde ihm bange. Er verteilte die Leute, die bei ihm waren, ebenso das Kleinvieh und die Rinder auf zwei Lager. Er dachte: „Wenn Esau zu dem einen Lager kommt und es überwältigt, wird das andere Lager entrinnen." Dann betete Jakob: „Gott meines Vaters Abraham und Gott meines Vaters Isaak, Jahwe, der du zu mir gesagt hast: ‚Kehre zurück in dein Land, zu deiner Verwandtschaft! Ich will es dir wohlergehen lassen.' Ich bin nicht wert aller Gnaden und aller Treue, die du deinem Knecht erwiesen hast. Denn nur mit meinem Stab hatte ich diesen Jordan überschritten, und nun besitze ich zwei Lager. Rette mich doch aus der Hand meines Bruders, aus der Hand Esaus. Denn ich fürchte mich vor ihm, daß er kommt und mich überwältigt, Mutter samt Kindern. Du hast gesagt: ‚Ich werde es dir gewiß wohlergehen lassen und deine Nachkommenschaft wie den Sand am Meere machen, der ob seiner Menge nicht gezählt werden kann.'"

Und er brachte die Nacht dort zu. Dann nahm er aus seinem Besitz eine Gabe für seinen Bruder Esau: Zweihundert Ziegen und zwanzig Böcke, zweihundert Schafe und zwanzig Widder, dreißig säugende Kamele mit ihren Füllen, vierzig junge Kühe und zehn junge Stiere, zwanzig Eselinnen und zehn Eselsfüllen, und übergab sie seinen Knechten, Herde für Herde, gesondert, und sagte seinen Knechten: „Zieht vor mir her und laßt einen Abstand zwischen den einzelnen Herden." Und er befahl dem ersten: „Wenn mein Bruder Esau dir begegnet und dich fragt: ‚Wem gehörst du an, wohin gehst du und wem gehören die Tiere da vor dir?' dann sollst du sagen: ‚Deinem Knecht Jakob. Es ist ein Geschenk, das für meinen Herrn Esau gesandt ist. Er selbst kommt hinter uns!'" Ebenso befahl er dem zweiten und dem dritten und allen, die hinter den Herden hergingen: „So sollt auch ihr zu Esau sprechen, wenn ihr ihn trefft. Ihr sollt auch sagen: ‚Jakob, dein Knecht, kommt gleich hinter uns her.'" Denn er dachte: „Ich will ihn durch das Geschenk, das mir vorausgeht, günstiger stimmen und dann erst sein Angesicht sehen. Vielleicht nimmt er mich freundlich auf." So ging ihm das Geschenk voraus. Er selbst brachte jene Nacht im Lager zu.

Jakobs Bereitschaft, Esau einen so großen Teil seines Reichtums zu schenken, kennzeichnet in typischer Weise den Initialvorgang zum Individuationsprozeß, wie C. G. Jung ihn uns bewußt gemacht hat: Auf dieser Stufe muß der Mensch seine profanen Bemächtigungswünsche zugunsten einer Versöhnung mit dem Unbewußten einschränken. Die Opferung, bewußte Reduzierung an äußerer Machtfülle ist die Voraussetzung zu einer innerseelischen Ergänzung und Ausreifung der Person, eine Aufgabe, die auch heute noch in jedem von uns eine Angelegenheit der zweiten Lebenshälfte darstellt. Diese Opferung ist ein harter Kampf mit sich selbst, er führt an die Grenze des Zusammenbruchs. Sie bedeutet immer gleichzeitig ein Bereitwerden für die Notwendigkeit, die Selbstherrlichkeit eigenständiger Machtanmaßung endgültig zu überwinden. Das ist eine Grenzsituation, wie sie herrlich bildhaft in dem mächtigen Kampf Jakobs mit dem Engel dargestellt ist. Der Text lautet:

> Doch noch in der gleichen Nacht stand er auf, nahm seine beiden Frauen, seine beiden Mägde und seine elf Söhne und durchschritt die Furt des Jabbok. Er nahm sie, führte sie über den Fluß und brachte auch alle seine Habe hinüber. Jakob blieb allein zurück. Da rang einer mit ihm bis zum Anbruch der Morgenröte. Als dieser sah, daß er ihn nicht überwinden könne, berührte er ihn an der Hüftpfanne, so daß die Hüftpfanne Jakobs ausgerenkt wurde, während er mit ihm rang. Darauf sprach er: „Laß mich los, denn die Morgenröte bricht an." Er aber sagte: „Ich lasse dich nicht, bis du mich gesegnet hast." Der sprach zu ihm: „Wie heißt du?" Er antwortete: „Jakob." Da sagte jener: „Du sollst nicht mehr Jakob heißen, sondern Israel; denn du hast dich Gott gegenüber als stark erwiesen, und über Menschen wirst du siegen." Da fragte Jakob und sprach: „Tu mir doch deinen Namen kund." Er aber antwortete: „Warum fragst du mich nach meinem Namen?" Und er segnete ihn dort. Jakob nannte den Ort Penuel, denn „Ich habe Gott von Angesicht zu Angesicht geschaut und habe mein Leben gerettet." Die Sonne ging vor ihm auf, als er an Penuel vorüber war. Er aber hinkte wegen seiner Hüfte.

In der Nacht, das heißt während einer seelischen Verfinsterung, während einer Zeit innerer Nöte – der Fluß ist tiefenpsychologisch ein Symbol für Grenzsituationen der verschiedensten Art – kommt es zu dem Prozeß der Selbstbesinnung, den Jakob siegreich besteht. Der nächtliche Kampf Jakobs am Grenzfluß mit dem Engel und sein Bekenntnis: „Ich lasse dich nicht, bis du mich gesegnet hast", deutet an, daß Jakob es geschafft hat, seinen Machttrieb zu besiegen, daß er ihn in einem Bewußtseinsprozeß in seine Grenzen verwiesen hat und sich gehorsam den Geboten Gottes zu unterstellen sucht. Diese „Integration seines Schattens" macht ihn zu einem Ausgezeichneten, denn er hat auf diese Weise die Möglichkeit erworben, wandlungsfähig zu bleiben und höhere Bewußtseinsstufen zu erklimmen. Hierbei handelt es sich freilich nicht mehr um eine Verbreitung und Vermehrung profaner Möglichkeiten, sondern um seelische

Bereicherungen. Daß Jakob nach diesem Kampf hinkt, sagt aus, daß durch die bewußte Einschränkung und Opferung seines Machttriebes eine Minderung der Standfestigkeit im Profanen entsteht. Die Werthierarchie des Jakob hat sich verschoben: Aus einem „Kind der Welt", der Erde, wie die Bibel sagt, ist „ein Kind des Lichts" geworden, dem dieser „Wiedergeburt aus Wasser und Geist" entsprechend ein neuer Name wohl ansteht. Deshalb heißt es: „Du sollst nicht mehr Jakob heißen, sondern Israel; denn du hast dich Gott gegenüber als stark erwiesen, und über Menschen wirst du siegen." Daß unmittelbar nach dieser „Grenzüberschreitung" die Begegnung mit dem betrogenen Bruder Esau und die Versöhnung mit ihm erfolgt, ist geradezu ein Beweis für die Möglichkeit einer solchen Deutung auf der Subjektstufe; denn dieser „Erstling", die Instinktsphäre, darf nun wieder Platz finden in Jakobs Seele, nachdem er sie zuerst um seines rücksichtslosen Bemächtigungswunsches willen aus seinem Bewußtsein fortgemogelt und eliminiert hatte.

Es ist eine Folge dieser Vorgänge, daß sich nun in dem elften Sohn Jakobs, dem Joseph – freilich noch sehr unreif – ein neuer Seelensproß des Jakob abzeichnet, der besonders edel ist: Er ist durch die Gabe der Intuition, durch ein Gespür für die tieferen Zusammenhänge ausgezeichnet, der eine enorme Bereicherung der Persönlichkeit bedeutet, ja schließlich ihre Vervollkommnung zur seelischen Ganzheit ermöglichen könnte. Diese Hoffnung ist es, die in der Aussage deutlich gemacht wird, daß Joseph der Lieblingssohn des Jakob ist. Deshalb heißt es in unserem Text:

> Israel aber liebte Joseph mehr als alle seine Söhne, weil er der Sohn seines Alters war. Darum ließ er ihm ein Ärmelkleid machen. Als seine Brüder sahen, daß ihn der Vater mehr als alle seine anderen Söhne liebte, haßten sie ihn und konnten kein freundliches Wort mit ihm reden.

Taucht aufgrund bestandener innerseelischer Lebensprüfungen die Fähigkeit zur Intuition, zur Hellsichtigkeit in einem Menschen auf, so gerät er in eine große Gefahr: daß die Erstarkung dieser zusätzlichen seelischen Fähigkeit ihn in einer neuen, anderen Weise hochmütig macht, so daß abermals innere und äußere Konflikte hervorgerufen werden. Sowohl von der Außenwelt als auch von den anderen „gröberen" seelischen Teilen (die älteren Brüder) wird diese Fähigkeit als Bedrohung erlebt. Denn aufgrund der Erstarkung intuitiver Teile in der Seele kommt es nicht mehr zu einer Einseitigkeit der nach außen gerichteten Tendenzen, wie bei der Dominanz des Ich, sondern zu einer Einseitigkeit der nach innen gerichteten Tendenzen. Das kann unter Umständen bewirken, daß der Mensch sich in übersteigerter Weise vor der Welt zu verschließen beginnt und sich so abkapselt, daß er zu einem Realitätsverlust käme, der die Existenz der Gesamtperson abermals in Frage stellt. Die Vorherrschaft dieser introvertierten Seite wird in dem Traum des Joseph folgendermaßen beschrieben:

> Einmal hatte Joseph einen Traum, und er erzählte ihn seinen Brüdern. Er sprach zu ihnen: „Hört doch, was für einen Traum ich gehabt habe! Seht, wir waren beim Garbenbinden auf dem Felde. Und siehe da, meine Garbe richtete sich auf und blieb stehen; eure Garben aber stellten sich ringsum und verneigten sich vor meiner Garbe." Da sprachen seine Brüder zu ihm: „Willst du gar noch König sein über uns und über uns herrschen?" Und sie haßten ihn noch mehr wegen seines Traumes und seiner Reden. Ein andermal hatte er wieder einen anderen Traum, und er erzählte ihn seinen Brüdern. Er sagte: „Seht, ich hatte wieder einen Traum. Die Sonne, der Mond und die Sterne verneigten sich vor mir." Als er ihn seinem Vater und seinen Brüdern erzählt hatte, schalt ihn sein Vater und sprach zu ihm: „Was soll dieser Traum bedeuten, den du geträumt hast? Sollen wir, ich und deine Mutter und deine Brüder, uns vor dir bis zur Erde neigen?" Seine Brüder wurden eifersüchtig auf ihn; sein Vater aber merkte sich die Sache.

Diese Träume werden von den übrigen Seelenteilen als Warnung empfunden und führen direkt zu einer Eliminierung der intuitiven Seite, in unserer Geschichte in bildhafter Sprache eben dazu, daß Joseph in eine Grube geworfen und schließlich gar nach Ägypten verkauft wird. Der Text lautet:

> Als sie ihn von ferne sahen und bevor er noch in ihre Nähe kam, machten sie einen Anschlag, um ihn zu töten. Sie sprachen zueinander: „Seht, da kommt der Träumer! Und nun: Auf, wir wollen ihn töten und ihn in eine der Zisternen werfen und sagen: Ein wildes Tier hat ihn gefressen. Dann werden wir ja sehen, was aus seinen Träumen wird."
> Als Ruben dies hörte, suchte er ihn aus ihrer Hand zu retten, und er sagte: „Wir wollen ihn nicht ums Leben bringen!" Und Ruben sprach zu ihnen: „Vergießt kein Blut! Werft ihn in die Zisterne dort in der Steppe; aber legt nicht Hand an ihn!" (Dies sagt er,) weil er ihn aus ihrer Hand retten und zu seinem Vater zurückschicken wollte. Sobald Joseph bei seinen Brüdern angekommen war, zogen sie Joseph den Rock aus, das Ärmelkleid, das er anhatte, packten ihn und warfen ihn in die Zisterne. Die Zisterne war leer, es war kein Wasser darin. Dann setzten sie sich nieder, um zu essen.
> Als sie ihre Augen erhoben und ausschauten, sahen sie eine Karawane von Ismaeliten aus Gilead daherkommen. Ihre Kamele waren mit Gummi, Balsam und Ladanum beladen. Sie waren damit auf dem Wege, es nach Ägypten zu bringen. Da sprach Juda zu seinen Brü-

dern: „Welchen Vorteil haben wir davon, wenn wir unseren Bruder töten und sein Blut zudecken? Kommt, wir wollen ihn an die Ismaeliter verkaufen und nicht Hand an ihn legen. Er ist doch unser Bruder, unser eigenes Fleisch." Und seine Brüder hörten auf ihn.
Als nun die midianitischen Kaufleute vorbeikamen, zogen sie Joseph aus der Zisterne, und sie verkauften Joseph an die Ismaeliter um zwanzig Silberstücke. Diese brachten Joseph nach Ägypten. Als Ruben wieder an die Zisterne kam, war Joseph nicht mehr in der Zisterne. Da zerriß er seine Kleider, kehrte zu seinen Brüdern zurück und sprach: „Der Junge ist nicht mehr da! Wohin soll ich nun gehen?"
Sie aber nahmen den Rock Josephs, schlachteten einen Ziegenbock und tauchten den Rock in das Blut. Dann schickten sie das Ärmelkleid weg und ließen es ihrem Vater bringen und ihm sagen: „Das haben wir gefunden. Sieh, ob es der Rock deines Sohnes ist oder nicht." Als er ihn sah, rief er aus: „Das ist der Rock meines Sohnes! Ein wildes Tier hat ihn gefressen! Zerfleischt, zerfleischt ist Joseph!" Und er zerriß seine Kleider, legte einen Sack um seine Hüften und trauerte um seinen Sohn lange Zeit. Da erhoben sich alle seine Söhne und alle seine Töchter, ihn zu trösten. Doch er wollte sich nicht trösten lassen, sondern sprach: „In Trauer werde ich zu meinem Sohn hinabsteigen in den Scheol." So beweinte ihn sein Vater.
Die Midianiter aber verkauften ihn nach Ägypten an Potiphar, einen Kämmerer des Pharao, den Obersten der Leibwache.

Der Verdrängungsvorgang des intuitiven Seelenteiles, der für die Weiterentwicklung unumgänglich wichtig ist, führt nun in eine bedenkliche innere Zerrissenheit. Es kommt zu einer Desintegration der einzelnen Seelenteile, zu einer inneren Verlogenheit und zu einem existentiellen Selbstbetrug. (Die Brüder schwindeln dem Vater vor, daß Joseph von wilden Tieren zerrissen sei.) Teilweise wird der Mensch in einer solchen Situation depressiv (der trauernde Vater), teilweise verroht er (Juda), weil das Gewissen (Ruben) überspielt wird, und seine edelsten Teile bleiben (als Folge der Verdrängung) in der Verfremdung, in der Abspaltung (Gefangenschaft, Kerkerhaft des Joseph), im Unbewußten. Ein solches Mit-sich-selbst-Verfallensein des Menschen führt freilich in eine äußere Isolation, die gerade für die intuitiven Fähigkeiten trotz ihrer Unbewußtheit wie „sieben fette Jahre" sind. Es erfolgt eine Aufspeicherung seelischer Energie, die um so wertvoller ist, als mannhaft der Versuchung widerstanden wird, sie durch eine Legierung mit dem Geschlechtstrieb (Versuchung durch Potiphars Weib) in eine falsche Richtung zu verschleudern.

In dieser Situation nun, in der die intuitive Funktion zwar noch mächtig verdrängt ist (Josephs Kerkerhaft), geben zwei bedeutsame

Träume die Wegweisung für den Gang der Entwicklung. Zunächst ist davon die Rede, daß ein Bäcker und ein Mundschenk des Königs von Ägypten in Ungnade gefallen sind und als Gefangene in den Kerker gebracht werden, in dem auch Joseph einsitzt.

Im Individuationsprozeß ist das Auftauchen eines neuen Königs, hier also des Pharao, immer ein Zeichen dafür, daß das alte Ego besiegt ist, daß die Seele von einer neuen übergeordneten Instanz übernommen wird, von einer alle Funktionen umfassenden und sie integrierenden Instanz. Jung hat diese Instanz das „Selbst" genannt. Sie hat die Vereinigung aller Gegensätze in der Psyche unter einem überpersönlichen, übergeordneten Prinzip zur Voraussetzung. Aber diese Integration aller Funktionen zur Ganzheit ist eine mühselige Angelegenheit. Jeder einzelne Trieb bedarf dabei einer besonderen Ausformung, eines besonderen Selbsterziehungsprozesses. Wie das in bezug auf den Nahrungstrieb erfolgt, wird in den folgenden Geschichten der Träume von Bäcker und Mundschenk dargestellt. Hier der Text:

> Einige Zeit darauf verfehlten sich der Mundschenk und der Bäcker des Königs von Ägypten gegen ihren Herrn, den König von Ägypten. Da zürnte der Pharao über die beiden Kämmerer, über den Obermundschenk und den Oberbäcker und ließ sie ins Gefängnis bringen, in das Haus des Obersten der Leibwache, an den Ort, wo auch Joseph gefangen saß. Der Oberste der Leibwache aber betraute Joseph mit ihrer Bedienung. So waren sie einige Zeit in Haft.
>
> Nun hatten beide in der gleichen Nacht einen Traum, und zwar einen Traum, der für jeden von besonderer Bedeutung war, der Mundschenk und der Bäcker des Königs von Ägypten, die im Kerker gefangen saßen. Als Joseph am anderen Morgen zu ihnen kam, sah er, daß sie niedergeschlagen waren. Er fragte die Kämmerer des Pharao, die mit ihm im Hause seines Herrn gefangen saßen, und sagte: „Warum macht ihr heute so verdrießliche Gesichter?" Sie antworteten ihm: „Wir hatten einen Traum, aber es ist niemand da, der ihn deuten könnte." Joseph sagte zu ihnen: „Ist die Traumdeutung nicht Sache Gottes? Doch erzählt mir!"
>
> Der Obermundschenk erzählte Joseph seinen Traum und sprach zu ihm: „Ich sah in meinem Traum vor mir einen Weinstock. An dem Weinstock waren drei Ranken. Als er ausschlug, brachen auch schon seine Blüten hervor und trugen die Traubenbüschel reife Beeren. Ich hatte den Becher des Pharao in meiner Hand und nahm die Beeren; ich preßte sie in den Becher des Pharao und reichte dem Pharao den Becher." Da sprach Joseph zu ihm: „Dies ist die Deutung: Die drei Ranken bedeuten drei Tage. Nach drei Tagen wird der Pharao dein Haupt erheben und dich wieder in dein Amt einsetzen. Du wirst dem Pharao seinen Becher reichen so wie früher, als du sein Mundschenk warst. Denke dann auch an mich, wenn es dir gut geht. Erweise mir

die Gnade und gedenke meiner bei dem Pharao und befreie mich aus diesem Hause. Denn ich wurde aus dem Lande der Hebräer entführt, und auch hier habe ich nichts getan, wofür sie mich ins Gefängnis geworfen haben."

Als der Oberbäcker sah, daß er eine günstige Deutung gegeben hatte, sprach er zu Joseph: „In meinem Traum war es mir, als trüge ich drei Körbe mit Feingebäck auf meinem Kopfe. Im obersten Korb befanden sich allerlei vom Bäcker hergestellte Eßwaren für den Pharao. Da kamen Vögel und fraßen es aus dem Korb von meinem Kopf weg." Joseph antwortete und sprach: „Dies ist die Deutung: Die drei Körbe bedeuten drei Tage. Nach drei Tagen wird der Pharao dein Haupt erheben. Er wird dich an einen Pfahl aufhängen lassen, und die Vögel werden dein Fleisch von dir wegfressen."

Am dritten Tag, dem Geburtstag des Pharao, veranstaltete dieser ein Gastmahl für alle seine Hofbeamten. Da erhob er das Haupt des Obermundschenks und das Haupt des Oberbäckers in Gegenwart seiner Hofbeamten. Den Obermundschenk setzte er wieder in sein Schenkenamt ein, und er durfte wieder dem Pharao den Becher reichen. Den Oberbäcker aber ließ er hängen, so wie Joseph den Traum gedeutet hatte. Der Obermundschenk aber dachte nicht mehr an Joseph, sondern vergaß ihn.

Das Bild, daß der Bäcker und der Mundschenk des Königs gesündigt haben, bedeutet ein Überhandnehmen des Nahrungstriebes. Zu viel zu essen und gar betäubende Getränke zu sich zu nehmen, ist besonders in Krisenzeiten eine Ersatzbefriedigung, die zu einem Überborden, einem Mißbrauch der „oralen" Funktion führen kann. Die Bewußtseinsentwicklung der Persönlichkeit ist aber hier bereits so weit ausgeformt, daß dieser Mißbrauch zur Freß- und Trinksucht mit einer Gegenmaßnahme: mit der Einschränkung der überbordenden Triebhaftigkeit in bezug auf die Nahrungsaufnahme beantwortet wird: Mundschenk und Bäcker werden ins Gefängnis geworfen. Die Träume und ihre Deutung durch die intuitiv begabte Seite in der Persönlichkeit, dem Joseph, sagen aus, daß es notwendig wird, die primitive Seite des Naturtriebes, die im Bäcker symbolisiert wird, abzutöten, während die geistige Seite, die im Mundschenk zum Ausdruck gebracht wird, in der Persönlichkeit Vorrang erhält. Auf eine solche Deutung des Symbolgehaltes von Brot und Wein weist C. G. Jung hin. Er schreibt: „Was nun die besondere Natur der Substanzen betrifft, so ist das Brot zweifellos ein Nahrungsmittel. Der Wein ‚stärkt' zwar, wie der Volksmund behauptet, aber in einem anderen Sinne als ein Nahrungsmittel. Er stimuliert, und er ‚erfreut des Menschen Herz' vermöge einer gewissen volatilen Substanz, von jeher ‚Geist' genannt. Er ist deshalb, unähnlich dem harmlosen Wasser, ein ‚begeisterndes' Getränk, denn ein ‚Geist' oder ‚Gott' wohnt in ihm, der Rauschekstasen erzeugt. Das Weinwunder von Cana war zugleich das Wunder der Dionysostempel, und es hat einen tiefen Sinn, wenn auf dem Damaszener Abendmahlskelch Christus in den Weinranken thront wie ein Dionysos. Wie Brot das physische Existenzmittel, so stellt der Wein das geistige dar."*

Der Primat des religiösen Geistes in der Persönlichkeit bedeutet eine Steigerung des Bewußtseinsprozesses und damit – freilich erst nach einer langen Latenzzeit (der Mundschenk vergißt zunächst, den Pharao auf Joseph aufmerksam zu machen) eine Anerkennung des Wertes der intuitiven Funktion für die Ausformung der Persönlichkeit, denn sie hat eine besonders feine Verbindung zu den instinktiven Bereichen, sie ist das seelische Organ des „Zusammenschauens", sie hat daher ein Gespür für das, was kommt, kann also besser als andere Teilbereiche der Seele Prognosen stellen und dadurch die Zukunft aktiv vorausplanen. So kann sie auch wissen, was Pharaos Träume von den sieben vollen und den sieben dürren Ähren, von den sieben fetten Kühen, die von den sieben mageren verschlungen werden, bedeuten: So sehr durch das Erstarken der intuitiven Funktion in der Stille der Isolation und durch ihr Zusammenwirken mit den Impulsen zu überpersönlicher Wirksamkeit (Pharao) zunächst eine neue schöpferische Phase (die Fruchtbarkeit der sieben fetten Jahre) entsteht, so unumgänglich muß schließlich die Persönlichkeitszersplitterung, die Abspaltung des Ich (Jakob) und der gröberen Bereiche der Durchsetzungsfähigkeit (die Brüder) zu einer seelischen Dürre, zu einer Verarmung des Innenlebens führen, der aber durch die Kraft der intuitiven Funktion vorgebeugt wird (Kornkammern), so daß es vor einem endgültigen Desaster unter dem Zwang der seelischen Not zu einer Zusammenführung der seelischen Kräfte kommt. Sie erfolgt hier im Bild der Reise der Brüder nach Ägypten, das heißt Einsicht, Erkenntnis und Anerkennung der Notwendigkeit und Überlegenheit der intuitiven Funktion, Reue und Umkehr erlösen von der inneren Zwiespältigkeit und bringen die seelische Einheit zurück (der Vater siedelt sich mit allen seinen Kindern in Ägypten an), die nun unter dem Primat des intuitiven Geistes (Josephs Führung) zu neuem Wohlergehen erstarkt. Von dieser subjektiven Ebene her sind also auch die Träume des Pharao als innerseelische Warnungen zu verstehen, die der intuitive Teil zu deuten versteht und auf diese Weise dem Gesamt der Person zur Rettung zu verhelfen imstande ist.

* Aus: C. G. Jung, Von den Wurzeln des Unbewußten, Kap. V, Das Wandlungssymbol in der Messe. Rascher Verlag, Zürich 1954.

Der Lebensbaum

In der Heiligen Schrift wird häufig nicht nur in traumähnlichen Bildern gesprochen, sondern es werden auch Träume berichtet, die von weisen Männern mit *prophetischem* Sinn gedeutet werden. Das Alte Testament ist voll von Geschichten, in denen ein „Seher" aufgrund der Traumgesichte des Königs in der Lage ist, eine Voraussage von künftigen Ereignissen zu machen, die eine bessere Planung der Regierenden ermöglicht. Traumforscher, vor allem C. G. Jung und seine Schule, bestätigen, daß es prophetische Träume gibt, die sich auf Voraussagen von überpersönlichen Ereignissen wie Kriegen und Naturkatastrophen beziehen. Im allgemeinen aber beschränkt sich die Prophetie der Träume auf subjektive, seelische Entwicklungen und gibt Auskunft über innere Wandlungs- und Reifeprozesse.

Im Buch Daniel gibt es einen Traum des Königs Nebukadnezar, der bereits vom Deuter, dem Propheten Beltsazar, als eine subjektive Angelegenheit des Träumers erkannt und verstanden wird. Hier liegt offenbar eine höhere Bewußtseinsebene vor, die bereits re-flektiert. Interessanterweise wird in diesem Traum ein Symbol verwendet, der Baum, der auch in der modernen Traumdeutung, ja sogar in der projektiven Diagnostik einen gewichtigen Stellenwert hat. Insofern scheint dieser Traum besonders gut geeignet, uns eine neue Möglichkeit des Verstehens unserer bildhaften Ausdrucksweisen zu sein. Der Text lautet:

> „... Siehe, da stand ein Baum von ungewöhnlicher Höhe mitten auf der Erde. Der Baum wurde immer noch größer und mächtiger, bis seine Spitze den Himmel erreichte und er an allen Enden der Erde sichtbar war. Prächtig war sein Blätterkleid, überreich sein Fruchtbehang, und er bot Nahrung für alle. Die Tiere des Feldes suchten unter ihm Schatten, die Vögel des Himmels nisteten in seinen Zweigen, und alles Lebende ernährte sich von ihm. Da sah ich in den Gesichten, die mir auf meinem Lager vor Augen standen, plötzlich einen heiligen Wächter vom Himmel steigen. Er gebot mit machtvoller Stimme: ‚Fället den Baum und haut ab seine Äste! Nehmt weg sein Blätterkleid und zerstreut seine Früchte! Es fliehe fort das Getier unter ihm

und die Vögel aus seinem Geäste! Doch lasset seinen Wurzelstock im Boden; in eisernen und ehernen Fesseln (laßt ihn) im Grün des freien Feldes. Vom Tau des Himmels werde er benetzt, und mit den Tieren hab' er teil am Gras auf der Erde. Sein Herz wird sich abkehren von den Menschen und ihm ein tierisch Herz gegeben werden; so sollen sieben Zeiten über ihn hingehen! Diese Botschaft beruht auf einem Ratschluß der Wächter, das Verlangen (entspricht) einem Antrag der Heiligen, damit die Lebenden erkennen: Der Höchste ist der Herr über das menschliche Königtum; er gibt es, wem er will; er könnte selbst den Allerniedrigsten auf den Thron erheben.'
Dies ist das Traumgesicht, das ich, der König Nebukadnezar, geschaut habe; du aber, Beltsazar, sage mir die Deutung; denn alle Weisen meines Reiches waren nicht imstande, mir die Deutung kundzutun; doch du vermagst es, weil der Geist des heiligen Gottes in dir ist."
Darauf war Daniel, der auch Beltsazar heißt, für eine Weile wie gelähmt; so erschreckten ihn seine Gedanken. Der König aber sagte: „Beltsazar! Laß dich von dem Traume und seiner Bedeutung nicht aus der Fassung bringen!" Beltsazar gab zur Antwort: „Mein Herr, der Traum komme über deine Gegner und seine Bedeutung über deine Feinde! Der Baum, den du gesehen hast, der größer und mächtiger wurde, bis seine Spitze den Himmel erreichte und auf der ganzen Erde sichtbar war; dessen Blätterkleid prächtig, dessen Fruchtbehang überreich war und der Nahrung für alle bot; unter dem die Tiere des Feldes wohnten und in dessen Zweigen die Vögel des Himmels nisteten: das bist du, o König! Auch du bist groß und mächtig geworden; deine Größe wuchs (noch mehr) und erreichte den Himmel, und deine Herrschaft dehnte sich aus bis an das Ende der Erde. Daß der König weiter sah, wie ein heiliger Wächter vom Himmel stieg und gebot: ‚Fället den Baum und vernichtet ihn! Doch laßt seinen Wurzelstock im Boden; in eisernen und ehernen Fesseln (laßt ihn) im Grün des freien Feldes; vom Tau des Himmels werde er benetzt, und mit den Tieren des Feldes habe er sein Teil, bis sieben Zeiten über ihn hingegangen sind', so ist dies, o König, die Deutung, und zwar ist es eine Entscheidung des Höchsten, die über meinen Herrn, den König, ergangen ist: Man wird dich aus (dem Kreis) der Menschen ausstoßen; bei den Tieren des Feldes wirst du hausen müssen; wie die Rinder wird man dich Gras weiden und vom Tau des (freien) Himmels naß werden lassen; und sieben Zeiten werden über dich hingehen, bis du endlich einsiehst, daß der Höchste der Herr ist über das menschliche Königtum und es gibt, wem er will. Und wenn befohlen wurde, den Wurzelstock des Baumes zu belassen, (so bedeutet dies:) Dein Königtum bleibt erhalten und wird dir zurückgegeben, sobald du die Herrschaft des Himmels anerkannt hast. Darum, o König, laß dir meinen Rat gefallen: Zerbrich deine Sünden durch Werke der Gerechtigkeit und deine Missetaten durch Erbarmen mit den Schwachen! Dann mag dein Glück von Dauer sein!"

All dies erfüllte sich am König Nebukadnezar. Zwölf Monate später erging er sich auf dem Dach des königlichen Palastes zu Babel. Da hob der König an und sprach: „Ist dies nicht mein großes Babel, das ich als Residenz erbaut habe, in der Fülle meiner Macht und zum Ruhme meiner Herrlichkeit?" Noch hatte sich der Mund des Königs nicht geschlossen, da ertönte schon eine Stimme vom Himmel: „König Nebukadnezar! Dir sei verkündet: Das Königtum entgleitet dir. Aus dem Kreis der Menschen wird man dich ausstoßen, und bei den Tieren des Feldes wirst du hausen müssen; wie die Rinder wird man dich Gras weiden lassen, und sieben Zeiten werden so über dich dahingehen, bis du endlich einsiehst, daß der Höchste der Herr ist über das menschliche Königtum und es gibt, wem er will."

Noch in derselben Stunde ging der Spruch an Nebukadnezar in Erfüllung: Aus dem Kreis der Menschen wurde er ausgestoßen; er aß Gras wie die Rinder, und sein Körper wurde vom Tau des Himmels naß, bis seine Haare so lang wie Adlerfedern geworden waren und seine Nägel wie Vogelkrallen.

„Nach Verlauf der (vorbestimmten) Tage konnte ich, Nebukadnezar, meine Augen (wieder) zum Himmel erheben, und der klare Verstand kehrte mir zurück. Da pries ich den Höchsten und lobte und verherrlichte den ewig Lebenden; denn sein Reich dauert ewig und sein Königtum von Geschlecht zu Geschlecht. Die Bewohner der Erde sind vor ihm insgesamt wie nichts zu achten; nach seinem Wohlgefallen waltet er über die Heerschar des Himmels und die Bewohner der Erde. Niemand kann seiner Hand wehren, und niemand darf fragen: ‚Warum hast du das getan?'

Zur selben Zeit wurde mir der klare Verstand wiedergegeben, und zu der Würde meines Königtums gewann ich auch meine Ehre und mein Ansehen zurück. Meine Minister und Großen suchten mich wieder auf. Ich wurde wieder in die Königsherrschaft eingesetzt und erlangte noch eine gewaltige Steigerung an Größe. Darum lobe und rühme und verherrliche ich, Nebukadnezar, den König des Himmels; denn all sein Tun ist trefflich, und sein Walten ist gerecht, und die hochmütig wandeln, vermag er zu demütigen."

Es ist in diesem Zusammenhang unwesentlich, ob man den König und seinen Traumdeuter als *eine* Person auffaßt oder nicht. Auf jeden Fall herrscht in diesem König Nebukadnezar das alte Ego, der eigenmächtige Herrschaftshochmut in einer einseitigen Weise vor. Er hat zwar herrliche Entfaltung hervorgerufen – ist aber in seiner Maßlosigkeit in der Gefahr, gefällt zu werden. Die Demütigung dieses Königs erfolgt aber erst, nachdem er seinem einseitigen ungesunden Hochmut weiter Raum gegeben hat, statt den Warnungen seines Traumdeuters (oder seiner eigenen Intuition?) zu folgen. Sein Größenwahn führt in eine Überflutung durch das Unbewußte, die ihn entmachtet; das heißt: seine Pläne, seine Machtanmaßungen werden so unrealistisch, werden so triebhaft machtgierig (er bekam ein tierisches Herz), daß man ihn als „irrsinnig" deklassierte und ihn aus seinem Amt entfernte. Erst die Preisgabe dieser seiner Schattenseite konnte ihre Integration bewirken: Indem der König seine eigene „Ohnmacht" erkannte und akzeptierte, wurde er – nun als ein mit guter Autorität begabter Herrscher – wieder in seine Ämter eingesetzt.

Es erscheint mir allgemeiner Beobachtung wert, daß der Baum als Traumsymbol für die Lebenssituation des Menschen immer noch häufig ist. Ich habe sogar in meinen Protokollen geradezu einen Paralleltraum zu dem des Nebukadnezar: Ein Zwanzigjähriger, der wegen eines Grunztics und Schulversagens Beratung sucht, träumt nach der ersten Stunde: „Ich stehe vor einem Baum, aber er ist umgehackt. In dem Stumpf steckt noch die Axt. Merkwürdigerweise sieht man daran einige Blutstropfen." Auf die Frage, was ihm dazu einfalle, sagt der junge Mann: „Ich fühle mich selbst wie abgehackt, nachdem ich zum zweitenmal in der selben Klasse sitzengeblieben bin und nun die Schule verlassen soll." Dieser Traum sagte mir, daß der Junge in großer Gefahr stand, in seiner Mutlosigkeit in eine Depression zu versinken und seinem Leben selbst ein Ende zu machen. Der Traum erschreckte mich ähnlich, wie der Nebukadnezars den Daniel erschreckt hatte. Aber durch diese massive Warnung wurde unserer aller Wachsamkeit mobilisiert. Nach einigen Monaten hatte der junge Mann seine Niedergeschlagenheit überwunden und fand Kraft zu neuen Ansätzen seiner Lebensentfaltung.

Bäume kommen in den Träumen moderner Menschen aber nicht nur als Symbole negativer Entwicklungen vor. Mädchen träumen kurz vor dem Eintreten der ersten Monatsblutung häufig, daß sie vor einem Baum mit vielen reifen Kirschen stehen; eine junge Frau sah kurz vor ihrer Hochzeit im Traum einen Apfelbaum an und stellte fest, daß er reif sei zur Ernte; eine Vierzigjährige erzählte mir, daß sie im Traum einen Laubbaum gesehen habe, an dem die Äste plötzlich begonnen hätten nach innen zu wachsen, und ringsum hätten lauter Windeln geflattert. Ich fragte sie, ob sie ein Kind erwarte. „Nein", gab sie erschrocken zur Antwort; aber vierzehn Tage später berichtete sie vom Ausbleiben der Menstruation und vom bestätigenden Schwangerschaftstest: Ihr Lebensbaum und sein Unbewußtes hatte früher als ihr Bewußtsein erkannt, daß sie noch einmal einer Phase der Mutterschaft, noch einmal einer „verinnerlichenden" Exklusivität entgegenging.

Auch Christus verwendet in mehreren Gleichnissen das Baumsymbol, so im Bild des Feigenbaumes, dessen Wert man an seinen guten Früchten erkennt, der abgehackt werden wird, wenn er unbrauchbare Früchte hervorbringt. Das heißt: Menschen, die durch ihr Verhalten beweisen, daß sie „unfruchtbar" sind, die sich weigern, an der Gestaltung der Schöpfung in der ihnen gemäßen, ihnen aufgetragenen Weise mitzuarbeiten, werden vor dem Urteil Gottes für wertlos erklärt werden.

Die Tatsache, daß der Baum archetypisch ein Symbol der Person, ihrer Entwicklung und Gestaltung, ja ihres augenblicklichen Status ist, hat man sich in der projektiven Testpsychologie zunutze gemacht. Im sogenannten „Baumtest", der aus der einfachen Anweisung besteht, auf ein Blatt im DIN-A 4-Format mit Bleistift einen Obstbaum zu zeichnen, ergeben sich beim geübten Tester eine Fülle von Aufschlüssen über die Struktur und die Situation des Zeichners, und zwar vollständig unabhängig von seiner zeichnerischen Begabung. Verworren, unordentlich hingeworfen sind die Bäume von verwahrlosten Jugendlichen – als ein Abziehbild ihrer eigenen gleichgültig-müden, ungeordnet-faulen Wurstigkeit; auf Draht gezogen wie Spalierobstbäume sind die Zeichnungen überdressierter Kinder. Die seelischen Verletzungen sind aus Schrunden, abgesägten Ästen und Astlöchern erkennbar. Feingliederigkeit oder Robustheit der Seelenstruktur ist in der Art der Zeichnung des Astwerkes ablesbar. In den vielen Bäumen, die in meiner Praxis gezeichnet wurden, haben sich mir im Vergleich mit anderen Testergebnissen die Vorstellungen Karl Kochs, des Erfinders des Baumtestes, voll bestätigt.

Aber die Baumzeichnung gibt nicht nur Auskunft über die innere Befindlichkeit des Zeichners. Der „Lebensbaum" hat eine Beziehung zum Symbol christlicher Lebensgestaltung. Diesen Zusammenhang hat Karl Koch auch bereits gesehen. Er schreibt:

„Die Projektionswand ‚Baum' besitzt einen mehr oder weniger starken Aufforderungscharakter und evoziert damit im Zeichner subjektiv geformte Ausdruckserscheinungen, Bilder, die sich mit dem Objekt verschmelzen. Die projizierte Zeichnung enthält damit ein Stück Objektwelt, welches freilich eine innere Verwandtschaft zum Raumschema der Seele besitzt. Das Grundschema des Baumes ist das Kreuz. Das ist keine von außen hineingetragene Projektion. Oben und unten, links und rechts, das viergliederige Kreuz entspricht dem Baum ebensosehr wie der Menschengestalt mit ausgestreckten Armen. Beiden liegt auch dieselbe Symbolik zugrunde und damit etwas, was weit über das Individuelle hinausgeht. Im Symbol ist das Sinnlich-Wahrnehmbare, ein Konkretes und Gestalthaftes,

das zugleich etwas Geistiges ausdrückt. Symbole aber werden gefunden auf Grund der Analogie zwischen der sinnlichen und der geistigen Welt. – Es gehört zu den fundamentalen Sätzen der urchristlichen Symboltheologie, daß alles, was Gott im Alten Testament geoffenbart hat, angefangen vom „Baum des Lebens" (Gen. 2, 9) bis zur persönlichen Weisheit Gottes, in der sich dieser Baum des Lebens verkörpert (Prov. 3, 18), nur gesprochen wurde im Blick auf das kommende Heilsgeschehen, im Kreuztod der menschgewordenen Weisheit. Zwischen dem Lebensbaum des Paradieses und dem Lebensbaum des neuen Himmels sieht der antike Christ nun einen Lebensbaum aufragen, an dem sich das Geschick der Adamsfamilie entscheidet: das Kreuz. Der Paradiesbaum ist nur eine Vordeutung des Kreuzes, und dieses Kreuz ist der Mittelpunkt der Welt und des Heilsdramas der Menschen."*

Moderne Testpsychologie und biblische Symbolik kommen also von verschiedenen Beobachtungsebenen her zu der gleichen fundamentalen Einsicht:

Daß es der Sinn des Lebens sowohl der Menschheit wie der individuellen Person ist, über den Weg der Entfaltung von vitalen Antrieben durch Prozesse ihrer Opferungen, die verwandeln und zu einer abstrakten Struktur, dem Kreuz mit seiner Mitte, führen, die Ewigkeit des lebendigen Seins zu finden.

---

* K. Koch; Der Baumtest, Bern und Stuttgart 1954.

Gleichnisse Christi als Orientierungshilfe zur Lösung von zentralen Lebensproblemen heute

Daß die Bildersprache der Seele urtümlicher ist als unsere rational-logische Denkweise und zu den Bereichen des Gefühls einen unmittelbaren Zugang besitzt, von unserem Unbewußten also unmittelbar, ohne den Umweg über ein bewußtes Beteiligen der Denkfunktion aufgenommen und verstanden werden kann, diese psychische Gegebenheit war Christus durchaus bekannt. Er hat sie im Erzählen von Gleichnissen bewußt eingesetzt, um den Menschen sein Wissen auf der Gefühlsebene einzuprägen. Er wußte, daß hier eine wesentliche Zugangsmöglichkeit liegt; auf die Frage der Jünger, warum er in Gleichnissen rede, spricht er es direkt aus: „Denn mit sehenden Augen sehen sie nicht, und mit hörenden Ohren hören sie nicht; denn sie verstehen es nicht." Freilich sind die meisten Gleichnisse, unmittelbar nachdem Christus sie erzählt hatte, von ihm selbst gedeutet worden, so daß keine Schwierigkeit besteht, ihren Symbolgehalt zu verstehen. Deshalb sollen in unserem Zusammenhang nur einige wenige herausgegriffen werden, und zwar besonders die, in denen Aussagen gemacht werden über den Sinn unseres Lebens. Denn in bezug auf die Sinnfrage sind viele Menschen heute besonders hilflos. Vielleicht vermögen zusätzliche Erläuterungen aus dem tiefenpsychologischen Bereich hier ein Stück Orientierungshilfe zu leisten.

Im 13. Kap. des Matthäus bringt Christus eine Reihe von Gleichnissen; so heißt es:

> Das Himmelreich ist gleich einem im Acker verborgenen Schatz. Den fand einer und deckte ihn (wieder) zu. Voll Freude geht er hin, verkauft alles, was er hat, und kauft jenen Acker.
> Wiederum ist das Himmelreich gleich einem Kaufmann, der schöne Perlen suchte. Als er aber eine kostbare Perle fand, ging er hin, verkaufte alles, was er besaß, und kaufte sie.

In unserem Text geht es um das „Himmelreich". In der Sprache der Seele ist als Himmelreich keineswegs der Weltenraum in Unterscheidung zu dem Planeten Erde zu verstehen, sondern als das

„Oben" gegenüber dem „Unten", als das Aufstreben gegenüber dem Ausweiten, als das unendlich Hohe gegenüber dem Flachen, dem Greifbar-Oberflächlichen, als das Erhaben-Wertvolle gegenüber dem Üblichen und Gewöhnlichen, als das höchste Vollkommene gegenüber dem Unvollkommenen.

Über diesen „oberen" Bezirk werden in unserem Text nun mit Hilfe von weiteren Bildern Aussagen gemacht. Zunächst: das Himmelreich ist gleich einem verborgenen Schatz. Als Schatz gilt auch in unseren Mythen und Märchen ein Gegenstand von hohem Wert, der reich macht, der in der Lage ist, alle Not zu wenden. Dieser hohe Wert befindet sich im Acker. Es kann kein Zweifel darüber bestehen, daß damit das Feld unserer Lebensarbeit, diese unsere Welt hier gemeint ist. (In den Worten Christi: „Der Acker ist die Welt" [Matth. 13,38], wird diese Deutung direkt ausgesprochen.) Das „Himmelreich" ist hier also nicht in irgendeine unwirkliche Ferne gerückt, sondern als ein zu findender höchster Wert mitten in unserem Leben beschrieben. Interessanterweise wird dieser Wert zwar als ein kostbares Objekt dargestellt – in dem zusätzlichen Gleichnis der Perle dazu noch als ein Gegenstand höchster Vollkommenheit und Schönheit –, aber über den substantiellen Inhalt dieses höchsten Wertes werden in diesen Versen keinerlei Aussagen gemacht. Statt dessen wird dieser Wert einem bestimmten Ablauf, einer Kette von Handlungen durch einen Menschen gleichgesetzt. Diese Handlungen werden bezeichnet als Suchen, Finden, Verbergen, Verkaufen und Kaufen. Als „Himmelreich" wird hier also keineswegs ein statischer Endzustand der Vollkommenheit jenseits unseres Lebens verstanden, sondern ein dynamischer Prozeß hier auf der Erde. Dabei wird wohl die Notwendigkeit betont, nach dem höchsten Wert auf die Suche zu gehen und ihn behutsam (vor dem Zugriff Unberechtigter?) zu bewahren, zu „verbergen", wie die Schrift sagt; der Hauptakzent aber wird auf die Handlung der radikalen, der absoluten Entscheidung, Unterscheidung, Absonderung und Einbeziehung des Alten in ein Neues gelegt: Der Bauer und der Kaufmann unseres Gleichnisses setzen alles auf die eine höchste Karte: sie verkaufen ihre bisherigen Güter und kaufen den einen Acker, die eine Perle. Himmelreich, so sagt die Schrift, besteht darin, daß angesichts der Erkenntnis des kostbarsten Wertes alle bisherigen Werte unter sein Primat gestellt, in ihn integriert werden.

Eine Belehrung solcher Art ist für unsere Zeit keineswegs überholt. Denn wir stehen heute im Begriff, das Suchen nach dem „Himmelreich" für baren Unsinn zu erklären; und zwar nicht nur als eschatologische Hoffnung, sondern auch als Streben nach einem

Höchsten, einem absoluten religiösen Wert. Wir starren – durch die Erkenntnisse der Soziologie und der Psychologie fasziniert – so sehr auf einzelne Kausalzusammenhänge, die von Menschen gemacht und nur für Menschen in einer bestimmten Situation gültig sind, das heißt, wir haben so viel „Relatives" in dieser Welt entdeckt, daß wir glauben, damit bewiesen zu haben, daß es den „Schatz im Acker" oder die „vollkommene Perle", das Wunder des Vollkommenen, des absoluten Wertes in dieser Welt einfach nicht gibt.

Da das Suchen aber bereits ein Teil des höchsten Wertes ist, wird es unwahrscheinlicher, die Freude und Lebenserfüllung des Perlenkaufmanns zu erleben, wenn man das Suchen aufgrund eines intellektuellen Fehlschlusses unterläßt. Aber selbst das Finden, das „Erkennen", die Einsicht in den höchsten Wert ist ja nicht seine volle Verwirklichung allein, sagt unser Gleichnis. Es muß noch eine totale Lebensveränderung folgen, indem fortan Wesentliches und Unwesentliches am Kriterium des höchsten Wertes gemessen und radikal unterschieden wird.

Der Sinn für religiöse und ethische Priorität, der damit gemeint ist, zerrinnt uns heute zwischen den Fingern. Wir wollen nicht, ja schließlich können wir nicht mehr unterscheiden. Wir lassen uns überfluten von Material und öffentlicher Meinung. Wir wollen *alles* mitnehmen, *alles* unterschiedslos aufnehmen. Überschwemmung mit Stoff, schädlichem Ungeist und manipulierte Zerstreuung ist unsere Situation. Pluralismus, Toleranz und Sachlichkeit sind die Schlagworte, mit denen wir unsere Unfähigkeit zu notwendiger Scheidung und Unterscheidung bemänteln. Chaotische Orientierungslosigkeit nimmt auf diese Weise immer mehr zu, während die Sehnsucht nach Frieden und Freude unerfüllt bleibt; denn dieses Himmelreich geistiger Erfüllung setzt täglich neu voraus, das Wertlose abzustoßen und alle Kräfte zu sammeln, um sie dem Vorrang des einen: dem Geist der Liebe, und das heißt dem Dienst an Gott, zu unterstellen.

Die Sehnsucht nach dem Schatz in der Tiefe, nach der kostbaren „Perle" ist aber nicht tot in den Menschen. Es gibt auch heute viele Perlenträumer – und oft sind das gerade die, die sich mehr an die Welt „zerstreut" haben, als es ihrem eigenen inneren Bedürfnis entspricht. Sie gehen dann nachts in ihren Träumen auf die Suche nach der einen herrlichen Perle, dem Symbol vollkommener seelischer Schönheit und Abgerundetheit, und dieser ihr Trauminhalt will auf die Notwendigkeit einer Veränderung in der Lebensführung hinweisen. Bewußte Wandlung, das sagen unsere Gleichnisse, ist dazu nötig; denn solche individuelle Entscheidung ist die Voraussetzung zu einer endgültigen „Scheidung". Von ihr ist im folgenden Gleichnis die Rede:

> Wiederum ist das Himmelreich gleich einem Netz, das ins Meer geworfen wurde und (Fische) aller Art zusammenbrachte. Als es voll war, zogen sie es auf den Strand, setzten sich und lasen die guten in Gefäße, die schlechten aber warfen sie weg. So wird es sein am Ende der Welt: Die Engel werden ausziehen und die Bösen mitten aus den Gerechten aussondern und sie in den Feuerofen werfen. Dort wird Heulen und Zähneknirschen sein.

Nichts ist also „gleich-gültig", im wörtlichen Sinne, so sagt dieser Text – Gottes Gerechtigkeit vollzieht sich ebenfalls in einer klaren Scheidung zwischen den Guten und den Schlechten, und es gibt keine Möglichkeit, diesem Netz Gottes, diesem Gefangenwerden durch Ihn und dem Ausleseverfahren zu entgehen.

Sicher beziehen sich diese Worte Christi auf einen Vorgang jenseits des Todes des einzelnen, vielleicht auch aller Menschen: „Heulen und Zähneknirschen" vollzieht sich aber auch bereits in diesem Leben – davon können gerade Menschen in unserem Beruf viele Geschichten erzählen. Zwar kann keiner von uns Menschen – und mag er auch ein so guter „Fisch" sein wie Hiob – darum herumkommen, Schicksalsschlägen ausgesetzt zu werden; aber die Frage, wie man sie bewältigt, ist gewiß eine Angelegenheit der Festigkeit der Entscheidung für Gott. Die Frage, in welchen „Topf" der Mensch geworfen wird, ob er als wertvoller oder wertloser „Fisch" eingestuft wird, hängt allein von seinem Gehorsam gegen Gott ab. Er macht Lebensbewältigung möglich, während Verhärtung, Abkehr und Eigenmächtigkeit in notvolle Sackgassen führen.

Eine Frau zum Beispiel, die ihre gesamte Familie durch einen Autounfall verloren hatte, verharrte zehn Jahre nach dem schrecklichen Ereignis immer noch in einer verhärteten Verbitterung, die sie in eine melancholische Isolation getrieben hatte. Sie klagte Gott wegen ihres Schicksals an und hatte das Vertrauen in ihn aufgegeben. Die Therapie zeigte, daß in diesem Fall die Trauer um die verlorene Familie alle Kräfte der Zurückgebliebenen absorbiert, ja daß sie sich fast wütend in ihre Verlassenheit festgebissen hatte und sich geradezu aktiv weigerte, von diesem hartnäckigen Hader gegen Gott und das Schicksal zu lassen. Im Grunde, so ergab sich bald, fühlte sie sich von den Mächten selbst beleidigt und verharrte gegen sie – wie einst als Kind, wenn der Vater ihr eine Enttäuschung zugefügt hatte – in unnachgiebiger, trotziger Gekränktheit.

Ist eine solche Verbitterung auflösbar? Das Entscheidende ist zunächst einmal, daß der verzweifelte Mensch die Gegenerfahrung macht: daß er nicht verlassen ist, daß trotz seines Widerstandes gegen das Leben einer dableibt, der die verbitterten Wiederholungen starrer Klagen aushält, der sich angesichts dieser Verstocktheit nicht auch abkehrt wie die anderen. Eine solche Erfahrung kann der verzweifelte Mensch z. B. machen, wenn er zu regelmäßigen, fest verabredeten Stunden zu dem Helfer kommen darf und dieser ihm zuhört, über Monate oft, und wenn die Klagen noch so stereotyp wiederholt werden und das Selbstmitleid unverhohlen oder abstoßend in Erscheinung tritt.

Der Zustand der Frau besserte sich nach einer großen Anzahl solcher Klagestunden merklich. Sie zeigte sich gelegentlich bereits aufgeschlossen für eine Lebensfrage oder Dinge ihrer Umgebung. An dieser Stelle konnte ihr klargemacht werden, daß uns nach schweren Schicksalsschlägen allmählich neue Kräfte geschenkt, ja ohne all unser Zutun uns zur Verfügung gestellt werden und daß es allein an uns liegt, ob wir diese Geschenke anerkennen oder verweigern. Ihr wuchs unter dem behutsamen Führen des Helfers die Einsicht zu, daß ihre über Jahrzehnte währende Trauer und immer mächtiger werdende Verbitterung auf einem höchst aktiven Widerstand beruhte, der weder Treue noch Tapferkeit bedeute, sondern sich nach dem Muster eines kleinkindhaften Haders gegen einen bösen Vater vollzöge. Die Möglichkeit zu dieser Einsicht setzte aber die liebende Treue des Helfers und seine aufmerksame Mitfreude über den aufkeimenden Lebensmut der Frau voraus. Nach einer zweijährigen Betreuungszeit war es auch möglich, ihr deutlich zu machen, daß das Leid des Menschen keineswegs immer Schicksalsstrafen, sondern häufig auch Proben sind, die dem Menschen die Chance geben, gerade durch seine Standfestigkeit in Zeiten der Not sich zu erweisen als einer, der mit seinem Ja zum Leben in der Lage ist, Gottes Schöpfung gegen das ungeformte Chaos zu verteidigen, zu vollziehen, zu verwirklichen und damit seine Vollendung voranzutreiben.

Eine solche Einstellungsänderung gleicht einer Wiedergeburt, der Erlösung von Gefangenschaft. Mit intuitivem Scharfsinn schreibt Weinreb darüber:

„Im Neuen Testament lesen wir viel über den Fischfang und das Verteilen von Fischen an die Menschenmassen. All das hat mit dem (hebräischen) Buchstaben zade, dem Angelhaken, zu tun. Es leuchtet ein, daß der Angelhaken mit der Beendigung der Gefangenschaft im Wasser, in der Zeit, zusammenhängt. Das Hinausheben der Fische aus dem Wasser ins Trockne begegnet uns auch darin, daß die Jünger Jesu Fischer waren und von ihm zu ‚Menschenfischern' gemacht wurden."

Dieser Auftrag Gottes wird von manchen Menschen in ihren Träumen geradezu als ein im Netz-Sein oder als ein An-der-Angel-Sein erlebt. Eine junge Frau, die nach manchen Irrwegen in einer sozialen Aufgabe ihre Bestimmung gefunden hatte, träumte zum Beispiel: „Ich bin im Wasser. Bin ich ein Fisch, oder habe ich nur einen Fischschwanz? Ich schwimme und komme rasch voran. Auf einmal merke ich, daß ich gezogen werde – ich merke, daß tief in meinem Hals ein Angelhaken steckt, der an einem langen Band befestigt ist. Ich mache einen Schlag über die Oberfläche und sehe in die Augen eines großen alten Mannes, der mich ernst anschaut." Über diesen Traum machte die junge Frau ein Gedicht, das sie mit in die Stunde brachte, denn, so meinte sie selbst: „Der alte Mann, das ist Gott, und ich bin sein Fisch."

> Die Angel –
> wie sie mich zieht und bestimmt
> willenlos
> aus der unklaren Höhe gebietend:
> aber ich wollte doch frei sein!
>
> Wie sie mich tun heißt
> zu schwimmen
> gegen den Strom, zu
> keuchen im Sog –
> und ich wollte doch frei sein!
>
> Wie sie mich reißt
> und mir weh tut
> und von mir verlangt
> daß ich springe, obgleich
> ich's nicht kann.
>
> Wie sie mich
> unter der Last ihrer
> Unentrinnbarkeit
> still macht und selig
> zu wissen: wie dürftig
> ist frei sein!

Das Leben als Aufgabe zu verstehen, als einen Auftrag, bei dem sogar später „abgerechnet" wird, davon spricht Christus auch in einem anderen Gleichnis, diesmal in Bildern aus dem Wirtschaftsleben. Der Text lautet:

> Denn es ist wie bei einem Mann, der, als er verreisen wollte, seine Knechte rief und ihnen sein Vermögen übergab. Dem einen gab er

fünf Talente, dem anderen zwei, dem dritten eines, jedem nach seiner Fähigkeit. Dann reiste er ab. Sogleich ging der, der fünf Talente erhalten hatte, hin und arbeitete mit ihnen und gewann fünf andere dazu. Ebenso gewann der mit den zweien zwei andere dazu. Der aber das eine erhalten hatte, ging hin, grub ein Loch in die Erde und verbarg das Geld seines Herrn. Nach langer Zeit nun kam der Herr jener Knechte und rechnete mit ihnen ab. Da trat der, der die fünf Talente erhalten hatte, herzu, brachte fünf weitere Talente und sagte: „Herr, fünf Talente hast du mir gegeben. Siehe, noch fünf weitere Talente habe ich gewonnen." Da sprach sein Herr zu ihm: „Recht so, du guter und getreuer Knecht, du bist über weniges treu gewesen, ich will dich über vieles setzen. Geh ein in die Freude deines Herrn!" Auch der mit den zwei Talenten trat herzu und sagte: „Herr, zwei Talente hast du mir übergeben. Siehe, noch zwei weitere Talente habe ich gewonnen." Da sprach sein Herr zu ihm: „Recht so, du guter und getreuer Knecht, du bist über weniges treu gewesen, ich will dich über vieles setzen. Geh ein in die Freude deines Herrn!" Da trat auch der herzu, der das eine Talent erhalten hatte, und sagte: „Herr, ich wußte, daß du ein harter Mann bist: du erntest, wo du nicht gesät, und sammelst, wo du nicht ausgestreut hast. Und ich fürchtete mich, ging hin und verbarg dein Talent in der Erde. Da hast du, was dir gehört." Sein Herr aber antwortete und sprach zu ihm: „Du schlechter und fauler Knecht. Du wußtest, daß ich ernte, wo ich nicht gesät, und sammle, wo ich nicht ausgestreut habe? Dann hättest du mein Geld auf der Bank anlegen sollen, und ich hätte bei meinem Kommen das Meine mit Zins zurückerhalten. Nehmt ihm also das Talent und gebt es dem, der die zehn Talente hat. Denn jedem, der hat, wird gegeben werden, und er wird Überfluß haben. Wer aber nicht hat, dem wird auch das, was er hat, genommen werden. Und den unnützen Knecht werft hinaus in die Finsternis draußen; da wird Heulen und Zähneknirschen sein."

Daß es darauf ankommt, daß jeder auf *seine* Weise, unter ungleichen Voraussetzungen, mit *seinen* Pfunden wuchern soll, wird hier als Anweisung für ein wertvolles Leben gegeben. Seelische Fülle, geistiger Reichtum wird denen verheißen, die sich darum bemühen, die ihnen verliehenen Gaben in diesem Leben einzusetzen, sich um ihre Verwirklichung zu bemühen. Als „faul" wird ein Mensch bezeichnet, der diesen „Dienst" scheut und seine Begabungen nicht zum Einsatz bringt. Die Frage, die sich in praxi daraus ergibt, lautet: Wie finde ich heraus, welches *meine* Pfunde, meine Begabungen sind?

Diese Frage stellen nachdenkliche Jugendliche regelmäßig über kurz oder lang, wenn sie psychagogischen Rat suchen. Dabei ist das im Grunde keineswegs ein Problem, das allein ins Jugendalter gehört; denn unsere Talente, unsere Aufgaben sind ja nichts Statisches, unwandelbar Festes. Sie verändern sich mit den Reifestufen, die wir durchlaufen, ja es ist geradezu ein Zeichen dafür, ob es uns gelungen ist, diese Phasen altersentsprechend bestanden zu haben, ob wir jeweils zu einer neuen, veränderten Aufgabenerfüllung in ihnen gekommen sind.

Dennoch erscheint es mir aufschlußreich, daß diese Frage so häufig am Anfang des Erwachsenenalters gestellt wird. Denn dieses Suchen nach einer optimalen Lebensgestaltung, nach einer bestmöglichen Passung zwischen Anlage, Fähigkeiten und ihrer Verwirklichung ist gleichzeitig ein Fragen nach optimaler Sinnfindung und ist damit das Zeichen eines suchenden Dranges in uns allen, in diesem Leben zu einem Ziel zu kommen, und zwar das zu vollziehen, wofür wir bestimmt sind, das Gesetz gehorsam zu erfüllen, nach dem wir angetreten sind. Auch wenn junge Menschen das Gleichnis von den Talenten nicht im Bewußtsein haben oder seinen Sinn, das Leben als einen Auftrag Gottes zu verstehen, ablehnen, fragt der Satz: „Wozu tauge ich?" nach einem Weg, die eigene Bestimmung zu erkennen und ihr zu folgen. Auch ohne Kenntnis, Verständnis oder Anerkennung des biblischen Textes ist in vielen Menschen heute noch das Bedürfnis vorhanden, „mit den Pfunden zu wuchern". Aber der Herr, so sagt unser Text, ist verreist, seine Knechte sind mit dem „Vermögen" allein – es ist außerordentlich schwierig, das Richtige zu tun, auch die „Knechte", verschiedene Menschentypen also, zeigen an ihrem Lebensende (so wird im Gleichnis des Tages der Abrechnung gesagt) unterschiedlich zu wertende Ergebnisse. Zwei haben etwas erreicht, der dritte gar nichts. Diese Gegebenheit, daß wir mit unseren oft noch nicht einmal sicher erkennbaren Gaben und Aufgaben am Beginn eigenständigen Erwachsenenlebens im Dunklen tappen, zeigt, daß der Mensch in diesem seinem Suchen Hilfe nötig hat. Denn ihm nützt sein spezieller Lebensauftrag nichts, wenn er ihn nicht erkennt. Dieses Erkennen ist besonders im Jugendalter dadurch erschwert, daß der Mensch auf dem Weg durch seine Kindheit manche Einschränkung, manche Drosselung lebenswichtiger Antriebe erfahren hat. In einer solchen Situation kann es geschehen, daß diese ungesättigten Antriebe sich in den Vordergrund drängen und den Berufswunsch bestimmen. So erlebte ich, daß ein Junge, der durch viele Diebereien bereits straffällig geworden war, unbedingt den Beruf des „Zuckerbäckers", wie er sich ausdrückte, ergreifen wollte. Seine Diebstähle und sein Berufswunsch aber waren auf dem gleichen Holz gewachsen: auf dem unbezwingbaren Drang, die „Süße" zu bekommen, die ihm an Liebe und Zuwendung in der Kindheit nicht zuteil geworden war. Nach der psychotherapeutischen Heilung dieser Stehlsucht änderte sich infolgedessen auch der Berufswunsch: Er entdeckte sein echtes Talent und wurde ein erfolgreicher Graphiker. Erfahrungen dieser Art zeigen, daß dem „Ausgraben des Talentes" bei vielen Menschen zunächst so etwas wie Selbsterfahrung, wie ein Kennenlernen auch der eigenen Schwächen und Seelenbeulen vorausgehen müßte, um klarer die eigene Lebensbestimmung erkennen zu können. Ein Mensch, der im Sinne unseres Gleichnisses nach einem sinnerfüllten Leben strebt, braucht also auch – und zwar am besten als ersten Schritt – Selbsterkenntnis. Im folgenden soll uns dieses Problem noch ein wenig beschäftigen, obgleich die Frage nach der Art und Weise der Lebensverwirklichung in dem vorangehenden Gleichnis nicht berücksichtigt wird. Es soll sich damit also keineswegs allein um eine Auslegung des Gleichnisses handeln, sondern um Informationen, die es mit Hilfe meiner Praxiserfahrung vielleicht leichter machen könnten, die Weisung unseres Gleichnisses zu erfüllen.

Bereits die Tatsache, daß die Frage: „Wozu tauge ich?" so häufig an einen Fachmann gestellt wird, daß man bei uns Hilfe sucht, ist eine Folge der Einsicht, daß die eigene Selbsterkenntnis immer merkwürdigen Verschleierungen anheimgegeben ist, daß man allein durch Nachdenken im stillen Kämmerchen mit dieser Frage selten zu einem Ende kommt, ja daß die Vorstellungen und Gedanken sich verwirren und in die Irre gehen. Es kommt bei diesem Nachdenken allein häufig entweder zu grotesken Überschätzungen, oft auch zu entmutigenden Unterschätzungen des Charakters, ja auch zu folgenschweren Fehleinschätzungen über die eigenen Begabungen. Aus solchen deprimierenden Einsichten läßt sich der Schluß ziehen, daß es für einen noch lebensungeübten Menschen oft notwendig ist, auf dem Weg dieses Suchens einen Gesprächspartner zu haben. Dabei hat sich nun aber gezeigt, daß nicht jeder beliebige Gesprächspartner in bezug auf dieses Fragen geeignet ist, eine echte Hilfe zu bieten. Diese Funktion kann er nur unter einigen unumgänglichen Voraussetzungen erfüllen. Zunächst einmal muß dieser Gesprächspartner in der Lage sein, von sich selbst abzusehen. Eltern, Familienangehörige sind deshalb in diesem Feld meistens besonders ungeeignete Ratgeber. Ohne es zu wollen, identifizieren sie sich mit ihrem Sohn, mit ihrer Tochter. „Du bist doch ein geborener Kaufmann", heißt es da zum Beispiel, ohne daß dem Vater, der das zu seinem Sohn sagt, bewußt wird, daß diese Bemerkung nicht auf dem Boden echter Beobachtung gewachsen ist, sondern der eigene heimliche Wunsch, doch lieber Kaufmann zu sein (statt Beamter), das drängende Motiv dieses Rates ist. Ja, gerade die besonders guten Eltern können den Weg ihrer Kinder zu sich selbst unter Umständen geradezu blockieren, indem die Jugendlichen mit allen Fasern ihrer Seele danach streben, *so* zu werden wie Vater und Mutter, ohne zunächst zu erkennen, daß sie selbst mit diesen geliebten Eltern nicht identisch sind, daß es dringend einer Selbstprüfung bedarf, wohin der *eigene* Weg, nicht der von Vater und Mutter, geht. Die oppositionelle Krise Pubertät hat zu einem großen Teil *diesen* positiven Sinn, ein unreflektiertes Übernehmen des Elternvorbildes nicht mit dem eigenen Weg zur Selbstverwirklichung zu verwechseln. Der Mensch, der in sich den Drang spürt, einem Lebensauftrag gerecht werden zu wollen, braucht also einen Partner, der von sich selbst abzusehen gelernt hat, der in der Lage ist, den Suchenden objektiv zu sehen, ohne den Weg durch Identifikation und Projektion seiner eigenen Problematik zu entstellen und zu gefährden.

Die Techniken der Psychoanalyse und Gesprächstherapie haben bewiesen, daß die Voraussetzungen, die individuellen Talente herauszufinden, weniger darin bestehen, einen aktiv voranschreitenden Seelenführer zu haben, sondern daß es vielmehr darauf ankommt, daß jemand da ist, der zuhören kann. Der Partner wird zu einem Spiegel, zu einem Echo, zu einem Gegenüber, das Re-flexion im wahrsten Sinne des Wortes erleichtert. Die Gedanken, die artikuliert werden und an den Gesprächspartner gerichtet sind, gehen in einem Raum der Hellhörigkeit zu dem Fragenden zurück und heben seine Problematik und seine Art und Weise, mit einem Partner umzugehen, in sein Bewußtsein. Im Grunde, so wird man erkennen, braucht eine solche Gesprächspartnerschaft keineswegs immer nur aus einem Fachmann und einem Suchenden zu bestehen. Der Partner kann auch ein Laie sein, er muß nur drei Eigenschaften haben: erstens muß er von sich selbst absehen, zweitens muß er zuhören und sich vollständig, auch in bezug auf die Antworten, auf die Fragestellung des anderen konzentrieren können, und drittens muß er in der Lage sein, den anderen liebend anzunehmen mit all seinen Charakterzügen – auch den unsympathischen – und trotz der Bekenntnisse seinen Fehler, Schwächen und barbarischen Handlungen. Das Aussprechen ist eine positive Möglichkeit, ohne Erklärungen oder Patentrezepte des Partners auf dem Weg zu sich selbst voranzukommen. Eine solche Funktion kann übrigens auch ein Tagebuch übernehmen, in das die Gedanken über sich selbst eingetragen und am nächsten Tag oder nach einigen Wochen noch einmal durchreflektiert werden.

Daß wir so große Schwierigkeiten haben, in bezug auf unsere

eigene Charakterstruktur zu einer klaren Einsicht zu kommen, liegt vor allem daran, daß unser Ich um sich herum einen Abwehrwall errichtet hat, um sich vor Verletzungen zu schützen. Nur eine einigermaßen stabile Selbstsicherheit macht es uns möglich, mutig unseren Alltag zu bestehen. Daher neigen wir dazu, die negativen Seiten unseres Charakters zu verdrängen. Die Schwierigkeit, Klarheit über uns zu gewinnen, hat ihre Ursache in einem biologisch gegründeten, höchst berechtigten Selbsterhaltungstrieb; aber zu einer einigermaßen objektiven Selbsteinschätzung können wir natürlich nur kommen, wenn wir es wagen, diesen sinnvollen Panzer zu durchbrechen und auch unsere Unausgeglichenheiten, unsere speziellen Schwächen und Triebnöte mit zu erkennen. Nur dann haben wir auch die Chance, zu einem allmählichen Selbsterziehungsprozeß mit Hilfe unserer Einsichten anzusetzen. Den Mut, ohne Beschönigungen in den Spiegel der eigenen Seele zu schauen, können wir aber leichter aufbringen, wenn wir uns vor Augen führen, daß wir nicht allein unter den Menschen mit Unvollkommenheiten und Schwächen behaftet sind, sondern daß alle unsere Mitmenschen ebenso ihre speziellen Schwierigkeiten und Seelenbeulen mit sich herumtragen. Ist diese Gegebenheit in unserem Bewußtsein, so hat es unser Selbsterhaltungstrieb nicht mehr so bitter nötig, unser Selbstwertgefühl zu verteidigen, denn es braucht sich dann unter den Mitmenschen nicht minderwertiger zu fühlen – denn um diese Selbstbeschädigung zu verhindern, besitzen wir den automatischen Selbstschutz des Verdrängens. Wollen wir aber zu uns selbst kommen, so müssen wir ihn abbauen.

Aber mit den Pfunden zu wuchern, das heißt eben nicht nur, wie uns das Christus-Gleichnis deutlich macht, die eigenen Schattenseiten in den Griff zu bekommen und an ihnen zu arbeiten – das sind erst die Voraussetzungen dazu –, es heißt darüber hinaus, zu erkennen, wie die besonderen, die besten Fähigkeiten aussehen, und zu versuchen, sie in die Lebensgestaltung einzubauen. Auf diesem Feld gibt es nun ein hilfreiches Kriterium, das uns gute Dienste erweisen kann: Die Freude und der Erfolg, mit denen wir konstruktive Tätigkeiten ausüben, können uns als Gradmesser dienen, um eine Begabung zu erkennen, die auf ihre Verwirklichung wartet. Zwar ist es möglich, daß geschickte Pädagogen uns zu Freude und Erfolg auf einem Sektor verholfen haben, zu dem wir nur mäßig oder ausreichend veranlagt sind, während eine andere große Begabung völlig ungeweckt auf dem Boden unserer Seele schlummert; aber es gibt ein weiteres Kriterium, um hier zu unterscheiden oder gar Unentwickeltes selbst zu entdecken: Das ist die dranghafte Lust, auch in der

Freizeit auf diesem Sektor tätig und ohne jeden Zwang an diesem Tun interessiert zu sein. Hier wach zu sein, auf den Drang aus dem Inneren zu achten, ihn zu üben und auszubauen, gehört zu den wesentlichen Voraussetzungen, um zu der eigenen Bestimmung zu kommen. Freilich gibt es auch Bestimmungen, die keineswegs zu einer Aufgabe führen, die die ganze Länge des Lebens in Anspruch nimmt. Es gibt auch begrenzte Aufgaben, die nach einigen Jahren erfüllt sind und durch andere ersetzt werden müssen. So kann ein kleines Mädchen im Grundschulalter schon in sich einen mächtigen Drang verspüren, mit Babys und kleinen Kindern umzugehen. Dieses Drängen zur Mutteraufgabe kann weit bis ins junge Erwachsenenalter stark im Vordergrund stehen und auch noch den Berufswunsch mitbestimmen; es pflegt aber um das fünfunddreißigste Lebensjahr deutlich abzusinken, um anderen Interessen zu weichen. Manche Kindergärtnerin ist in diesem Alter genötigt, ihren Beruf zu wechseln, weil er durch den Muttertrieb mitbestimmt war, der in seiner Intensität in dieser Lebensstufe abzunehmen pflegt und darum in eine unbezwingbare Berufsmüdigkeit führen kann. An diesem Beispiel zeigt sich aber vor allen Dingen, daß unser mit uns reifendes Selbst dazu nötigt, auch unsere Lebensformen zu wandeln. Es kann durchaus in die Selbstfindung ein und desselben Mannes gehören, aus einem vitalen, expansiven Drang heraus in seinen jungen Jahren als Matrose, als Kapitän oder als Schiffsarzt die Meere zu bereisen und sich als Sechzigjähriger in die stille Klause eines einsamen Hauses oder gar Klosters zurückzuziehen, um zu schreiben oder zu meditieren. Diese beiden so unterschiedlichen Tätigkeiten können in den verschiedenen Lebensphasen genau die passenden Wege zu einer optimalen Lebensgestaltung und Sinnfindung sein. Unumgänglich gehört aber zum Wesen der Selbstfindung, zu erkennen, daß die uns verliehenen Gaben eben – wie unser Gleichnis sagt – lediglich geliehen sind, daß optimale Lebensgestaltung heißt: Gott gehorsam zu sein.

Um sich selbst zu finden, müssen viele Menschen zuerst große Umwege gehen; denn nur wenige haben die Möglichkeit, schon am Beginn des Erwachsenenlebens so die Weichen zu stellen, daß der direkte Weg in die zentrale Bestimmung eingeschlagen werden kann. Das ist gewiß kein Unglück, denn „Gott schreibt gerade auch auf krummen Zeilen", sagt ein chinesisches Sprichwort. Der Umweg kann also die Voraussetzung sein zu guter Einsicht und Umkehr. Wichtig ist es für uns nur, daß wir unsere seelischen Ohren hellwach halten für das, was auf uns zukommt. Ein Irrweg kann an einer Krankheit, an einem psychosomatischen Leiden sichtbar werden.

Es tritt als Signal auf, um uns zu warnen. Eine neue Aufgabe kann sich in einem immer wiederkehrenden Traum ankündigen, eine bestimmende Zielrichtung kann durch die Begegnung mit einem Menschen schicksalswendend in Erscheinung treten.

Wenn wir in lebendiger Wandlungsfähigkeit immer neu unsere Bestimmung finden wollen, ist es nötig, den Zeichen, den Ereignissen, den Menschen auf unserem Lebensweg wach und nachdenkend zu begegnen. Wir haben nur dann Aussicht, uns selbst zu finden und damit unser Leben zu erfüllen, wenn wir nicht anmaßend die Vorstellung hegen, allein unseres Glückes Schmied zu sein. Es steht uns aber wohl an, uns zu bemühen, den Dingen, denen wir begegnen, fragend und auch entscheidungsbereit gegenüberzustehen, denn dann haben wir die Chance, zu erfahren, daß wir zu unserer Bestimmung hingelenkt, ja ebenso zielgerecht wie verborgen und freilassend, geleitet werden. Es kommt nur darauf an, die für jeden von uns ganz allein geöffneten Türen nicht in blindem Hochmut zu übersehen oder, wie es in der Sprache unseres Gleichnisses heißt, unser Talent nicht zu vergraben; die Welt („die Bank") soll mit ihm arbeiten – dafür müssen wir uns bereithalten.

In den Gleichnissen Jesu werden aber nicht nur die beiden eben geschilderten Aspekte: der Vorrang der Beziehung zu Gott und des höchstmöglichen Einsatzes der eigenen Begabungen hervorgehoben; der dritte mit großer Eindringlichkeit betonte Bereich, der den Sinn des Lebens nach Christus ausmacht, ist die Notwendigkeit zu helfen. Beispielhaft ist hier das Gleichnis vom barmherzigen Samariter, jenes Mannes, der einem Überfallenen am Weg erste Hilfe leistete und zu einer Krankenpflege verhalf – ohne Ansehen seiner Person, ohne Beachtung der Gegebenheit, daß es sich um einen Unbekannten handelte. Der Text lautet:

> „Ein Mann ging von Jerusalem hinab nach Jericho und fiel unter die Räuber; sie plünderten ihn aus, schlugen ihn, machten sich davon und ließen ihn halbtot liegen. Zufällig ging ein Priester denselben Weg hinab. Er sah ihn und ging vorüber. Ebenso kam ein Levit an der Stelle vorbei, sah ihn und ging vorüber. Ein Samariter aber, der des Weges zog, kam in seine Nähe, sah ihn und wurde von Mitleid bewegt. Er trat hinzu, verband seine Wunden und goß Öl und Wein darauf; dann setzte er ihn auf sein eigenes Lasttier, brachte ihn in eine Herberge und trug Sorge für ihn. Am nächsten Morgen zog er zwei Denare heraus, gab sie dem Wirt und sprach: ‚Trage Sorge für ihn, und was du noch darüber aufwenden wirst, will ich dir erstatten, wenn ich wiederkomme.' Welcher von diesen dreien scheint dir der Nächste geworden zu sein dem, welcher unter die Räuber fiel?" Jener

antwortete: „Der, welcher Barmherzigkeit an ihm geübt hat." Jesus sprach zu ihm: „Gehe hin und tu desgleichen."

Von diesem Anspruch fühlen wir uns alle gefordert. Und dennoch, das erfahren besonders alle die, die einen sozialen Beruf ergriffen haben, ist es oft eine außerordentlich komplizierte Angelegenheit, wirklich echte Hilfe zu geben. Denn der mit Wunden bedeckte Mensch in unserem Gleichnis weist ja nicht nur auf die Notwendigkeit der Hilfe bei körperlichen Leiden hin. Die Leiden und Wunden, die uns als Vorübergehenden auffordern, können auch seelischer Natur sein. Bei solchen Leiden können wir nun leicht die Erfahrung machen: Das gute Herz allein genügt nicht. Wollen wir uns nicht unversehens in der Rolle des Priesters oder des Leviten wiederfinden, die, aus welchem Motiv auch immer, an dem Hilfsbedürftigen vorübergingen, so brauchen wir heute neu ein Nachdenken über unsere Probleme des Helfens, ja wir brauchen zusätzlich Wissen um die Natur des Menschen und seiner speziellen Schwierigkeiten der Kommunikation in unserem technisierten Leben. Der folgende Abschnitt soll deshalb dem Versuch dienen, dem Aufruf Jesu zur Mitmenschlichkeit durch eine Analyse unserer Probleme des Helfens wirkungsvoller gerecht werden zu können.

Unsere Lebensform heute treibt uns zwangsläufig in die Isolation. Diese Entwicklung hat ihren Grund zu einem großen Teil gewiß darin, daß wir den Nachbarn keineswegs mehr in der gleichen Weise brauchen wie früher. Früher war man einfach wesentlich mehr aufeinander und auf die private gegenseitige Hilfe angewiesen – eben weil es noch keine organisierte Hilfe gab. Wenn die Frau in Kindsnöten lag, wenn die Kuh in den Graben gefallen war, der Karren sich im Schlamm festgefahren hatte, in Todesnot, bei Kriegsgefahr und Feuersbrunst – man war einfach genötigt, zusammenzustehen. Dadurch gab es auch viel mehr gegenseitiges Beieinanderanklopfen, gab es viel mehr Einblick hinter die Fassaden, durch das Aufeinanderangewiesensein auch viel mehr Motivation zur Gegenseitigkeit der Hilfeleistung.

Unser so prächtig durchorganisierter Sozialstaat hat *diese* Situation einerseits verbessert – die Schattenseiten werden erst allmählich sichtbar. Sie heißen auf diesem Feld: Verkümmerung der Kontakte und der Kontaktmöglichkeit. Einschränkung des Erlebens der Freude an gegenseitiger Hilfe in notvoller Bedrängnis und eben damit die Gefahr der Minderung, ja des Verlustes seelischer Substanz. Außerdem schafft die Unumgänglichkeit, beruflich, auf dem Weg zum Arbeitsplatz, im Wohnblock sehr nahe zusammen leben zu müssen, sehr viel mit Menschen zu tun zu haben – meist ohne daß wir das bewußt registrieren – ein Bedürfnis nach Anonymität, eine sich distanzierende Haltung. Jeder Mensch, je individueller er sich entfaltet hat, um so mehr, braucht um sich eine Zone der Ausbreitungsmöglichkeit, des Spielraums. Wird der auf ein ihm unerträgliches Übermaß herabgesetzt – so können Verhaltensforscher es bereits bei Ratten beweisen –, so gerät das Lebewesen in Gefahr, seelisch, ja körperlich zu erkranken. Tiere auf zu engem Raum gehen oft binnen kurzem ein. Schweine wie Menschen bekommen, wenn sie zu lange zu eng zusammengepfercht leben müssen, in hohen Prozentsätzen Herzinfarkte. Es ist also durchaus verständlich, daß aus einem Bedürfnis nach Lebenserhaltung immer mehr Isolationstendenzen auftreten, je enger wir Menschen zusammenleben. Aber die Isolation übertönt unser Kontaktbedürfnis, läßt uns in zunehmendem Maße einander fremd werden, verstärkt das Bestreben, Berufliches von Privatem zu trennen, die Türen hinter uns zu verschließen, den Einblick von außen abzuwehren, gewissermaßen die Gardinen zuzuziehen.

Das ist in unserer Situation ein lebensnotwendiges Bedürfnis, und deshalb haben wir ein Recht darauf. Aber ausschließlich und im Übermaß praktiziert, bedeutet es Gefahr: eben die Verfremdung des Menschlichen, die Entpersönlichung mitmenschlicher Beziehungen.

Doch selbst wenn wir uns dieser Einseitigkeit bewußt werden und uns bemühen, sie maßvoll einzuschränken, ergeben sich neue Schwierigkeiten: Sich einem anderen zu öffnen und von persönlicher Sorge zu sprechen, kann auch eine Preisgabe, eine Entblößung, kann Schwächung, ja Schädigung bedeuten, vor der sich der Hilfsbedürftige mit Recht fürchtet. Denn er ist in einem solchen Fall darauf angewiesen, daß der andere vertrauenswürdig ist, daß er das ihm geschenkte Vertrauen nicht mißbraucht, zum Beispiel, indem er sein Wissen um die Not des anderen als „Klatsch" weitergibt. Wollen wir mitmenschlicher miteinander werden, so brauchen wir ein neues Ethos der Verschwiegenheit in bezug auf vertrauliche Mitteilungen. Das setzt voraus, daß wir uns der Macht der Schadenfreude, die der Selbsterhöhung dient, bewußt sind und ihr begegnen, indem wir uns gemeinsam in kritischer Aufmerksamkeit gegen sie zur Wehr setzen.

Aber es gilt nicht nur, Widerstände aufzulösen, die es dem Hilfesuchenden erschweren, bei seinem „Nachbarn" Beistand zu finden. Auch der Hilfsbereite hat oft, ohne es selbst zu wissen, heimliche Widerstände, die ihn unter Umständen davon abhalten können, zu helfen: Das ist die nicht ganz unberechtigte Furcht, daß das Unglück „anstecken" könnte dergestalt, daß der Helfende durch die Totalität seiner inneren Beteiligung an der Not des anderen in eine Gestimmtheit des Erdrücktwerdens von Leid verfällt, die das Leben erschwert, ja Unglück heraufbeschwören könnte. Gefahren dieser Art lassen sich nur überwinden, indem es der Helfende bewußt vermeidet, durch Mit-leiden in ein Mit-anklagen zu geraten. Indem das Leid des anderen nicht nur als eine schäbige Tücke des Schicksals erlebt wird, sondern hier wie auch im eigenen Leben verstanden wird als eine Chance, um zu höherer Lebensreife gelangen zu dürfen, kann es vermieden werden, daß dem Helfenden aufgrund seiner Aktivität das Leben schließlich selbst „verleidet" wird.

Aber gegenseitige Hilfe scheitert nicht allein an den eben beschriebenen Blockaden. Der Impuls zur Hilfsbereitschaft wird bei vielen Menschen mit zunehmender Lebenserfahrung gedrosselt, und zwar durch das enttäuschende Erlebnis seiner Überforderung durch den Hilfsbedürftigen. Die Gefahr, an der eigenen Hilfsbereitschaft zugrunde zu gehen, wie ein Retter, der vom Klammergriff des Ertrinkenden in die Tiefe gezogen wird, bildet eine der massivsten Mauern gegen die Verwirklichung des Liebesgebotes in der Welt.

Die Vereinsamung der Hilfsbedürftigen kommt in einer großen Zahl der Fälle nicht nur dadurch zustande, daß der seelisch Kranke sich selbst zurückzieht, sondern dadurch, daß sein Überanspruch die Hilfsbereiten in eine abwehrende Haltung zwingt. Nach dem Selbstmord einer fünfundfünfzigjährigen Witwe berichtet deren Nachbarin Frau M.: „Mir lag im Grunde sogar selbst an einer freundschaftlichen Beziehung mit Frau Z., da ich auch alleinstehend bin. Aber sie ließ mir ja gar keine Luft zum Atmen. Es war so, als wenn sie mich in aller Freundschaft am liebsten aufgefressen hätte: Kaum kam ich von der Arbeit heim, so saß sie schon bei mir, sie paßte mich schon ab, wenn ich die Treppe heraufkam. Meistens hatte sie dann schon etwas zum Essen vorbereitet; aber häufig entsprach das gar nicht meinen Bedürfnissen – es war mir im Grunde zu viel, zu schwer, zu teuer –, aber sie hatte sich so viel Mühe gegeben, so daß ich es nicht zu sagen wagte. Ja, und dann ging sie nicht wieder. Man ist abends müde nach einem angestrengten Arbeitstag – und das lange Aufsitzen, es geht wohl einmal, aber doch nicht ständig. Außerdem klagte sie stundenlang über immer neue, sie ängstigende Schmerzen, obgleich die Ärzte anscheinend bei ihr nichts Gefährliches feststellen konnten. Ich bat sie auch, doch nun endlich schlafen zu gehen, aber das überhörte sie einfach; und wenn ich schließlich weit nach Mitternacht sehr energisch wurde, dann spielte sie die Beleidigte und knallte die Tür zu. Ich fühlte mich geradezu vergewaltigt von dieser Frau – ich mußte mich von ihr trennen, ich konnte es einfach nicht aushalten."

Dem tragischen Ende dieser Beziehung hätte vorgebeugt werden können, wenn Frau M. Kenntnis darüber gehabt hätte, daß ihre Nachbarin an einer seelischen Störung litt. Statt der berechtigten, aber unreflektierten Abwehrhandlungen hätte sie mit der Nachbarin in aller Freundschaft von ihren eigenen Bedürfnissen nach Ruhe und Entspannung sprechen und mit ihr einen Modus verabreden können, etwa einen Jour fix, einmal in der Woche mit gegenseitigen Besuchen und dergleichen „Verträge" mehr. Sie hätte aufgrund einer solchen Klarheit der Verabredungen bei neuen Übergriffen auf sie verweisen können und mit weniger Härte „nein" sagen können.

Bei Problemen dieser Art kommen wir nur weiter, wenn wir zur Kenntnis nehmen,
1. daß es ein Zeichen schwerer innerer Hilflosigkeit ist, wenn ein erwachsener Mensch klammernde, ja verschlingende, gierige, egoistische Riesenansprüche stellt, etwa immer mehr Zeit, mehr Geld, mehr Zuwendung haben will;
2. daß es ein verhängnisvoller Irrtum ist, zu meinen, Hilfsbereitschaft ließe sich verwirklichen, indem man diese Ansprüche so vollständig wie möglich erfüllt; alle noch so mächtigen Ströme von Hilfsbereitschaft sind hier erschöpfbar, ohne daß die Not sich wendet. Sie erweist sich als ein Faß ohne Boden, da das Unglück wie Pech zu kleben scheint und von dem Betroffenen auf diese Weise nicht weicht;
3. daß eine Verwirklichung langfristiger Hilfsaktionen ihre Voraussetzung hat im Abstecken von Grenzen, das heißt, daß zum Beispiel das Gespräch, die gemeinsame Unternehmung, die materielle Unterstützung auf ein vorher genau festgelegtes Maß beschränkt wird, so daß der Helfende durch seine Aktivität für den anderen nicht aus der Bahn seines eigenen Lebens herausgerissen wird.

Helfenden Menschen sollte klarwerden, daß eine solche scheinbare „Härte" kein Verstoß gegen die Liebe darstellt. Der Helfer, der den Hilfsbedürftigen praktisch von diesem selbst befreit, indem er ihm alle Verantwortung abnimmt und sie statt seiner übernimmt, endet meist in resignierter Enttäuschung am Undank des Beschenkten und an der Ergebnislosigkeit seiner helfenden Aktivität; denn diese Form der Hilfe bewirkt, daß der andere nicht reifen kann, sondern in passive Dauerbedürftigkeit oder in peinigende Aggressivität gegen seine „Retter" verfällt. Gegenseitige Hilfe wird zu neuer Not, wenn sie im Abladen, im Abwälzen und in Überbürdungen verharrt. Selbst der hilfreiche Samariter sorgt zwar für den Kranken, *verschiebt* seine Reise, aber gibt sie nicht vollkommen auf. Ausdrücklich wird beschrieben, daß der ersten Phase des totalen Einsatzes eine zweite folgt, die den Hilfsbedürftigen befristet sich selbst überläßt.

In bezug auf eine solche maßvolle Hilfe haben es Menschen in sozialen Berufen heute besonders schwer, weil die Zahl der Menschen mit einer übertreibenden Anspruchshaltung immer mehr zunimmt. Zu einem großen Teil ist das die Folge einer verwöhnenden Erziehung, die den Egoismus der Kinderjahre so bestärkt, daß er überbordet und die Möglichkeit zu einer Haltung mündiger Erwachsenheit, die sich bescheidet und Rücksicht nimmt, zu weitgehend einschränkt. Die überanspruchsvolle Fehleinstellung wird aber auch durch eine Überschätzung der Medizin hervorgerufen. Die Überbewertung des Leiblichen, damit auch der leiblichen Gesundheit und ihres ersten Handlangers, des Arztes, provoziert die Illusion, daß der Arzt und seine Helfer so schnell wie möglich alle Leiden aus der Welt, alle Krankheit fortzuretuschieren hätten. Können das die Helfer nicht, so scheint Empörung am Platze; denn dann muß das Fortbestehen der Krankheit eine Folge von rügenswerter Untüchtigkeit oder fachlicher Ignoranz sein. Da die Unabwendbarkeit des Todes in unserer Welt der Eigenmachbarkeit verdrängt wird, fehlt oft auch die Bereitschaft, unheilbare Krankheit als Schicksal anzunehmen und auf dem Boden einer kraftvollen religiösen Einstellung psychisch zu verarbeiten. Manche Patienten regredieren dann statt dessen auf den Status eines verzogenen, dauernd nörgelnden Kindes. In solchen Fällen kann man nicht dadurch echt hilfreich sein, daß man dem Kranken in masochistisch-übertriebener Dienstbereitschaft alle seine unangemessenen Wünsche erfüllt, sondern allein durch ein behutsames Führen in eine Einstellungsänderung hinein. Wir müssen versuchen, daran mitzuwirken, die Grenzen der Medizin als notwendig anzunehmen. Trotz aller ihrer Fortschritte wird sie niemals Herr über den Tod werden können. Grenzen dieser Art sind unumgänglich, so wissen wir bereits vom Mythos der Engelehen; denn daß wir „titanenhaft" hochmütig entarten, wenn uns Grenzen dieser Art nicht gesetzt werden, ist uralte Erfahrung des Menschen mit sich selbst. Deshalb eben ist dafür gesorgt, daß „die Bäume nicht in den Himmel wachsen".

Solche Probleme des Helfens machen deutlich, daß selbst Nächstenliebe zu einem zunehmend schwerer praktizierbaren Ideal wird, wenn man sie auf den „irdischen" sozialen Bereich eingrenzt. Selbst Brüderlichkeit wird zur Farce, geht im Kuckucksvogelgeschrei der Anspruchsvollen zugrunde, wenn sie ihren Aufhänger nicht in einer religiösen Grundeinstellung hat, die das Leben als Schicksalsdienst für Gott versteht. Deshalb ist die Utopie eines Sozialstaates, in dem alle bei möglichst geringem Einsatz möglichst viel haben, aus christlicher Sicht unzulässige Einseitigkeit, dadurch daß das Prinzip der Brüderlichkeit verabsolutiert wird. Denn das bedeutet eine gefährliche Verkürzung jenes Kapitels bei Lukas, in dem das Gleichnis vom barmherzigen Samariter dargestellt ist. Es ist unzulässig, den „Kopf" dieses Kapitels, seinen Anfang, aus dem Auge zu verlieren; denn dort heißt es:

> Und siehe, da stand ein Schriftgelehrter auf, versuchte ihn und sprach: Meister, was muß ich tun, daß ich das ewige Leben erwerbe? Er aber sprach zu ihm: Wie steht im Gesetz geschrieben? Wie liesest du? Er antwortete und sprach: „Du sollst Gott, deinen Herrn, lieben von ganzem Herzen, von ganzer Seele, von allen Kräften und von ganzem Gemüte und deinen Nächsten wie dich selbst." Er aber sprach zu ihm: Du hast recht geantwortet; tue das, so wirst du leben.

Säkularisierte soziale Utopien verstellen diese unumgängliche Priorität und gaukeln darüber hinaus die Illusion eines Schlaraffenlandes vor, die dem Menschen unbekömmlich ist, weil sie sinnvolle Aktivität lähmt. Deshalb wachsen in Wohlstandsgesellschaften mit einer durchorganisierten Versorgungsapparatur konsequenterweise die seelischen Nöte zur Springflut an. Sie sollen uns belehren, daß es eine Anmaßung ist, zu glauben, wir könnten ein besseres System zur Lebenserfüllung des Menschen erfinden, wir könnten Gott und den Sinn der Not in unserem Leben überspielen. Die Möglichkeit, wie die „Lilien auf dem Felde" ein sorgloses Dasein zu führen, werden wir – so zeigt unsere Wohlstandsverwahrlosung – niemals durch eine Umverteilung der materiellen Güter erreichen, sondern nur dadurch, daß wir, *wie* die Lilien, in schrankenlosem Gehorsam das Gesetz erfüllen, nach dem wir angetreten sind. Das Gleichnis von den Lilien auf dem Felde besagt ja nicht, daß wir schlampig und sorgenfrei verantwortungslos in den Tag hineinleben sollen, sondern es sagt ausdrücklich, daß uns unsere primitiven Lebensbedürfnisse erfüllt werden, wenn wir nur unser Leben in großem Ernst als Auftrag Gottes verstehen. Deshalb heißt es am Schluß dieses Gleichnisses: „Darum sollt ihr nicht sorgen und sagen: Was werden wir essen? Was werden wir trinken? Womit werden wir uns kleiden? Nach solchem allem trachten die Heiden... Trachtet am ersten nach dem Reich Gottes und nach *seiner* Gerechtigkeit, *so wird euch solches alles zufallen*" (Matth. 6,31–33).

Weil dies so ist, werden wir die schweren seelischen Nöte, die heute in zunehmendem Maße entstehen, selbst durch eine riesige

Quantifizierung sozialer Berufe, wie Sozialarbeiter, Psychologen, Psychotherapeuten und Pflegerinnen allein nicht in den Griff bekommen. Ohne die eben beschriebene Einstellung oder auch ein unbewußtes Leben aus *dieser* Kraft wird ihr Tun vergeblich sein müssen. Leider sieht unsere Situation auf diesem Feld mehr als traurig aus; denn wir machen die Erfahrung, daß die Berufswahl für soziale Arbeit heute in zunehmendem Maße von Menschen getroffen wird, die per Projektion ihre eigene unbewußte Hilfsbedürftigkeit durch den Beruf zu stillen trachten. Es sind viele junge Menschen darunter, die unter dem dunklen Drang stehen: „Es muß doch geholfen werden!", wobei sie keine Einsicht in ihre eigene Realität haben, die heißt: „*mir* müßte doch dringend geholfen werden, denn *ich* fühle mich leer, orientierungslos, ungeordnet, ja letztlich schwach, traurig und verzagt." Dieses Phänomen der sog. neurotischen Berufswahl ist in bezug auf die sozialen Berufe deshalb besonders tragisch, weil sie grundsätzlich ein besonders hohes Maß gesunder seelischer Kraft vom Menschen fordern. Ohne geradezu überschüssige seelische Stärke sind soziale Berufe nicht durchhaltbar. Ohne diese Voraussetzung gibt es keine Bewährung und keinen Erfolg in ihnen. Aber viele Schülerinnen, die heute Säuglingsschwester werden wollen, haben vor allem unbewußt ein Bedürfnis nach eigener säuglingshafter Versorgung, viele Studenten auf den Schulen für Sozialpädagogik fühlen sich vor allem als Zu-kurz-Gekommene (und sie sind es häufig auch, weil ihnen mütterliche Zuwendung fehlte) und schwenken aus unbewußter Habenichtshaltung in ihrer Arbeit dann die Fahne des Neides und der Rache, statt Liebe zu schenken. Wenn Sozialarbeiter ihren Dienst antreten, ohne ein unbewußtes Rachebedürfnis an den eigenen Eltern bewältigt zu haben, putschen sie (ohne das bewußt zu wollen) ihre jugendlichen Zöglinge zu Haß- und Rachegelüsten gegen die Eltern oder gegen die Beelzebub-Gesellschaft immer mehr auf, machen die Jugendlichen per Übertragung zu Handelnden der eigenen unbewußten Problematik. Auf diese Weise werden die Konflikte nicht gelöst, sondern verstärkt, die Teufelskreise der Vergeltung mobilisiert, statt ausgeschaltet. Solch eine Haltung bedeutet in der Sprache unseres Gleichnisses aber ein am Kranken Vorübergehen. Es hilft dem Kranken nicht, wenn wir die verfolgen, die ihn zusammenschlugen, während er verblutet. Das *Helfen* muß unsere Sache sein, nicht die Rache, lehrt uns unmißverständlich unser Gleichnis.

Damit soll nicht gesagt werden, daß *jeder* Mensch, der einen sozialen Beruf ergreift, in der eben geschilderten Weise selbst hilfsbedürftig ist. Der Wert von Hilfsbereitschaft soll durch diese Information über neurotische Helferhaltungen nicht angetastet werden; das wäre unzulässig. Denn selbst wenn Hilfe aufgrund einer eigenen Bedürftigkeit geleistet wird, bleibt sie ein Wert. Dennoch müssen wir uns klarmachen, daß blinder Eifer am falschen Platz auch Schaden anrichten kann und daß wir Maß und Wirksamkeit der sozialen Arbeit nur finden können, wenn wir als Helfer neben dem Erlernen von Wissen über seelische Erkrankungen, neben therapeutischen Techniken primär eine klare Orientierung und eine bescheidene Einstellung brauchen, die Einstellung, daß mit unserer Macht nicht viel getan ist, daß es Anmaßung bedeutet, für andere Schicksal zu spielen, daß wir aber gerufen sind, einer des anderen Lasten zu tragen.

In der Praxis ist das unendlich schwer, am schwersten offenbar in der „Nähe". Die eigene Hilfsbereitschaft zu verwirklichen, fällt in der Tat um so leichter, je mehr sie in die Ferne, je mehr sie auf ein abstraktes Gleis geschoben wird. Es läßt sich leichter gegen den Vietnamkrieg demonstrieren, als im häuslichen Bereich rücksichtsvoll und hilfreich zu sein. Die seelische Ausweglosigkeit eines Familienmitgliedes wird den Angehörigen häufig erst durch eine Katastrophe, durch Fortgehen oder Selbstmord sichtbar. Es ist leichter, mit Contergan-Kindern Mitleid zu haben, als mit der seelischen Ratlosigkeit eines eigenen Familienmitgliedes. Es ist leichter, die „Menschheit" zu lieben, als in konstanter Treue einen Menschen in der nächsten Umgebung. Warum ist das so besonders schwer? Sicher hat es in vielen Fällen etwas mit der unbewußten Abwehr gegen Überansprüche im oben beschriebenen Sinne zu tun. Aber darüber hinaus stehen solchem Helfen zwei weitere Widerstände entgegen: Der eine besteht in der Gefahr, unbewußt den Menschen der Umgebung (den Partner, die Kinder) gewissermaßen zu integrieren und sie in ihrer Eigenständigkeit gar nicht mehr zu sehen, sie illusionär als einen Teil des eigenen Ich zu erleben und ihre eigenständige Wirklichkeit gewissermaßen zu „vergessen". Die zweite Möglichkeit einer partiellen „Blindheit" gegen die Hilfsbedürftigkeit des Aller-„Nächsten" liegt darin, daß in jeder eng zusammenlebenden Gemeinschaft, ohne daß die Probleme bewußt gemacht werden, das Prinzip der Hackordnung vorrangig ist. Den „Willen zur Macht" gibt es nicht nur in der Weltgeschichte, sondern auch in den Familien und Gruppengemeinschaften der Menschen. Unreflektiert kann das primitive biologische Bedürfnis, die Schwäche eines anderen auszunutzen, um sich selbst einen höheren Rang zu erboxen, ein mächtiger Feind des Liebesgebotes sein. Ein Hin- und Herwogen des Machtkampfes nach Hühnerhofmanier kann unter

Menschen, die langfristig zusammenleben, nur vermieden werden, wenn sie, in der leidenschaftlichen Ablehnung, sich an ihre Biologie auszuliefern, auf solche Machtkämpfe verzichten und Kompetenzschwierigkeiten auf bewußter Ebene im Gespräch sine ira et studio regeln. Ohne ein solches Bewußtsein, ohne eine gemeinsame Einstellung der eben beschriebenen Art fehlen die Voraussetzungen zur Nächstenliebe in einer Dauergemeinschaft. Auch die Heranwachsenden in einer Familie müssen spätestens in der Vorpubertät über das Bedürfnis des Menschen nach Machtanmaßung aufgeklärt und auf die Notwendigkeit der Begrenzung des sich überdehnenden Egos in einer Gemeinschaft aufmerksam gemacht werden. Wir müssen unseren Kindern nicht nur ein Wissen um ihre Grund*rechte,* sondern auch über ihre Grund*pflichten* vermitteln, wenn sie im Sinne echter Nächstenliebe gemeinschaftsfähig werden sollen.

Besonders große Widerstände haben wir Menschen, jenen Familien offen und hilfsbereit entgegenzukommen, in denen ein Angehöriger geisteskrank ist. Ein Beispiel:

Wegen eines totalen Leistungsversagens wird einem vierzehnjährigen Mädchen von der Schule geraten, sich einer psychologischen Untersuchung zu unterziehen. Die durchgeführten Tests weisen auf eine schwere seelische Verletzung hin. Das Mädchen ist voller Angst, vor allem, so ergibt sich, hat es Furcht vor einem „kindertötenden Mann". Erstaunlicherweise ergibt nun die Befragung, daß es sich hier keineswegs, wie wir es so häufig sehen, um eine unangemessen übersteigerte Angst handelt, sondern daß sie auf der Basis einer schrecklichen, in der Wirklichkeit bestehenden Situation sich so eingeschliffen hat: Dieses Mädchen hat einen geisteskranken Vater, der zu Hause lebt und die Familie mit grausig-irren Szenen und echten Mordversuchen ängstigt. Die Mutter des Mädchens wird einbestellt und gefragt, warum sie denn für ihren Mann keine psychiatrische Hilfe gesucht habe. „Ja, um Himmels willen", ruft sie aus, „wie sollen wir denn das schaffen? Erstens sieht mein Mann doch überhaupt nicht ein, daß er krank ist, und wenn ich ihn gegen seinen Willen in die Landesheilanstalt bringen ließe – was für einen Wirbel würde das unter den Nachbarn und Bewohnern unseres Dorfes hervorrufen! Dann könnten wir unser kleines Geschäft sowieso gleich schließen und unsere Koffer packen. Unsere Kinder wären hier dann für alle Zeiten geächtet. Mit denen würde dann niemand mehr spielen, geschweige denn unsere Töchter zum Tanzen einladen oder gar als Ehepartner in Betracht ziehen. Ich kann unseren Kindern doch nicht *so* ihre Zukunft verbauen und der Familie die Existenzgrundlage nehmen. Wir haben noch einen zweiten, ähnlichen Fall im Dorf gehabt. Die Familie ist vollständig isoliert – nein, dann halten wir das Elend lieber aus und sehen zu, daß nichts von dem schrecklichen Verhalten meines Mannes in die Außenwelt dringt. Da er ja sehr menschenscheu ist und den Kontakt zu anderen meidet, ist seine Verstörtheit nach außen gut zu verbergen."

Es zeigte sich dann, daß der psychotische Zustand schon über ein Jahrzehnt bestand und für die Familie eine kaum erträgliche Dauerstreßsituation bedeutete. Erst durch den Zusammenbruch der Tochter konnte dem Kranken durch medikamentöse Beeinflussung, die der Psychiater der Beratungsstelle vornahm, zu einer Beruhigung verholfen werden, die schließlich auch dazu führte, daß er sich freiwillig in eine Dauerbehandlung begab.

Mir scheint es nötig, grundsätzlich einiges aus der Tragödie dieser Familie zu lernen. Denn wenn der Mann an Pocken oder Tuberkulose erkrankt wäre, hätten die Angehörigen eine so totale Ächtung nicht zu befürchten brauchen, wie sie sie durch die Geisteskrankheit in ihrer Familie erfahren mußten. Es erscheint dringend an der Zeit, darüber nachzudenken, warum die Hilfsbereitschaft und das Mitleid der Menschen angesichts eines so schweren Schicksals aushakt und einer Neigung zur Diffamierung Platz macht, die, wie in diesem Fall, unter Umständen eine Heilung des Kranken verhindern kann. Woran liegt das, und wie können wir das ändern?

Um ein solches unmenschliches Verhalten zu verstehen, ist es zunächst wichtig, zu wissen, daß wir Menschen alle noch von unserer Biologie her vorgegebenerweise Verhaltensmuster mit uns herumtragen, die dumpf und triebhaft darauf ausgerichtet sind, uns selbst und unsere Art zu erhalten. Im harten Kampf ums Dasein, dem die Lebewesen ausgesetzt sind, überstehen nur jene Arten, die gesund sind und mit Hilfe des Druckes der Auslese eine höchstmögliche Anpassung an die Bedingungen ihrer Umwelt zustande bringen. Deshalb gibt es unter vielen Tierarten das sogenannte Mobbing, das heißt den brutal in Erscheinung tretenden Mechanismus, das Kranke, das Fremde, das Andersaussehende zu verfolgen, zu verstoßen, der Gruppe fernzuhalten und damit seine Überlebenschancen einzuschränken. Dieser Mechanismus existiert auch in uns Menschen! Mit welch barbarischer Grausamkeit können Grundschulkinder noch heute ein gehbehindertes Kind ausschließen, wie sehr fallen sie hänselnd über einen Stotterer oder über ein kraushaarig-farbiges Kind her, wenn die Erwachsenen nicht aufpassen und sich nicht korrigierend und steuernd einschalten! Wie weit das Mobbing noch taufrisch in uns existiert, können wir auch bereits an unserem Modeverhalten ablesen, das heißt, wie sehr wir darauf bedacht sind, uns gleichartig zu kleiden, mit dem unbewußten und durchaus berechtigten Wunsch, nur ja nicht aufzufallen, um nicht einer höhnischen Ächtung und Isolierung ausgesetzt zu werden.

Bei der Verfemung Geisteskranker und ihrer Angehörigen (!) ist dieser Mechanismus nur noch sehr viel krasser, viel unmittelbarer und unverstellt sichtbar; denn hier kommt noch hinzu, daß das unberechenbare Verhalten der Kranken ängstigt. Und der primitive Mensch stößt unreflektiert das zurück, was ihn bedroht – und dazu gehört auch die Familie des Geisteskranken, denn – halb zu Recht – fürchtet man dumpf, daß die böse Dämonie des Kranken sich als ansteckend erweisen könnte und die Familie bereits infiziert habe. Das alles tritt nicht ins Bewußtsein: man diffamiert, isoliert und macht einen verachtenden Bogen um das gezeichnete Haus. Daß ein solches Verhalten wohl in bezug auf das „Tier im Menschen" seine Berechtigung haben mag, nie aber vor dem mitmenschlichen, brüderlichen Anspruch, den wir an uns Menschen zu stellen haben, das decken diese Zusammenhänge und solche Krankheitsverläufe wie der oben geschilderte auf: Vor allem können wir auf diese Weise an neuen schweren Störungen, wie sie die Tochter dieses Kranken zeigte, mitschuldig werden. Darüber hinaus sind sich die Wissenschaftler keineswegs, wie noch vor einigen Jahren, so sicher, daß die Geisteskrankheiten grundsätzlich Erbkrankheiten sind – sie können sich auch durch die Traumatisierung der Kinder von Generation zu Generation fortsetzen. Psychisch Kranke können für ein Kollektiv Gefahr, aber durch deren hohe, geniale Begabung auch Bereicherung bedeuten, auf deren Eliminierung von der Fortpflanzung man gar nicht bedacht sein dürfte. Darüber hinaus hat die Medizin im Feld der Heilung und Ruhigstellung von Geistesgestörten gerade in den letzten Jahrzehnten mit Hilfe der Entwicklung wirksamer Psychopharmaka große Fortschritte gemacht, so daß auf diese Weise die Entstehung manches familiären Teufelskreises durch das rasche Eingreifen des Arztes wirksam bekämpft werden kann. Geisteskrankheiten sind heute keine dämonischen Geißeln mehr, denen man sich geduckt-leidend hoffnungslos preiszugeben hat.

Damit Familien mit einer solchen Not zu der Hilfe kommen können, derer sie bedürftig sind – das zeigt unsere Geschichte –, haben sie das mitmenschliche, liebesbereite Verstehen von Nachbarn, Freunden und Bekannten nur allzu nötig.

Der Mensch hat die Aufgabe – das hat uns Christus gelehrt –, über das barbarische Ausleseverfahren der Natur in ihm und um ihn hinauszuwachsen. Wir haben heute die Möglichkeit, mit Hilfe von

Wissenschaft und Vernunft das Fortbestehen der Art Mensch in unser Planen und Nachdenken zu nehmen. Aber wir haben erst dann Aussicht, wirklich zum Menschsein zu reifen, wenn wir uns des tierischen Mechanismus in uns bewußt werden und unser Handeln nach einer gewissenhaften Prüfung auch noch anderen Kriterien unterwerfen als allein dem nach unserer Selbst- und Arterhaltung. Zu Menschen werden wir erst, wenn wir es schaffen, sie zugunsten einer neuen, menschlichen Aufgabe zu steuern, nämlich die Liebe zu unseren Mitmenschen und eben gerade auch zu den Schwachen, Randständigen, Kranken – selbst zu den unheimlichen und entstellten Kranken – zu mehren.

Psychische Heilung und religiöse Erneuerung

Bei der Betreuung psychisch Kranker läßt sich häufig die Erfahrung machen, daß mit der Auflösung der inneren Schwierigkeiten – ohne jede Beeinflussung in dieser Richtung – ein Offenwerden für religiöse Gefühle einsetzt, das im Auftauchen religiöser Träume seinen Niederschlag finden kann. Es ist, als ob die fortschreitende Gesundung auch religiöse Erlebnisfähigkeit mit einschließt, als ob der Abbau seelischer Verhärtungen eine autochthone religiöse Empfindungsmöglichkeit freisetzt. Die psychische Heilung gleicht einem Unterscheidungsvorgang zwischen Wesentlichem und Unwesentlichem, gleicht dem Finden der „Perle", dem Erkennen des Lebens als Dienst. Psychisch Kranke rotieren qualvoll um sich selbst, alle ihre Gedanken sind von der Beschäftigung mit den eigenen Problemen oder Leiden absorbiert, und ihre Heilung wird von ihnen in der Tat als eine Wiedergeburt aus „Wasser und Geist" erlebt, weil es ihnen möglich wird, über den Tellerrand ihres krankhaften Egoismus hinausblicken zu können. Ein Beispiel:

Hannelore suchte mich aus eigenem Antrieb auf. Sie war seit längerer Zeit als Sekretärin in einem Schreibbüro tätig und wohnte – noch als einziges Kind – bei ihrer Mutter. Der Vater war gestorben, als Hannelore neun Jahre alt war. Sie berichtete, daß sie sich wie stumpf und leer fühle, daß es ihr außerordentlich schwerfiele, die unbekümmerte Heiterkeit ihrer Arbeitskameradinnen nachzuempfinden oder gar an ihr teilzunehmen, daß sie sich andererseits sehr schnell von ihnen verletzt fühle und dann große Mühe habe, ihnen nicht feindlich zu begegnen. Außerdem werde sie von einer merkwürdigen Angewohnheit gequält: Sie müsse immerzu Gegenstände abzählen, wobei sie in große Beunruhigung fiele, wenn sich eine ungerade Zahl ergäbe.

Da Hannelore den intensiven Wunsch hatte, diese ihre Lebensschwierigkeiten auszuräumen, kam sie drei Jahre lang regelmäßig zu mir. Sie berichtete von ihren Nöten im Alltag, zunehmend auch von solchen in ihrer Kindheit, und sie brachte eine Fülle von Träumen mit in die Betreuungsstunden. Es zeigte sich dabei, daß die äußerlich so „brave" Tochter unbewußt eine riesige Menge schwerer, gestauter, geradezu mörderischer Aggressionen gegen die Mutter hatte, die in ihrer Kindheit den Anfang genommen hatten; denn damals hatte diese Mutter praktisch keine Zeit für ihre Kinder gehabt. Die Eltern besaßen ein Lebensmittelgeschäft, in das die Mutter ununterbrochen mit eingespannt war. Die Kinder liefen nebenher, wurden unzureichend von Dienstboten versorgt; aber die Mutter versuchte dennoch – barsch und kommandierend –, die Kinder zu „ordentlichen Menschen" zu erziehen. Hannelore berichtet: „Meine Mutter schrie bei der geringsten Kleinigkeit: ,Ich tue alles für euch, und ihr seid so ungezogen. Wenn du eine gute Tochter wärst, hättest du das nicht getan!' Ich fühlte mich schlecht und ausgestoßen", sagt Hannelore und erzählt in diesem Zusammenhang einen Traum: „Ich stehe im Geschäft meiner Eltern, das sie damals hatten. Ich sehe, daß überall Lebensmittel aufgestapelt sind. Aber es kriecht überall Gewürm darauf herum. Die Lebensmittel sind verdorben. Sie sind mir eklig."

Dieser Traum sagt deutlich in der Bildersprache, daß der kleinen Hannelore durch den Zeitmangel und die lieblose Härte der Mutter ihre „Lebensmittel", die seelischen Kräfte zum Leben, verdorben wurden. Sie fühlte sich nicht geliebt, so daß ihr die Fähigkeit, selbst zu lieben, in zunehmendem Maße „verekelt" wurde. Immer mehr erhellt sich dann auch im Verlauf der Betreuung der Sinn des Zählzwanges: Er entpuppt sich als ein Abwehrmechanismus, um mörderische Aggressionen gegen die Mutter nicht zuzulassen. Hannelore fällt zum Beispiel in diesem Zusammenhang ein, daß sie sich voller Entsetzen an einen Schrei ihrer Mutter in einer Nacht erinnere. Das Kind Hannelore sei hochgefahren und habe die Mutter ängstlich gefragt, was ihr geschehen sei, worauf diese erklärt habe, sie hätte vergessen, eine Haarnadel aus dem Haar zu ziehen; diese habe sie nun in den Kopf gestochen. Hannelore erinnert sich, daß sie sich merkwürdigerweise in bezug auf diese stechende Haarnadel schuldig gefühlt habe. Um diese Zeit habe sie häufig das Zählspiel: „Wieviel Löcher hast du im Kopf" gespielt. Sie habe nun das Gefühl, sie sei schuld, daß Mutter ein achtes – womöglich tödliches – Loch im Kopf habe. Sie erinnert sich auch an ihren Einschulungsgottesdienst. Sie sei eines von den wenigen Kindern gewesen, die nicht von ihren Müttern begleitet wurden, worüber sie wütend und traurig gewesen war. Während der Predigt des Pfarrers habe dann das Bedürfnis zu zählen mächtig eingesetzt. Sie zählte zum Beispiel die bunten Glasscheiben, und wo sich bei einem Fenster keine gerade Zahl ergab, setzte sie jetzt spontan das Wort „Kreuz" hinzu, was ihr zu einem Stück Beruhigung verhalf. Solche Rituale bildeten also einen Schutz gegen die Tötungswünsche des kleinen Mädchens.

In dem Maß, wie die Abwehr gegen negative Gefühle von Haß und Mordtendenzen im Erleben des Kindes zunehmend mehr bestimmend wurde, wuchsen als Ausdruck der chronischen Abwehr Stimmungen von Leere und Gleichgültigkeit. Hannelore erlebte – bereits mit einem Stück Entsetzen und Leiden an sich selbst –, daß sowohl der Tod ihres Vaters als auch der der geliebten Großmutter keine Gefühle der Trauer in ihr weckten; sie fühlte, daß sie „versteinerte". „Der Konfirmandenunterricht, die Konfirmation gingen an mir vorüber, ohne mich im geringsten zu berühren", schildert Hannelore. „Ja, mehrere Male ging ich auch in die Kirche in der Hoffnung, daß dort etwas mit mir geschehen würde, das mich von dieser Kälte befreien würde. Aber nichts geschah, alles wurde nur noch schlimmer." Diese Gefühlsverhärtung konnte von der jungen Frau erst weichen, nachdem, in großer Erschütterung, die Wut, die Schuldgefühle und ihre Abwehr bewußt gemacht und mit ihr durchgestanden worden waren. In einem Brief berichtet Hannelore über solch umwandelndes Erleben nach einer Betreuungsstunde:

„Als ich gestern von Ihnen wegging, war ich ziemlich ruhig, aber im Bus kam dann noch einmal ein Angstanfall. Ich dachte, ich müßte wieder aussteigen, um ‚für alle Fälle' in Ihrer Nähe zu sein. Ich glaubte, keine Luft mehr zu bekommen und ohnmächtig zu werden. Dazu hatte ich das Gefühl, an Armen und Beinen gelähmt zu werden. Ich versuchte ruhig zu werden und machte mir klar, daß der Körper so reagierte, weil ich eben mit allen Mitteln in Ihrer Nähe bleiben wollte. Das half. Es gelang mir – wie Sie mir geraten hatten –, die Angst aus dem Körper herausfließen zu lassen. Dabei dachte ich: ‚Es passiert nichts. Ich werde getragen. Ich weiß nicht, was mich trägt, aber ich kann mich fallenlassen und ganz ruhig sein.' Nach wenigen Minuten war die Angst überwunden. Zum erstenmal hatte ich das Gefühl, selbst nichts tun zu müssen, nicht krampfhaft gegen ein Schwächegefühl ankämpfen zu müssen, sondern mich fallenlassen zu dürfen. Ich weiß nicht, ob ich es richtig beschreibe: Ich hatte das Gefühl, in der Natur aufzugehen. Ach nein, das ist dumm gesagt – ich kann es nicht wiedergeben, was ich empfand. Ich glaube, dieses Gefühl des Getragenwerdens habe ich aus dem Erlebnis mitgenommen, daß Sie die schreckliche Angst mit mir durchgestanden haben. Es war, als ob eine ungeheure Last von mir abfiel (ich möchte es besser sagen können, nicht mit so abgedroschenen Worten), ich fühlte mich unendlich befreit – *und so geliebt.* Nach dieser Stunde kam das Gefühl des von Gott Getragenwerdens, und ich hatte zum erstenmal das Bedürfnis, Ihnen etwas Gutes zu tun, etwas zurückzugeben."

Im Zusammenhang mit diesem Erleben folgten dann drei Träume:

1. „Ich stehe mit einem alten Mann am Fuße einer kleinen Treppe. Mein linker Fuß hat sich in einem Draht verfangen, der sich um den Absatz meines Schuhs gewickelt hat. Eine Frau, die einen Kinderwagen schiebt, will mir behilflich sein. Sie versucht, mich von dem Draht zu befreien. Ich sage: ‚Ach, lassen Sie nur, ich kann ja den Schuh ausziehen und dann den Draht alleine entfernen!' Aber die Frau bückt sich und löst den Draht. Ich bedanke mich freundlich und wundere mich, daß die Frau, die so hilfsbereit ist, mir nun auch noch freundlich zunickt."

2. „Christus kommt aus der Luft zur Erde hinunter. Sein Bart ist sehr dunkel. Er läßt sich in die Arme dreier Menschen fallen, mit dem Rücken zu ihnen. Ich glaube, es sind zwei Frauen und ein Mann. Sie fangen ihn auf. Wie – er wird von den Menschen aufgefangen? Ich dachte, er würde die Menschen auffangen. Jetzt gibt sich Christus einen Ruck mit dem Oberkörper, dreht sich herum, und sein Gesicht ist nun den drei Menschen zugewandt. Er umarmt sie. – Ach, so ist das: Zuerst müssen die Menschen Christus auffangen, und dann umarmt er sie."

3. „Hoch in der Luft erblicken wir eine Christusfigur, ein Kruzifix. Es ist an einem Drahtseil befestigt, das von der Erde schräg nach oben führt, man kann aber nicht sehen, wo es oben befestigt ist. Die Christusfigur wirkt großartig und erhaben. Ich sage erschrocken: ‚O Gott!' Mein Begleiter ruft ebenso erschüttert aus: ‚O Gott!' Warum haben sie hier eine Christusfigur angebracht? Findet denn in unserer Stadt eine Feier statt, vielleicht eine Tausendjahrfeier oder ein Kirchentag? – Aber da ist ja noch eine Christusfigur, noch großartiger, noch erhabener! Plötzlich sehen wir, tief erschrocken, wie Christus seine rechte Hand hebt und sie langsam zu seinem Kopf führt. Wieder rufe ich aus: ‚O Gott! Sehen Sie nur: sie machen ihn lebend!' Christus läßt seine Hand nach unten sinken, legt sie eng an seinen Körper, den er hoch aufrichtet, als wolle er sagen: ‚Seht, hier stehe ich!' Aber er ist ja bekleidet! Wahrhaftig, er trägt einen Arbeitsanzug und darüber eine Schürze, und auf dem Kopf hat er ein hübsches buntes Tuch, das im Nacken zusammengebunden ist. Nun ja, unsere Stadt ist von Agrarland umgeben, deshalb haben sie wohl zum Kirchentag einen ‚Feldarbeiter-Christus' aufgestellt. Das war ein guter Einfall. Die Figur nimmt jetzt immer mehr die Gestalt

eines Menschen aus Fleisch und Blut an. Jetzt steigt Christus sogar von dem Mast herunter und geht in den Wald."

Besonders der letzte Traum zeigt, daß für Hannelore Christus keine leere Attrappe mehr ist, daß er „herabgestiegen" und in ihr lebendig geworden ist dergestalt, daß die Kräfte der Liebe, der Vergebung und der Opferbereitschaft wieder wach geworden sind und ihr die Möglichkeit geben zu einem erfüllten Leben. Inzwischen hat sich die junge Frau in schmerzhaften Etappen innerlich aus der ambivalenten Abhängigkeit von der Mutter befreit und kann selbst ihr wie auch den anderen Menschen ihrer Umgebung in toleranter, aber ich-starker Mitmenschlichkeit begegnen.

Endzeit als existentielle Erfahrung

Eine tiefenpsychologische Deutung der apokalyptischen Visionen

Wie sollen wir die Offenbarungen des Johannes verstehen? Als Halluzinationen eines Schizophrenen, als die drangvollen, aggressiv-rachsüchtigen Wunsch-Tagträume eines Gefangenen und Verfolgten? Ein Psychiater wird kaum abstreiten können, daß das im Bereich des Möglichen liegt – hörte Johannes doch offenbar Stimmen, sah Gestalten, erlebte bewegtes Geschehen, vernahm Gesang, Posaunenklänge und Donnerschläge, ließ sich führen und nahm Befehle entgegen, die er gehorsam ausführte. Sind das nicht alles Anzeichen für eine Erkrankung, die man üblicherweise als „geistige Umnachtung" kennzeichnet? Aber so zutreffend die einzelnen Erscheinungen auch sein mögen, um nach der Lehre von den Geisteskrankheiten eine psychiatrische Diagnose zu rechtfertigen, so bleibt der Wert der Aussage, der Wahrheitsgehalt dieser Gesichte davon gänzlich unangetastet; denn in diesen Bildern wird in großer Fülle und Vielfalt der Sieg des Guten über das Böse, des Lichtes über die Finsternis in Form eines mächtigen Gerichtes durch Christus und eine Verbannung des Satans dargestellt. Schlüsselt man die einzelnen Gestalten, Vorgänge und Gegenstände auf, indem man die mythische Bildersprache übersetzt, so zeigt sich, daß hier in archetypischer Weise das Welt- und Menschendrama schlechthin dargestellt ist. Die Apokalypse ist zeitlos, ist lebendige, zeitnahe Wirklichkeit. Sie kann sich als inneres Seelendrama jeden Tag immer neu in jedem einzelnen vollziehen, sie hat sich hundertfältig als schweres kollektives Schicksal vollzogen – und es bleibt durchaus dahingestellt, ob nicht vielleicht in der Tat ganz objektiv die „kleine" Apokalypse des einzelnen und der Völker dramatische Vorwegnahmen sind einer Endzeit, der die Menschheit tatsächlich entgegengeht. Jedenfalls ist sicher, daß die großen Visionen des Johannes keineswegs als gruselig-krankhafte Phantasie anzusehen sind, die jeder wahren Prophetie entbehren, sondern daß sie als eine Realisation des großen Geistkampfes, der in dieser Welt stattfindet, zu verstehen sind und daß sie uns wohl gestatten, Wegweiser für unser eigenes Verhalten zu finden. Damit das auch uns Menschen heute, uns Verintellektualisierten, „Verkopften", möglich ist, uns, denen der unmittelbare Zugang zum Mythos verstellt ist, will ich versuchen, die mythischen Bilder in unsere „Sprache" zu übersetzen und damit besser verstehbar zu machen.

Die Offenbarungen setzen mit einer über alle Maßen mächtigen, schönen und gleißend-lichtvollen Erscheinung Christi ein.

> „Da wandte ich mich um, die Stimme zu sehen, die mit mir sprach; und wie ich mich umgewandt hatte, sah ich sieben goldene Leuchter und inmitten der Leuchter einen gleich einem Menschensohn, angetan mit wallendem Gewand und um die Brust gegürtet mit goldenem Gürtel. Sein Haupt aber und seine Haare waren weiß wie schneeweiße Wolle und seine Augen wie eine Feuerflamme; und seine Füße glichen dem Glanzerz, als wäre es in der Esse zum Glühen gebracht, und seine Stimme klang wie das Rauschen vieler Wasser. Und in seiner rechten Hand hielt er sieben Sterne, und aus seinem Munde ging ein scharfes, zweischneidiges Schwert hervor, und sein Antlitz war, wie wenn die Sonne scheint in ihrer Kraft."

Mythologisch sind das Licht und Lichterscheinungen, die „Helle" schlechthin Symbol für eine innere „Erleuchtung", für das Gehobensein auf eine neue Bewußtseinsebene, für höchste Klarheit des Geistes. Johannes befindet sich in einem Zustand absoluter Durchdrungenheit vom Geist Christi, von Liebe, Opfer- und Vergebungsbereitschaft – in einem solchen Maße, daß davon die Kraft verwandelnder Erleuchtung ausgeht. Das wird im Symbol der sieben Leuchter, von denen Christus umgeben ist, und in den sieben Sternen, die er in der Hand hält, ausgesagt. Die Zahl Sieben ist mythologisch die Zahl der Wandlung, der stufenhaft vorangegangenen Entwicklung, der die Veränderung zur Vollendung bevorsteht. Bildhaft wird hier wie einleitend darauf hingewiesen, daß ein Stadium des letzten Durchganges zu einer Endgültigkeit erreicht ist. Auch die Einzelheiten der Erscheinung Christi tragen bildhaften Aussagewert: Sein langes Gewand ist ein Symbol für Schönheit und Kultiviertheit, der goldene Gürtel um die Brust ist ein Zeichen geistiger Kostbarkeit, der inneren Sammlung und der zentralen Bedeutung dessen, was dem Johannes verkündet werden wird; daß Haupt und Haar Christi weiß wie Wolle und Schnee waren, soll die Reinheit, die Wärme und Kälte in einem umschließt und die „Weisheit" der Erkenntnis, die offenbart werden soll, aufzeigen. Daß die Augen wie Feuerflammen sind, läßt deutlich werden, daß diese Einsicht hohe emotionale Kraft besitzt; die Füße von rotglühendem Messing sind Ausdruck der feurigen Leidenschaft des vertretenen Standpunktes, und die sieben Sterne in der rechten Hand lassen auf Tatkraft und Initiative zur Wandlung schließen. Besonders eindeutig tritt die Bildhaftigkeit dieser Aussagen in der Tatsache hervor, daß aus seinem Munde ein scharfes, zweischneidiges Schwert hervorging. Dieses Symbol deutet doppelt verstärkt verbale Entschiedenheit, Bekennermut und die Notwendigkeit einer scharfen polaren Trennung zwischen Gut und Böse an. Eine solche Haltung der klaren, kompromißlosen Entscheidung ist das Kriterium einer hohen Bewußtseinsstufe, in Katastrophenzeiten ebensosehr wie in inneren Krisensituationen des einzelnen Menschen. Daß die Stimme Christi „wie großes Wasserrauschen" ist und sein Antlitz „wie helle Sonne leuchtet", zeigt die Mächtigkeit der Erleuchtung, die berauschende Kraft der Erkenntnis der Wahrheit an.

In Gestalt von sieben Briefen an sieben Gemeinden, die Christus dem Johannes diktiert, werden jetzt die sieben Phasen zu einer endgültig verwandelnden Bewußtseinsebene beschrieben: Die erste Stufe besteht außer in der Wahrung von Geduld und der bewußten Entlarvung des Bösen (in Gestalt der Entlarvung der falschen Apostel als Lügner) in der Erhaltung der lebendigen Liebe zu Christus, das heißt zu der stetigen Bereitschaft, sein Leben in den Dienst göttlichen Geistes zu stellen.

Die zweite Phase besteht im Ertragen von Lästerung, Verfolgung, Gefangenschaft, also im treuen Durchhalten; die dritte in klarer Abgrenzung von jenen Menschen, die von satanischem Geist umgetrieben werden, die vierte in der Forderung nach Zucht und Selbstbeherrschung. Wie in vielen Berichten der Heiligen Schrift wird das Bild der Hure zum Symbol des Heidentums, der Abtrünnigkeit, ungebremster Zuchtlosigkeit und Genußsucht. Ordnungs- und Treulosigkeit abzulegen gilt als eine unausweichliche Voraussetzung zu einem positiven Bestehen der Wandlungsproben.
Deshalb heißt es:

> „Siehe, ich werfe sie (das Weib Isabel) in ein Bett und die mit ihr die Ehe gebrochen haben in große Trübsal, wo sie nicht Buße tun für ihre Werke, und ihre Kinder will ich zu Tode schlagen."

Diese furchtbare Drohung bezieht sich sicher nicht nur auf eine bestimmte Predigerin allein, die in Thyatira die Lehre der Nikolaiten verbreitet, sondern sie trifft sehr viel allgemeiner zu als Kennzeichnung einer Gefahr, der jeder Renegat grundsätzlich ausgesetzt ist: Das Verderben ist eine Folge des zuchtlosen Abgefallenseins von Gott.

Auf der fünften und sechsten Stufe – dargestellt in einem Brief

Christi an die Gemeinden von Sardes und Philadelphia – wird die Notwendigkeit durchhaltender Treue noch einmal in den Mittelpunkt gestellt, als Voraussetzung für Reinigung, Erlösung und die Gewinnung des „ewigen Lebens". So heißt es:

> „Wer überwindet, der soll mit weißen Kleidern angetan werden, und ich werde seinen Namen nicht austilgen aus dem Buch des Lebens..."

Im letzten Brief wird mit großer Eindringlichkeit die Forderung nach Entschiedenheit gestellt und jeder laue Kompromiß verdammt:

> „Ach, daß du kalt *oder* warm wärest! Weil du aber lau bist und weder kalt noch warm, werde ich dich ausspeien aus meinem Munde."

Und dann wird eine Einstellungsänderung gefordert, eine Hinwendung zum Geist Christi („ach, daß du Gold von *mir* kaufst"), leidenschaftliche Zuwendung zum Glauben („das mit Feuer durchläutert ist, und daß du reich werdest") und eine Reinigung des Geistes („und weiße Kleider antust und nicht offenbar werde die Schande deiner Blöße"). So wie die weiße Farbe der Kleider hier den Prozeß der Umwandlung zur Reinheit symbolisiert, so bedeutet seit der Geschichte vom Sündenfall das Sichtbarwerden der Genitalien ein Bewußtwerden, das den Menschen gefährdenden Verhaftet- und Ausgeliefertsein an seine Triebhaftigkeit. Das Bedecken mit weißen Kleidern zeigt den Vorgang einer Kultivierung und Veredelung des Triebbereiches im Menschen an. Veredelungsprozesse dieser Art bereiten neue Klarheit der Erkenntnis vor: „Salbe deine Augen mit Augensalbe, daß du sehen mögest." Besonders in diesem Bild wird deutlich, daß die Aufforderungen nicht wörtlich gemeint sind, daß es sich hier nicht um eine Pflege des Organs Auge handelt, um besser Sinnlich-Wahrnehmbares zu erfassen, sondern daß es sich um die Aufforderung zu einer Einstellungsänderung handelt, die Hellsichtigkeit ermöglichen soll. In den folgenden Versen wird noch einmal klar herausgestellt, auf welche Weise dieser Vorgang erreicht werden kann:

> „Welche ich liebhabe, die strafe und züchtige ich. So sei nun *fleißig* und tue Buße. Siehe, ich stehe vor der Tür und klopfe an. So jemand meine Stimme hören wird und die Tür auftun, zu dem werde ich eingehen und das Abendmahl mit ihm halten und er mit mir."

In diesen Versen wird – genauso wie bereits bei Hiob im Alten Testament – das Leid, das schwere Schicksal als eine Auszeichnung verstanden. Denn die Not bietet eine Chance zur Selbstbesinnung, zum Erkennen der eigenen Nachlässigkeit und Schuld. Gerade die Härte eines furchtbaren Geschicks darf noch als eine Liebestat Christi verstanden werden; denn es ist gerade die Ausweglosigkeit, die Via regia, der königliche Weg zur Erleuchtung, da sie bußfertig macht. Die Schuld nicht mehr bei den anderen, sondern bei sich selbst zu suchen, ist die Voraussetzung dafür, in eine Kommunikation mit Christus zu kommen (im Abendmahl ausgedrückt), die es dem Menschen ermöglicht, nicht mehr von der Last seiner Einsicht erdrückt zu werden, sondern selbst vom Geist der Liebe durchdrungen zu werden.

Erkenntnisse dieser Art sind uns heute nahezu abhanden gekommen. Not als Chance, Strafe als Liebestat scheinen uns grundsätzlich nur noch als barbarische Vorstellungen. Lebensschwierigkeiten sind uns grundsätzlich ein Zeichen für unsoziale Gesellschaftsstrukturen, denen man den „schwarzen Peter" zuschiebt. Die Bibel sagt uns anderes und, wie die Psychotherapie bestätigen kann, Besseres, Heilsameres: Ohne die Einstellung, selbst erst einmal die Verantwortung auf sich zu nehmen, sich selbst erst einmal kritisch zu betrachten, haben wir wenig Chancen, im unvermeidlichen Gericht unseres Lebens zu bestehen.

Die Verheißungen der Offenbarungen Johanni, die nach einer solchen Einleitung erfolgen, bedeuten in der Tat Vollendung, wie es im nächsten Kapitel aufgezeigt wird: Sie führen dazu, Gott zu schauen, führen in den Kern allerhöchster geistiger Kostbarkeit. Um diese Kostbarkeit zu verdeutlichen, wird Gott im Bild des Edelsteins dargestellt:

> „Und siehe, ein Stuhl war gesetzt im Himmel, und auf dem Stuhl saß einer, und der da saß, war gleich anzusehen wie der Stein Jaspis und Sarder, und ein Regenbogen war um den Stuhl, gleich anzusehen wie ein Smaragd."

Höchste innere Klarheit ist auf diese Weise bildhaft ausgedrückt. Das Bild des durchsichtigen Steines als Symbol für absolute geistige Klarheit und feste Wertigkeit begegnet uns nicht nur in den Träumen moderner Menschen; als „Stein der Weisen" wurde er bereits in der Alchimie als Symbol höchster seelisch-geistiger Vollendung verwendet, und auch in den Mythen und Märchen gilt der kostbare Stein oder die kostbare Perle oft als der ersehnte, zu suchende Wert, jenes Lebensziel, das höchste Erfüllung erbringt. Der „Stuhl im Himmel" weist darüber hinaus auf geistige Macht hin. Sie wird in den folgenden Versen in neuen Bildsymbolen variiert:

> „Und rings um den Thron sah ich vierundzwanzig Throne und auf den Thronen sitzend vierundzwanzig Älteste; die waren in weiße Gewänder gehüllt und hatten auf ihren Häuptern goldene Kränze. Von dem Thron gehen Blitze aus und Stimmen und Donnerschläge; und sieben Feuerfackeln brannten vor dem Thron, das sind die sieben Geister Gottes."

Vierundzwanzig Stühle mit vierundzwanzig Ältesten umstehen den Thron Gottes. Mythologisch ist die Zahl Vier und ihre Vervielfachung, besonders Zwölf, Vierundzwanzig und Einhundertvierundvierzig, Ausdruck einer endgültigen Vollkommenheit, wenn sie auf ein Fünftes oder ein Dreizehntes bezogen und zentriert sind. Ausgehend von der hebräischen Zahlenmystik, schreibt Weinreb: „12 ohne das Dreizehnte ist ein Zustand des Kampfes, in dem Gott mit den Göttern kämpft, wie es in der Bibel heißt, ein Zustand fortwährender, ruheloser Bewegung. Aus dem 13. kommt die Erlösung!" und erinnert dann an die 12 Brüder des Josef, an die 12 Tierkreiszeichen, an die 12 Jünger und an Jesus, der „unter ihnen als der 13. ihre Fragen und ihre Unruhe stillt". Die Ältesten mit ihren weißen Gewändern und ihren Kronen, die auf den vierundzwanzig *Stühlen* thronen, sind ein Symbol für Weisheit, Kraft und Reinheit, die dem Menschen zuteil wird, wenn er die sieben Stufen der Wandlung durchschritten hat. Diese Weisheit, so wird aber auch ausgesagt, ist nicht nur statisch starr; sie enthält auch das dynamische Prinzip von Werden und Vergehen, wie es die folgenden Verse aussagen: denn Blitz, Donner und die Zahl Sieben im Bild der brennenden Fackeln weisen darauf hin, daß das oberste Lebensprinzip von der Wandelbarkeit des Geistes getragen wird. Gott ist statisch *und* dynamisch, so wird in dem Bild gesagt. Das Wesen seiner Vollkommenheit besteht eben gerade in der Vereinigung dieser so elementaren Gegensätze.

Von großem Erkenntniswert sind dann vor allem die nächsten Verse:

> „Und vor dem Stuhl war ein gläsernes Meer gleich dem Kristall, und mitten am Stuhl und um den Stuhl vier Tiere, voll Augen vorn und hinten. Und das erste Tier war gleich einem Löwen, und das andere Tier war gleich einem Kalbe, und das dritte hatte ein Antlitz wie ein Mensch, und das vierte Tier war gleich einem fliegenden Adler. Und ein jegliches der vier Tiere hatte sechs Flügel, und sie waren außenherum und inwendig voll Augen und hatten keine Ruhe Tag und Nacht und sprachen: ‚Heilig, heilig, heilig ist Gott der Herr, der Allmächtige, der da war, und der da ist, und der da kommt!' Und da gaben die Tiere Preis und Ehre und Dank dem, der da auf dem Stuhl saß, der da lebt von Ewigkeit zu Ewigkeit…"

Das Meer wird in der Schöpfungsgeschichte und in vielen Mythen keineswegs einfach als Ozean verstanden. Es ist ein Bild für die ungeformte Materie, das Chaos, das Tohuwabohu, die Macht des Stoffes, die durch das Schöpfungswerk Gottes eingeschränkt, zurückgedrängt und begrenzt wurde. Diese Urmaterie ist undurchsichtig, dunkel und verschlingend-mächtig. Daß dieses Urmeer in der Vision des Johannes gläsern ist, also durchscheinend klar bis auf den tiefsten Grund, symbolisiert die Durchdrungenheit der Materie mit göttlichem Geist. Das höchste Ziel, so lautet diese Aussage, ist die Durchschaubarkeit des Chaos und damit der endgültige Sieg des klaren Bewußtseins über das undurchschaubare Unbewußte. Interessanterweise wird aber bereits in den folgenden Versen etwas darüber ausgesagt, auf welche Weise dieser Sieg zu erringen ist: durch die unermüdliche Tätigkeit von vier dienstbaren, gehorsamen, hellsichtigen, nämlich unendlich vieläugigen Tieren.

Auf das Symbol der Vierheit um einen zentralen Kern, der von konzentrischen Ringen umgeben ist und sich in Kreisen vervielfacht, hat C. G. Jung immer wieder hingewiesen und es in Anlehnung an indische Meditationssymbole Mandalazeichen genannt. Jung sah darin den bildhaften Ausdruck für eine intrapsychische Ganzheit, die in Träumen, Malereien und künstlerischen Darstellungen als Leitbild oder Projektion zum Ausdruck gebracht wird. Die Vierstrahligkeit, die in einem Mittelpunkt zusammentrifft, wird von ihm als vier Teilaspekte der Seele gedeutet, die nur bei einer gleichmäßigen Ausbildung aller Funktionen zu einer befriedigenden Vervollkommnung gebracht werden können.

Ich möchte über diese Deutung Jungs, aber auch über die theologische, die die Tiere als Evangelisten oder Tierkreiszeichen ansieht, hinausgehen und darauf verweisen, daß bereits in der Genesis (Schlange) und bei Hiob (Adler, Löwin, Behemot, Leviathan) die Tiere als Symbole für triebhafte, noch der Natur und damit der Materie verhaftete Geisteskräfte verstanden werden können. Und selbst in den Träumen moderner Menschen werden Triebimpulse als Tiere mit entsprechenden Eigenschaften dargestellt. Das Bild, das vier sich ständig in Bewegung befindliche Tiere um Gottes Stuhl darstellt, zeigt an, daß es zum Wesen der Vollkommenheit gehört, eine Einbeziehung der Triebimpulse durch ihr Dienstbarwerden für das steuernde Bewußtsein erreicht zu haben. Wie bei der Traumdeutung läßt sich daher die Fragen stellen: Welche Triebfunktionen können diese vier Fabelwesen darstellen – der Löwe, der Adler, das Kalb und das Tier mit einem Menschenantlitz?

Gehen wir dabei vor wie beim Assoziieren zu Traummaterial und fragen uns, welche besonders charakteristischen Merkmale die erwähnten Tiere haben, so werden wir folgende Aussage machen können: Der Löwe ist ein Raubtier, er packt mit gewaltigen Tatzen seine Beute und verschlingt sie mit seinem stark bezahnten Riesenmaul. Das Kalb ist durch seine großäugig hilflose Abhängigkeit gekennzeichnet. Der fliegende Adler ist durch seine Überlegenheit charakterisiert. Er zeigt uns durch seine weitausgespannten Flügel hoch oben in der Luft seine Macht und Herrlichkeit an. Er ist ein Raubtier, hat einen mächtigen, scharfen Schnabel und gefährlich blickende Augen. Interessanterweise gibt es nun drei mächtige Triebbereiche im Menschen, die diesen drei Tiersymbolen entsprechen: den Nahrungstrieb (Löwe), den Bindungstrieb (Kalb) und den Aggressionstrieb (Adler). Mit Hilfe der Neurosenlehre und der praktischen psychotherapeutischen Arbeit an Kindern läßt sich die Erkenntnis gewinnen, daß diese „Tiere" im Menschen innerhalb der ersten fünf Lebensjahre in einer hinreichenden und maßvollen Weise zu kraftvollen Funktionen entwickelt werden müssen, wenn der Mensch später in der Lage sein soll, seine vitalen Bedürfnisse und geistigen Aufgaben ausreichend zu erfüllen, und zwar nicht nur dergestalt, daß er sich seine Nahrung selbst suchen und bereiten, daß er sich seinen Eigenbereich abgrenzen und verteidigen kann, daß er durch seine Abhängigkeit von der Mutter lernt, sich in Partnerbindung gewissermaßen einzustimmen, sondern es hat sich gezeigt, daß diese „hilfreichen Tiere" im Menschen generalisierte Funktionen bilden. Sie ermöglichen es später sehr allgemein, in angemessener Weise zuzugreifen, eine Sache anzupacken, sich zu binden und sich für andere verantwortlich zu fühlen, sich durchzusetzen und sich den nötigen Abstand zu schaffen. Wir können darüber nach zwanzigjähriger praktischer Erfahrung deshalb sehr klare Gesetzmäßigkeiten herausstellen, weil sich beobachten läßt, daß es zu charakteristischen „Fixierungen" an den entsprechenden Triebbereich kommt, wenn er während der Zeit seiner Entfaltung beschädigt worden ist. Die Art dieser Beschädigungen, die den Menschen in einem immer gleichen Fehlverhalten festbannen, ihn zum Beispiel zum Freßsüchtigen, Bindungslosen oder Herrschsüchtigen machen, haben uns aber auch gelehrt, daß der Mensch, soll er über die Fesselung an seine Triebe hinauswachsen, die „dienenden Tiere" in sich unumgänglich benötigt, das heißt, die vitalen Funktionen sind unentbehrlich, da der Geist des Stoffes bedarf, um sich verwirklichen zu können.

Ich habe in der Deutung der Tiere nun zunächst nur die drei beschrieben, die in uns bekannten Tierarten dargestellt sind. In bezug auf das „Tier mit dem Menschenantlitz" ist eine so eindeutige Aussage nicht zu machen, zumal keinerlei Hinweis auf die Eigenart dieser Tiergestalt gegeben wird. Es bleibt uns angesichts dieses Mysteriums nichts anderes übrig, als uns mit Hilfe eigenen Nachdenkens voranzuhelfen. Unter allen Tieren ist es gewiß der Affe, dessen Gesicht am menschenähnlichsten ist. Wie ein Passus im Alten Testament beweist, sind bereits im alten Palästina Affen bekannt gewesen. Im 3. Buch der Könige (10,22) wird von den Tharsisschiffen Salomons berichtet, die alle drei Jahre einmal heimkamen, beladen mit Gold, Silber, Elfenbein, *Affen* und Pfauen. Ob zu Lebzeiten des Johannes auch bekannt war, daß der Affe in Indien als heiliges Sexualtier, als Symbol der Zeugungskraft verehrt wurde? Aber selbst wenn das nicht der Fall sein sollte – so zeigte auch die Verwendung des Affen in modernen Träumen –, legt die Eigenart des äffischen Verhaltens es nahe, ihn vor allem als Symbol für Sexualität zu *erleben*. Das liegt sicher einerseits daran, daß seine Fortpflanzung, wie beim Menschen, nicht mehr an bestimmte Jahreszeiten gebunden ist, sondern an die Brunstzeiten der Weibchen, daß diese – z. B. bei den Schimpansen durch ein gewaltig geschwollenes Genitale – sich so sichtbar aufdrängen, daß Affen „schamlos" ihre Genitalien befingern –, es liegt aber jenseits aller solcher Beobachtungen sicher auch einfach an der Langschwänzigkeit, die von Kindern, wie der Rüssel des Elefanten, immer wieder in ihren Phantasien und Träumen als Phallussymbol verwendet wird. Wir Psychagogen erleben, daß in den Zeichnungen der Jungen und im sogenannten Scenotest die Verwendung des Affen in hohen Prozentsätzen Aussagen macht über sexuelle Probleme dieser Kinder. So ist es also naheliegend, daß das Tier mit dem Menschenantlitz ein Symbol des Geschlechtstriebes darstellt. Die Zweipoligkeit, das Tierische und das Menschliche, läßt sich im Bereich der Sexualität auch besonders eindringlich erleben. Dabei ist die Vermenschlichung des rohen und mächtigen Triebes der Arterhaltung, seine Steigerung zur Liebe interessanterweise eine Angelegenheit, die in der Tat viel mit dem „Antlitz" zu tun hat. Über das „Anschauen" geschieht die Partnerwahl ja bereits in den kindlichen Vorstufen in der sogenannten ödipalen Phase, und das Liebeserlebnis in der sexuellen Vereinigung bedeutet für den Menschen ein Vorgang neuer, fundamentaler Erkenntnis: nämlich den des Transzendierens über den Bereich des Ego hinaus, in eine Ergänzung hinein, die höhere Bewußtseinsebene bedeutet. Deshalb heißt es mit Recht in der Genesis: „Und Adam erkannte sein Weib." In der Sprache der Bibel steht deshalb Sexualität häufig symbolisch für die Gewinnung höherer Erkenntnisstufen, erweiterter Bewußtseinsebenen.

Die vier Tiere um den Thron Gottes sind also sowohl ein Symbol hoher kosmischer Wahrheit als auch der intrapsychischen Struktur des Menschen.

Aufgrund dieser Deutung werden alle geschilderten Einzelheiten erklärbar: Die sechs Flügel dieser Tiere lassen weitere Aussagen über den Charakter dieser Funktionen zu: Die Zahl Sechs ist mythologisch ein Symbol für die Gegebenheit, der Materie verhaftet zu sein; Flügel sind mythologisch ein Symbol des Geistes. Man könnte interpretieren: Erdgeisthaft sind die Triebfunktionen in der Lage, göttlichen Geist in der Materie zu verwirklichen, wenn sie in seinen Dienst gestellt, wenn sie von ihm integriert werden. Erst in einer solchen Situation wird das Tier im Menschen nicht mehr zu einer dämonischen Gefahr, sondern erhöht die Erkenntnisfähigkeit zu einer Sehergabe, die hier in dem Bild dargestellt ist, daß die Tiere „inwendig und außenherum voll Augen sind". Daß diese Deutungen nicht willkürlich sind, läßt sich mit unseren Erfahrungen an seelisch Gestörten beweisen. Menschen, deren eine oder mehrere der elementaren Triebfunktionen während ihrer Entfaltung verstümmelt wurden, sind immer – oft bei hoher Intelligenz und oft auch trotz guter Erfolge im Leben – geistig „kurzsichtig, uneinsichtig", starr, ja gelegentlich geradezu pseudoschwachsinnig. Sie „sehen den Wald vor lauter Bäumen nicht", sie sind starr-verengte „Fachidioten", sie machen immer die gleichen Fehler. Menschen zum Beispiel, die das „Kalb" in sich nicht entfalten konnten, die es nicht erfahren durften, sich an eine immer gleiche Pflegerin zu binden, eben weil es diese nicht gab, sind stumpf in bezug auf die Fähigkeit, nach innen und außen zu hören, zu empfinden, nach innen und nach außen wahrzunehmen. Menschen, in denen das Gefühl von Unabhängigkeit, Freiheit, Überblick und Abstand, in denen der „Adler" nicht zur Entfaltung gekommen ist, leiden an einer Verengung ihres Blickfeldes: sie sehen alles nur unter dem Aspekt der eigenen Eingeengtheit, des eigenen Unterdrückungsgefühls und reagieren aufgrund dieser einseitigen Verengung unrealistisch und unangemessen, häufig mit Neidgefühlen und Tendenzen zur Machtanmaßung. Es kommt nicht zu einem Zusammenschluß der vier Triebbereiche, zu einer abgerundeten Ganzheit, wie es im göttlichen Stein im Bild des 4. Kapitels ausgedrückt wird.

Aber, so wird nun im Laufe des 5. Kapitels ausgesagt, selbst wenn die „vier Tiere" voll ausgebildet sind, selbst wenn Gott als der höchste Wert anerkannt wird und alle Lebensbereiche (die 12 Ältesten) sich in seinen Dienst stellen, kann es aus eigener Kraft nicht zu einem bewußten Erkennen des Willens Gottes kommen. Diese Aussage wird im Bild des Buches mit den sieben Siegeln gemacht, das Gott in der Hand hält. Wie konkret die Integration des Triebhaften in den Dienst für Gott auszusehen hat, diesen Inhalt des versiegelten Buches zu erfassen, kann uns einzig und allein durch die Hilfe des „erwürgten Lammes" zuteil werden:

> „Und ich sah inmitten des Thrones und der vier Wesen und inmitten der Ältesten ein Lamm stehen, wie geschlachtet; es hatte sieben Hörner und sieben Augen; das sind die sieben Geister Gottes, ausgesandt auf die ganze Erde. Und es trat hinzu und hat das Buch aus der Rechten dessen genommen, der auf dem Throne sitzt. Und als es die Buchrolle nahm, da fielen die vier Wesen und die vierundzwanzig Ältesten vor dem Lamme nieder. Ein jeder hatte eine Harfe und goldene Schalen voll Weihrauch; das sind die Gebete der Heiligen. Und sie singen ein neues Lied und sprechen: ‚Würdig bist du, die Buchrolle zu nehmen und ihre Siegel zu öffnen, denn du bist geschlachtet worden und hast für Gott mit deinem Blute erkauft Menschen aus jedem Stamm und jeder Sprache, aus jedem Volk und jeder Nation, und du hast sie für unseren Gott zu einem Königreich und zu Priestern gemacht, und sie werden als Könige herrschen auf Erden.' Und ich sah, und ich hörte die Stimme vieler Engel rings um den Thron und die Wesen und die Ältesten, und es betrug ihre Zahl zehntausend mal zehntausend und tausend mal tausend. Die sprachen mit lauter Stimme: ‚Würdig ist das Lamm, das geschlachtet ward, zu empfangen Macht und Reichtum und Weisheit und Kraft und Ehre und Herrlichkeit und Lobpreis.'"

Es macht keine Interpretationsschwierigkeiten in diesem „Lamm" den gekreuzigten Christus zu sehen. Dennoch erscheint es wichtig, auch dieses Bild genau unter die Lupe zu nehmen; denn mit ihm werden ja einige entscheidende Charakteristika über das Rettende ausgesagt. Außerdem hat das „erwürgte Lamm" des 5. Kapitels *sieben Hörner* und *sieben Augen*. Was läßt sich per Assoziation über das „Lamm" erfahren? Das Lamm ist ein junges Tier, das durch seine weiche, weiße Wolligkeit als besonders zart und lieblich erscheint. Es diente beim Frühlingsfest der Juden, dem Passahfest, als Opfertier.

Das Lamm ist also ein Symbol der Unschuld, des Geopfertwerdens, aber auch der Erneuerung der Kräfte durch Einverleibung. In dieser Symbolik klingt die Idee der Auferstehung, der Erneuerung zur Unschuld und Reinheit durch Opferbereitschaft, klingt der Abendmahlsgedanke, die Integration des heilenden Geistes durch eine symbolische Einverleibung mit an.

Aber wir dürfen nicht übersehen, daß auch Christus hier als ein *Tier* gesehen wird, allerdings nicht als ein natürliches Lamm, sondern mit sieben Hörnern und sieben Augen. In dieser Symbolik ist die Erkenntnis enthalten, daß Gottes Geist sich im lebendigen, im „tierischen" Leben hier manifestiert, in einem besonderen Leben zwar, für das Christus das Leitbild darstellt. Dieses Leben ist weiß und zart wie ein Lamm, aber es ist keineswegs ohne Waffen, ohne Erkenntnis- und ohne Wandlungsfähigkeit; im Gegenteil: die Hörner, die Augen und die Zahl Sieben deuten Verteidigungsfähigkeit, Hellsichtigkeit und Veränderungsmöglichkeit an.

Dieser Geist des Lammes ist in der Lage, echte Erkenntnisfähigkeit zu erwirken, wie er im nächsten Kapitel als Brechen der ersten vier Siegel des geheimnisvollen Buches in Gottes Hand durch Christus dargestellt wird.

Hat uns unsere „Übersetzungsarbeit" bis zu dieser Stelle geführt, so müssen wir auf die Enthüllungen der Weisheiten des versiegelten Buches, die im Kapitel sechs beginnen, aufs äußerste gespannt sein. Diese Enthüllungen nun sind so verschlüsselt, daß sich die eifrigsten Experten daran die Zähne ausgebissen haben: Es werden durch je eines der vier Tiere, die um Gottes Thron stehen, vier Reiter auf verschiedenfarbigen Pferden auf den Plan gerufen. Der erste bringt den Sieg, der zweite den Krieg, der dritte die Teuerung, der vierte den Tod für den vierten Teil der Erdbevölkerung. Wörtlich heißt es:

> „Und ich sah, daß das Lamm der Siegel eines auftat; und ich hörte der vier Tiere eines sagen wie mit einer Donnerstimme: Komm! Und ich sah, und siehe, ein weißes Pferd, und der darauf saß, hatte einen Bogen; und ihm ward gegeben eine Krone, und er zog aus sieghaft und daß er siegte. – Und da es das andere Siegel auftat, hörte ich das andere Tier sagen: Komm! – Und es ging heraus ein anderes Pferd, das war rot; und dem, der darauf saß, ward gegeben, den Frieden zu nehmen von der Erde, und daß sie sich untereinander erwürgten; und ihm ward ein großes Schwert gegeben. – Und da es das dritte Siegel auftat, hörte ich das dritte Tier sagen: Komm! Und ich sah, und siehe, ein schwarzes Pferd. Und der darauf saß, hatte eine Waage in seiner Hand. – Und ich hörte eine Stimme unter den vier Tieren sagen: Ein Maß Weizen um einen Groschen und drei Maß Gerste um einen Groschen; und dem Öl und Wein tu kein Leid! – Und da es das vierte Siegel auftat, hörte ich die Stimme des vierten Tieres sagen: Komm! – Und ich sah, und siehe, ein fahles Pferd; und der darauf saß, des Name hieß Tod, und die Hölle folgte ihm nach. Und ihnen ward Macht gegeben, zu töten, den vierten Teil auf der Erde mit dem Schwert und Hunger und mit dem Tod und durch die Tiere auf Erden."

Was besagen diese Bilder? Was für ein Schicksal hat Gott über die Menschen verhängt? Ich meine, daß im Bild dieser vier apokalyptischen Reiter wesentlichste Aussage in der Unterscheidung des einen lichten, gekrönten, siegenden Reiters und den anderen dunklen, fahlen, tötenden Elementen liegt. Diese vier Reiter weisen auf die Notwendigkeit einer Unterscheidung zwischen Gut und Böse hin, machen auf die Getrenntheit zwischen Sieg und Untergang aufmerksam, kennzeichnen Gott als einen Entscheidenden. Der „weiße" Reiter und seine Krone zeigen die Macht des gereinigten Geistes an, sein Bogen kennzeichnet diese Haltung als zielsicher, kämpferisch und entschieden. Der rote Reiter hingegen weist auf ein Überborden der Aggression hin, er ist das Symbol eines mörderischen Angriffsgeistes. Der schwarze Reiter zeigt ein Überborden der Habgier und des ungerechten Egoismus in kargen Zeiten an, der Reiter auf dem fahlen Pferd verkündet den Tod in der Materie durch ein Überhandnehmen von Aggression, Krankheit und materiell ausgerichtetem Geist (die wilden Tiere). Dabei scheint mir eine besondere Möglichkeit für eine tiefenpsychologische Deutung darin zu liegen, daß die vier göttlichen Tiere die vier Visionen heraufbeschwören. Man kann wohl interpretieren: Mit Hilfe der „Tiere", der Triebhaftigkeit in uns, können wir zum Sieg *oder* zum Untergang in der Materie geführt werden. Wir können von den „wilden Tieren" gefressen werden, das heißt uns an dämonisierte Antriebe in uns ausliefern, wir können aber auch „überwinden". Die Wahrscheinlichkeit, daß uns das gelingt, scheint zunächst gering; denn der größere Teil des Ganzen ist in der Gefahr, untergehen zu müssen, nur der kleinere Teil der Schöpfung gehört dem Bereich des lichten Geistes (des weißen Reiters) an. Die dunklen, abtötenden Bereiche sind, so sagen diese Bilder, zunächst stärker und bewirken fürchterliche Not, aber den endgültigen Sieg erringt der Geist des Guten. Der weiße Reiter ist ein Symbol für die Zielgerichtetheit der Schöpfung, wie es im Bogen, den der Reiter trägt, angedeutet ist. Sie steht im Dienst des Heiligen Geistes. Er ist gekennzeichnet durch Liebe, schöpferische, konstruktive Ordnung und durchhaltende Treue zur Lebensaufgabe: nämlich Gottes Geist im irdischen Leben zu verwirklichen.

Aggression, Habgier und Materialismus hingegen, so zeigen die drei düsteren Reiter, machen die Menschen nicht nur unglücklich, sie bringen ihnen den Tod, ja die Hölle auf Erden ein. In diesen Bildern ist das entsetzliche Unglück, das Elend, die seelische Not umschrieben, die entsteht, wenn der Mensch sich zerstörerischen Impulsen verschreibt. Jeder Kriminelle, jeder Geldsüchtige, jeder

Herrschsüchtige, jeder Perverse ist in der Lage, das entsetzliche Unglück solcher Fehlentwicklungen zu demonstrieren und zu bestätigen. Das Elend solcher Daseinsformen gleicht in der Tat einer Hölle.

Diesen ersten vier Einsichten in das Buch mit den sieben Siegeln folgen drei weitere, die wie eine Verwirklichung des Planes erscheinen, der in der Vision der vier Reiter enthalten ist.

Hinter dem fünften Siegel taucht die klagende Schar der Christen auf, die verfolgt und um ihres Glaubens willen verurteilt und hingerichtet wurden. Ihnen wird von Gott die Antwort zuteil, daß sie noch warten müßten, „bis daß vollends dazukämen ihre Mitknechte und Brüder, die auch sollten noch getötet werden gleich wie sie". Verallgemeinert enthält dieses Siegel die Einsicht, daß der leibliche Tod keineswegs dem Untergang der Seele gleichzusetzen sei. Es enthält die Verheißung, daß Treue zu Gott bis zum Tod die Chance einer geistigen Erneuerung bewirke.

Das sechste Siegel enthält als Pendant zu der Verheißung, die im fünften Siegel an die Christen ergeht, im Bild des Erdbebens ein Symbol sich ankündigender Erschütterung, ja Vernichtung des Bösen.

> „Und ich sah: Als es das sechste Siegel öffnete, da entstand ein großes Erdbeben, und die Sonne wurde schwarz wie ein härener Sack, und der Mond wurde ganz wie Blut, und die Sterne des Himmels fielen auf die Erde, wie ein Feigenbaum seine unreifen Früchte abwirft, wenn er von einem starken Sturm geschüttelt wird. Und der Himmel schwand dahin wie ein Buch, das man zusammenrollt. Jeder Berg und jede Insel wurden von ihren Plätzen weggerückt. Und die Könige der Erde und die großen Herren und die Kriegsobersten und die Reichen und die Machthaber sowie jeder Sklave und Freie versteckten sich in den Höhlen und in den Felsenklüften der Berge. Und sie sagen zu den Bergen und den Felsen: ‚Fallet über uns und verbergt uns vor dem Angesicht dessen, der auf dem Throne sitzt, und vor dem Zorn des Lammes. Denn gekommen ist der große Tag seines Zornes; und wer kann da bestehen?'"

Im Grunde werden also die Siegel eins bis vier in den beiden folgenden noch einmal konkretisiert und die Trennung zwischen Gut und Böse verstärkt. In den Siegeln fünf und sechs wird deutlich und unmißverständlich ausgesagt: Das Gute wird belohnt, das Böse bestraft.

Interessanterweise ergibt sich nun, daß das Buch mit den sieben Siegeln eine höchst eindrucksvolle Konstruktion zeigt: denn aus dem siebenten Siegel entspringen sieben neue Gesichte, die sogenannten Posaunengesichte, deren siebentes sich ebenfalls zu einer neuen Siebenheit, der sieben Schalen des Zorns, auffächert. Die Konstruktion dieser letzten höchsten Weisheitsenthüllung der Bibel gleicht also einem sich entfaltenden Organismus, der schließlich zu einem wunderbaren und vollendeten Mittelpunkt führt. Ja man könnte direkt sagen, die sieben Gemeinden am Anfang in ihrer Siebenheit, die Anweisungen zu Gott enthalten, sind samt der Vision Gottes als Edelstein der Kern, aus dem sich jetzt in dreimaligen Wandlungsprozessen die Verwirklichung des Heilplans hier auf der Erde gleich einer Pflanze aus ihrer ernährenden Zwiebel erhebt, die im letzten Bild ihr Ziel, den blühenden Fruchtknoten, das heißt das neue Reich, das totale Bewußtsein, enthüllt. Wir können aber auch umgekehrt sagen: Die Blumen in unseren Gärten sind lebendige Zeichen, lebendige Darstellungen der Struktur des göttlichen Schöpfungsplanes. Ja nach der Lehre Künkels besteht auch die seelische Entfaltung des Menschen in einem siebenjährigen Rhythmus: Nach jeweils sieben Jahren fächere sich menschliches Leben zu einer neuen Reifungsebene in den nächsten sieben Lebensjahren auf. Die Bedeutsamkeit dieser Sichtweise läßt sich an den biographischen Daten vieler Menschen nachweisen.

Bevor nun aber das siebente Siegel als eine Auffächerung zu neuer Siebenheit aufgetan wird, geschieht in einem Zwischengesicht noch einmal so etwas wie eine geistige Stärkung. Johannes erfährt als Verheißung die Erlösung und Bergung der standhaften Christen in Gott, denn der Sieg des Geistes durch Treue zu Christus führt in eine Überwindung des Todes. Dieser Geist wird

> nicht mehr hungern und nicht mehr dürsten, und die Sonnenhitze wird ihn nicht mehr treffen noch irgendwelche Glut. Denn das Lamm inmitten des Thrones wird sie weiden und sie zu Wasserquellen führen, und Gott wird alle Tränen von ihren Augen wischen."

Diese Verheißung ist sicher sowohl auf die Existenz jenseits des leiblichen Lebens gerichtet, als sie sich auch bereits auf das Leben hier auf der Erde anwenden läßt. „Nicht mehr hungern und dürsten" bezieht sich auf die Nahrung des Geistes, die durch die Durchdrungenheit mit der Lebenskraft Christi entsteht; die Verheißung, daß Sonne und Hitze nicht mehr schädigen und plagen, bezieht sich auf das Gefeitsein gegen „innere Glut", gegen ein Überborden „tierischer" Leidenschaften im Menschen. Die Teufelskreise des Leidens hören angesichts dieser Einstellung des Menschen auf. Die Kraft einer liebenden und standhaften Haltung ist wie ein unendlicher, lebendig erhaltender Brunnen, eine Quelle zu immer neuer Lebensstärke.

In diesen Bildern, die Wesen der Rettung und Erlösung des Menschen aufzeigen und sie scharf abheben gegen Visionen des Unterganges, wird in immer neuen Variationen ausgesagt, daß die Wandlungsprozesse letztlich radikale Unterscheidung bedeuten. Der Weg zum neuen Reich, dem Reich der Vollkommenheit, ist durch ein Abstoßen des Falschen, durch den Untergang des Entarteten gekennzeichnet. Besonders in den folgenden Posaunengerichten wird klar die Aussage gemacht, daß lediglich der dritte Teil der Menschen der Vernichtung anheimfällt.

Was können wir aus der Bildersprache lernen über die geistigen Gefahren, die Vernichtung heraufbeschwören? Denn die Art der Vernichtung, die in dem folgenden Kapitel durch posaunende Engel vollzogen wird, kann uns sicher Aufschluß geben über schädigende Geisteshaltung sowohl des Individuums wie die ganzer Kollektive.

So heißt es:

> „Und der erste Engel posaunte, und es ward ein Hagel und Feuer, mit Blut gemengt, und fiel auf die Erde;... und der dritte Teil der Bäume verbrannte, und alles grüne Gras verbrannte."

Die Zerstörung der Vegetation durch Feuer, aber auch durch Hagel und Blut, zeigt die Vernichtung der seelischen Kräfte durch gewalttätige Leidenschaften, durch eine zügellose, überbordende Aggressivität an. Was heißt das konkret? Die feurigen, überschießenden Aggressionen eines Ehemannes gegen seine Frau können das „Blühen" ihrer Liebe ebenso versengen, wie die Gewaltakte politisch radikaler Kräfte das friedliche Leben lähmen und die Lebensmöglichkeiten ganzer Völker einschränken können.

Noch deutlicher wird diese Wahrheit in der Gerichtstat des zweiten Engels, da heißt es:

> „Und es fuhr wie ein großer Berg mit Feuer brennend ins Meer, und der dritte Teil des Meeres ward Blut."

In der Bildersprache bedeutet das Fallen des Berges ins Meer geistige Nivellierung, denn der Berg steht dort für das Überragende, für die Höhe des Geistes. Wenn ausgesagt wird, daß durch Nivellierung ein Drittel des Meeres zu Blut wird, so bedeutet dies, daß es unter dem Trend der Gleichmacherei zu einer schädigenden Einschränkung der Lebenskraft, zu einem Verschwimmen und Zerfließen geistiger Bewußtheit und Substanz kommt, die einem Rückfall ins Tohuwabohu gleicht.

Jeder Mensch ist innerhalb seines Werdeprozesses immer in der Gefahr zu solchem Rückfall, zumal dann, wenn er die Achtung vor dem geistig Höheren verliert, wenn er das Streben nach dem Oberen, wie es im Bild der Berge ausgedrückt wird, aufgibt, ja das, was an Höherem besteht, durch diffamierenden Neid zu nivellieren trachtet. Das Bild des von Gott beauftragten Engels aber macht sichtbar, daß Gott diesen Prozeß nicht aufhalten wird, sondern Kräfte, die in dieser Weise unbrauchbar geworden sind, mit ihren eigenen Waffen schlägt, denn eine Geisteshaltung, „die alles verachtet, was hoch ist", so wird bereits im Buch Hiob ausgesagt, ist mit der destruktiven Urgewalt Leviathans identisch. Deshalb kommt es in Zeiten, in denen solche Nivellierungsprozesse das Feld beherrschen, zu einer Vernichtung vieler schöpferischen Impulse des Menschen und vieler urtümlicher Lebenskräfte. Denn es heißt:

> „Der dritte Teil der lebendigen Kreaturen im Meer starb, und der dritte Teil der Schiffe wurde verderbt."

Es gehört zu den Erkenntnissen der Tiefenpsychologie, daß bei Menschen, die die ihnen innewohnenden höheren geistigen Ansprüche absichtlich nivellieren und verdrängen, auch die Zugänge zu dem Bereich der Tiefe, zur Intuition, zum Gespür für unbewußte Seelenvorgänge und kosmische Zusammenhänge schwinden. Das Sterben der „Kreatur" im Meer, der Fische, ist ein Symbol für den Seelenverlust, der durch Einschränkung auf das Oberflächliche entsteht. Daß aber auch der dritte Teil der Schiffe vernichtet wird, deutet auf einen Verlust der schöpferischen Kultur des Menschen durch solche Nivellierungsprozesse hin. Auf welche Weise werden Schiffe auf dem Meer vernichtet? Gewiß vor allem durch verheerende Stürme, in denen sie kentern, leckgeschlagen werden und untergehen. Im Symbol des wildbewegten stürmischen Meeres ist die Chaosmacht formloser Natur, auch der eigenen formlosen Leidenschaften, der Primitivreaktionen, wie es in der Fachsprache heißt, gekennzeichnet. Insgesamt sagt daher dieses Bild aus: Wer das geistige Streben aufgibt und sich nivelliert, wird einer Gefühlsverdrängung anheimgegeben, die ungeformte Gefühlsstürme heraufbeschwört, in denen Werke der Bewältigung und Formung wieder zerbrechen. Dabei kann es sich im Einzelschicksal um einen Rückfall in Primitivreaktionen handeln, die die zuchtvolle Charakterbildung zum Verfall bringen, es kann sich aber auch in Zeiten törichter Gleichmachungstendenzen um ein Untergehen schöpferischer Kulturgüter handeln. Denn das Erfinden des Schiffes ist ganz generell ein Bild für den elementaren konstruktiven Versuch des Menschen, sich der Auslieferung an die wilden Urelemente durch schöpferische Bewältigungsversuche zu entziehen.

Daß die Auswahl dieser Bilder den Verlust geistiger „Einsichts"-Möglichkeiten kennzeichnet, wie ihn der Aufstieg auf einen Berg und der Blick in die Täler von dort gewährleistet, geht noch viel mächtiger und schreckerregender aus dem Posaunengericht des dritten Engels hervor; denn dort steht geschrieben:

> „... es fiel ein großer Stern vom Himmel, der brannte wie eine Fakkel und fiel auf den dritten Teil der Wasserströme und über die Wasserbrunnen. Und der Name des Sterns hieß Wermut. Und der dritte Teil des Wassers ward Wermut, und viele Menschen starben von den Wassern, weil sie waren so bitter geworden."

Auch hier handelt es sich um einen Ent-staltungsprozeß, um ein Rückgängigmachen von Schöpfung, die zu viel Bitternis, zu Not und Tod führt. Noch Höheres, noch mehr unmittelbar „Himmlisches", eben ein Stern, fällt herab und bringt einem Drittel des „Lebenswassers" Verderben. Der Sternenhimmel ist in der Sprache der Seele ein Symbol für die aufblinkende Erhellung des Geistes mitten in der finsteren Nacht geistiger Orientierungslosigkeit und Unwissenheit. Er ist ein Zeichen kosmischer Ordnung, ein Sinnbild göttlicher Erhabenheit. Im Beachten und Aufschauen des Menschen zu den Sternen ist religiöses Streben versinnbildlicht. Deshalb sagt Kant: „Zwei Dinge erfüllen mein Gemüt mit steter Bewunderung und Ehrfurcht: Der gestirnte Himmel über mir und das moralische Gesetz in mir." Realität und Religiosität sind gemeint, wenn Raabe mahnt: „Gib acht auf die Gassen, sieh nach den Sternen." Das heißt: Wohl ist die Realität des Sinnlichwahrnehmbaren beachtenswert – sie ist aber nicht alles. Ehrfurcht zu haben vor den geheimnisvollen „höheren" Welten ist ein entscheidendes Postulat für den Menschen. Beachtet der Mensch die Sterne nicht mehr, so werden sie herabfallen, sagt unser apokalyptisches Bild. Ehrfurchtslosigkeit vor Gott bewirkt eine Verdunklung des Geistes und damit eine Vergiftung des Lebens, die für viele Menschen seelisches Absterben bedeutet. In der psychotherapeutischen Arbeit läßt sich das immer wieder erfahren: Wo die Ehrfürchtigkeit einer religiösen Einstellung fehlt, ist der Mensch Krisensituationen seines Lebens viel wehrloser ausgeliefert. Die Bitternis der Verzweiflung, wie sie im „Wermut", dem außerordentlich bitter schmeckenden Extrakt der Wermutpflanze „Artemisia" ausgedrückt ist, kann den Menschen viel leichter packen und niederdrücken.

Aber über diese Aussagemöglichkeit im seelischen Bereich des Individuums hinaus muß ein solches Bild uns heute geradezu erschrecken. Sind nicht in den letzten Jahrzehnten immer mehr Flüsse und Seen de facto „bitter" geworden unter dem Übermaß der Belastung mit Schmutz? Hat nicht bei uns in der Tat bereits das große Sterben der „Kreatur der Wasser" eingesetzt? Und ist diese Entwicklung nicht eine Folge davon, daß wir in leichtfertigem Übermut und Hochmut – in einer kurzsichtigen, oberflächlichen Einstellung diese Entwicklung heraufbeschworen haben? Glauben wir doch in ehrfurchtsloser Weise, daß wir die Natur je nach unserer Willkür manipulieren und bedenkenlos in dem Suchen nach größerer Bequemlichkeit verändern zu können! Die Ehrfurchtslosigkeit, deren bittere Folgen uns jetzt bereits als gefährliche Existenzbedrohung sichtbar werden, unser höhnischer Mangel an Gottesfurcht – ist er nicht in der Tat ein furchtbarer Rückfall in die Einsichtslosigkeit, wie er grandios im Herabstürzen des brennenden Sterns versinnbildlicht wird?

Um eine Steigerung dieser geistigen Verfinsterung handelt es sich im vierten Bild; denn nun wird auch der dritte Teil der Sonne und der dritte Teil des Mondes und der dritte Teil der Sterne verdunkelt, so daß „der Tag während seines dritten Teiles nicht hell sei und die Nacht desgleichen". Daß hier nicht von realen Mond- und Sonnenfinsternissen gesprochen wird, geht bereits aus der dazu nicht passenden Verfinsterung eines dritten Teiles der Sterne hervor. Nein, es handelt sich auch hier um eine Schilderung partieller *geistiger* Umnachtung, die den Menschen befällt, wenn er die Beziehung zur Religion verliert. Tiefenpsychologisch ist die Sonne ein Symbol des lebenspendenden männlichen Geistes, während der Mond weibliche Geistigkeit, die Fähigkeit zu horchen, zu verstehen, die Möglichkeit zur Erkenntnis durch Empfangsbereitschaft darstellt. Die Verfinsterung dieser geistigen Grundkräfte des Menschen bewirkt einen geistigen Dämmerzustand der Unentschiedenheit und Ununterscheidbarkeit. Die „Klarheit des göttlichen Geistes", der die Aspekte des Männlichen und des Weiblichen gleichermaßen enthält, ist nicht mehr vorhanden, so daß Vernebelungen und Verschleierungen des menschlichen Bewußtseins und damit auch allen demagogischen Manipulationen Tür und Tor geöffnet ist.

Wie sehr trifft dieses Bild für unsere Situation heute zu! Wir stehen in einem destruktiven Feldzug der Diffamierung aller „höheren Werte", deren Verfechter dadurch scharenweise Mitläufer finden, daß der Nachweis des Mißbrauchs von Ordnung und Autorität unterscheidungslos gleichgesetzt wird mit einem scheinbaren Nachweis der Überholtheit dieser Werte. Die Möglichkeit, bösen Mißbrauch von gutem Brauch zu unterscheiden, schränkt sich bei immer mehr Menschen ein. Die Tag- und Nachtwelt des Geistes, wie sie durch die Gestirne verkörpert werden, wird trüber; klare Einsichtigkeit findet in immer weniger Menschen statt.

In solchen Situationen treten einsam und stolz hellsichtige Mahner auf, Propheten, die mit mächtigem Pathos vor einer Fortführung solcher negativen Verläufe warnen. Menschen dieser Art sind im Bild des Adlers dargestellt, der „hoch oben am Himmel flog und mit mächtiger Stimme rief: ‚Wehe, wehe, wehe den Bewohnern der Erde ob der übrigen Posaunenstöße der drei Engel, die noch blasen werden.'" Dabei ist im Bild des Hochfliegens die geistige Überlegenheit dieser hellsichtigen Weisen dargestellt. Aber der Fortgang der Geschichte läßt deutlich werden, daß der „Adler" vergeblich warnte und daß infolgedessen neue Schrecken über die unbußfertigen Menschen hereinfallen.

Das Bild, in dem diese Plagen dargestellt werden, ist von großer Farbigkeit, ja von Absurdität, die sich nur auflöst, wenn man sie ihres Symbolcharakters entkleidet. So heißt es:

> „Und der fünfte Engel stieß in die Posaune. Und ich sah einen Stern; der war vom Himmel auf die Erde herabgefallen; und es wurde ihm der Schlüssel zum Brunnen des Abgrundes gegeben. Und er schloß den Brunnen des Abgrundes auf; da stieg aus dem Brunnen Rauch auf wie der Rauch eines großen Ofens und die Sonne und die Luft wurden verfinstert vom Rauch des Brunnens. Und aus dem Rauch gingen Heuschrecken hervor auf die Erde, und es ward ihnen eine Macht gegeben gleich der Macht, wie sie die Skorpione der Erde haben. Und es wurde ihnen gesagt, sie sollten das Gras der Erde nicht schädigen, auch gar kein Grün und gar keinen Baum, sondern nur die Menschen, die nicht das Siegel Gottes auf den Stirnen tragen. Auch wurde ihnen aufgegeben, sie nicht zu töten, sondern sie sollten gequält werden fünf Monate lang; und ihre Pein war wie die Pein eines Skorpions, wenn er einen Menschen sticht. Und in jenen Tagen werden die Menschen den Tod suchen, ihn aber nicht finden, und sie werden begehren zu sterben, doch der Tod flieht vor ihnen. Und das Aussehen der Heuschrecken glich Rossen, die zum Krieg gerüstet sind; und auf ihren Köpfen hatten sie etwas wie goldähnliche Kränze, und ihre Gesichter waren wie Menschengesichter. Sie hatten Haare wie Frauenhaare, und ihre Zähne waren wie Löwenzähne. Sie hatten Brustkörbe wie Eisenpanzer, und das Rauschen ihrer Flügel glich dem Rasseln vieler Pferdewagen, die zum Kampfe rennen. Sie haben Schwänze wie Skorpione mit einem Stachel in ihren Schwänzen; sie haben Macht, die Menschen zu quälen, fünf Monate lang. Sie haben über sich als König den Engel des Abgrundes; sein Name ist auf hebräisch Abaddon, und auf griechisch heißt er Apollyon. Das erste Wehe ist vorüber; siehe, es kommen noch zwei Wehe danach."

Der herabgefallene Stern = die Nivellierung des Geistes bildet den Schlüssel zur Hölle, macht schwadenweise Vernebelung möglich und öffnet den Heuschreckenherden, die die bösen, verseuchenden Geistesmächte verkörpern, die Tore. In den Träumen der Menschen stehen Ungezieferherden häufig für lästige, unfruchtbare, plagende Gedanken, die ihnen keine Ruhe gönnen und sie in einer zersetzenden Weise quälen. Häufig sind mit solchen Insekten destruktive Ideen gemeint, die als Versuchungen an die Menschen herantreten. Sie lassen sich zwar verscheuchen, treten aber zu Hunderten und Aberhunderten neu in Erscheinung. Sie höhlen den Widerstand des Menschen aus, fressen ihn kahl und machen ihn vom Heuschreckenschwarm, das heißt von den dranghaft auftretenden Ideen, besessen. Daß Heuschrecken gefräßige, hüpfende und fliegende Wesen sind, die in Schwärmen auftreten, zeigt besonders deutlich die treffende Verbildlichung einer unfruchtbaren Intellektualisierung auf. Im zweiten Absatz aber geht der Text vom naturgetreuen Heuschreckenbild ab und zeigt jetzt in bildhaften Charakterisierungen die plagenhafte Gefährlichkeit einer auf Intellektualisierung beruhenden Ideologisierung noch deutlicher auf: Die zersetzenden Kräfte des Geistes sind flink und aggressiv wie zum Krieg gerüstete Rosse, sie tragen „goldähnliche Kränze" auf dem Kopf, das heißt sie imponieren durch logische Einheitlichkeit, sie sind geschmeidig und wendig, wie es im Symbol des Frauenhaares ausgedrückt ist, sie sind verbal von starker, geschickter Aggressivität (Löwenzähne), sie sind (eben durch intellektuelle Panzerung) kaum verwundbar oder abtötbar, sie entfalten eine große Beeindruckbarkeit und Suggestibilität (das Rauschen der Flügel), sie haben durch aggressive und hinterlistige Argumentation so etwas wie einen vergiftenden Stachel, der geschwürige Infiltrationen hervorruft gleich dem Stich eines Skorpions. Daß es sich um nichts anderes als um eine Variation der „alten Schlange" handelt, um den Geist der Eigenmächtigkeit, der sich intellektualistisch gebärdet, geht unmißverständlich aus den Worten hervor: „Sie haben über sich den Engel des Abgrunds." Ja, der Text nennt sogar den Namen dieses Geistes, in dessen Dienst die „Heuschrecken" stehen, er heißt Apollyon – er verkörpert das Gegenprinzip der Schöpfung schlechthin, denn Verwüstung und Zerstörung ist sein endgültiges Ziel.

Diese Visionen sind geeignet, uns unter die Haut zu gehen – dienen doch die anarchistischen Impulse, die von neomarxistischen Ideologen ausgelöst und heuschreckenschwarmartig Verbreitung finden, dem Ziel der totalen Auflösung unserer Kultur. Zwar wird den Mitläufern immer wieder die Version der Utopie eines sozialistischen Paradieses vorgegaukelt – aber bereits die Vergötzung des Materialismus, die Idee, daß Sinnerfüllung des Lebens dadurch erreicht werden könne, daß alle alles *haben,* die hypertrophe Vorstellung, daß wir Menschen mächtig genug sind, ein solch notloses Paradies aus eigener Kraft, durch Anstrengungen mit Hilfe der Wissenschaft erstellen zu können, daß wir keineswegs in irgendeiner Weise auf die Gnade Gottes angewiesen sind und ihn infolgedessen unbekümmert frech für tot erklären könnten, zeigt den destruktiven Heuschreckengeist dieses Konzeptes an.

Das Kapitel 8 der Offenbarungen weist aber auch unmißverständlich darauf hin, daß die Vergiftungen, die Plagen, die seelischen Nöte und Qualen, die auf diese Weise entstehen, nur die von Gott Abgefallenen treffen, nur die, die „nicht sein Siegel auf der Stirn tragen". Das heißt gewiß nicht, daß die Menschen, die trotz aller Diffamierung standhaft weiter Gott die Treue halten, nicht auch Nöten, Leiden, Mißachtung oder gar Verfolgung ausgesetzt wären; aber ihr Aufgehobensein in Gott feit ihren innersten Kern. Sie sind dadurch beschützt vor einem Ausgeliefertsein an die totale Verzweiflung. Ihre Seele bleibt bewahrt, selbst wenn sie leiblich zugrunde gehen. Den Menschen aber, die sich vom Heuschreckengeist infizieren lassen, wird eine Vergiftung ihres gesamten Lebens, ihres Geistes und ihrer Seele geweissagt, die sie verstört und sie das Leben als lästig empfinden läßt, als wären sie von Schwärmen von Insekten umsurrt; denn den Heuschrecken ist es aufgegeben, die Menschen nicht zu töten, sondern sie eine längere Zeit (symbolisch 5 Monate lang) zu quälen. Zerrupftes, widerlich ungemütliches, zersetztes Leben ist also der Preis für eine heuschreckenähnliche Geisteshaltung. Wir Psychagogen könnten diese bittere Wahrheit registerlang bestätigen. Auch die ideologieverseuchten Menschen heute sind von einer aggressiv gespannten nervösen Unruhe, von einem diffusen Unglücklichsein – und wenn sie gar auf den Einfall kommen, ihre Ideologien in die Tat umzusetzen, so geraten sie rasch in den Sog immer neuer negativer Folgeerscheinungen ihres destruktiven Grundkonzepts.

Der sechste Posaunenengel kündet durch eine Entbindung der Geisteskräfte, die in Gottes Gerichtsdienst stehen, mit Hilfe eines 200 Millionenheeres von Reitern den Tod eines dritten Teiles der Menschen an. Der Text lautet:

> Und der sechste Engel stieß in die Posaune. Und ich hörte eine Stimme von den vier Hörnern des goldenen Altars her, der vor Gott steht. Sie sprach zu dem sechsten Engel, der die Posaune hielt: „Laß die vier Engel los, die an dem großen Euphratstrom gefesselt sind." Und die vier Engel wurden losgebunden, die bereitstanden auf

> Stunde und Tag und Monat und Jahr, den dritten Teil der Menschen
> zu töten. Und die Zahl der Reiterscharen war zwanzigtausend mal
> zehntausend; ich hörte ihre Zahl. Und ich sah in dem Gesicht die
> Rosse und Reiter auf ihnen also: sie hatten feuerrote, rauchblaue und
> schwefelgelbe Panzer; und die Köpfe der Rosse gleichen Löwenköp-
> fen, und aus ihren Mäulern geht Feuer und Rauch und Schwefel her-
> vor. Von diesen drei Plagen wurde der dritte Teil der Menschen getö-
> tet, infolge des Feuers und des Rauches und des Schwefels, die aus
> ihren Mäulern herauskamen. Denn die Kraft der Rosse liegt in ihrem
> Maul und in ihren Schweifen; ihre Schweife gleichen nämlich Schlan-
> gen, haben Köpfe, und damit richten sie Schaden an. Und die übrigen
> Menschen, die durch diese Plagen nicht umkamen, bekehrten sich
> (trotzdem) nicht von den Werken ihrer Hände und hörten nicht auf,
> die Dämonen anzubeten und die Götzenbilder aus Gold, Silber, Erz,
> Stein und Holz, die weder sehen noch gehen, noch hören können;
> auch bekehrten sie sich nicht von ihren Mordtaten noch von ihren
> Zaubereien, noch von ihrer Unzucht, noch von ihren Diebereien.

In den Exegesen der Theologen wird dieser Text meist als eine Beschreibung des Reiterheeres der Parther gedeutet, die in die Gegend östlich des Euphrat einfielen und sie brandschatzend in Besitz nahmen. Tiefenpsychologisch haben solche Auslegungen nicht mehr Wert als der Tagesrest bei der Deutung von Trauminhalten. Denn gewiß ist es oft ein in der Realität in Erscheinung getretenes Ereignis oder ein Gegenstand, der bei der Wahl des Bildes Pate gestanden hat. Dennoch wird er lediglich als Material verwendet, um eben im Bild eine umfassendere Wahrheit zum Ausdruck zu bringen. Die Aussage, daß die Rosse Löwenköpfe haben, daß aus ihren Mäulern Feuer, Rauch und Schwefel strömt, daß ihre Schweife Schlangen gleichen, die Schaden anrichten, macht deutlich, daß es sich keineswegs um die realitätsgerechte Beschreibung eines Kriegsheeres handeln kann. Diese Rosse sind keine Pferde, sondern dämonenhafte, drachenähnliche Fabelwesen, wie sie als Verbildlichung dämonisierter Triebe in großer Zahl in der Mythologie vorkommen. Man könnte direkt interpretieren: Der Heuschreckengeist, die Hirngespinste theoretischer Programme zur Verbesserung der Welt, die nicht mehr von Ehrfurcht getragen sind, führen in eine Vernebelung der Erkenntnis, daß der Mensch mit seinen Trieben sorgsam, pfleglich, zuchtvoll umzugehen hat. Es kommt dadurch zu emanzipatorischen Konzepten der „Befreiung zur Lust", zur Triebentfesselung. Unter einer hochmütigen Einstellung werden die Triebbereiche dämonisiert und ihrer positiven konstruktiven Funktion beraubt. Die „goldenen Hörner" an Gottes Altar, Symbol der positiv eingebundenen „tierischen Triebkräfte" der Selbst- und

Arterhaltung – das Horn ist sowohl ein Instrument der Verteidigung als auch ein Phallussymbol – geben angesichts dieser Situation das Signal zur Entfesselung der aggresiven und sexuellen Kräfte, die bisher im Dienst der Naturordnung standen.

Verheerend wie das Heer der Parther bricht ein tötender Sturm unendlich vervielfältigter, wieder roh gewordener Natur über die Menschen herein (denn die Zahl 2 steht mythologisch für Weiblichkeit – als Urweiblichkeit gilt die große Urmutter Natur, die magna mater selbst). Die Zahl zwanzigtausend mal zehntausend weist auf eine ungeheuerliche negative Quantifizierung der Naturkräfte hin. Die Löwenköpfe dieser Ungeheuer, Feuer, Rauch und Schwefel aus ihren Mäulern künden von der Dämonisierung und vernichtenden Kraft von Aggressivität und Sexualität, die durch intellektualistische Phantasien heraufbeschworen worden sind. Und da solche entfesselten Urtriebe keine Rücksicht kennen, keine Bindung an ein Wertsystem oder Zurückhaltung durch Gottesfurcht, ist ihnen auf diese Weise eine Panzerung gegeben, die sie schier unangreifbar macht. Der feuerrote Panzer ist ein Symbol des vorbehaltlosen Aggressors, der rauchblaue ein Symbol geistiger Vernebelungsmöglichkeit, der schwefelgelbe zeigt die ätzende Kraft höhnischer Kritik und höhnischer Diffamierung an. Wie sehr hier von geistiger Verführung mit Hilfe des *Wortes* gesprochen wird, macht die Aussage deutlich, daß die Kraft dieses Millionenheeres in seinen *Mäulern* zu suchen sei; aber ebenso weist die verheerende Wirkung der Schweife, die aus Schlangen bestehen, auf den Geist der Eigenmächtigkeit und dämonisierter Sexualität hin.

Wer könnte diese Dämonie nicht für unsere Zeit heute bestätigen? So haben wir zum Beispiel einen Trend zur Vergottung sexueller Lust, eine Theorie, die bereits zu einem pädagogischen Programm geführt hat. Dieses Programm verhindert die seelisch-geistige Ausreifung der Kinder zu echter menschlicher Liebesfähigkeit, degradiert sie zu „Sextechnikern", die sie nicht nur schweren Sexualstörungen anheimfallen lassen, sondern sie auch um die seelische Erfüllung ihres Lebens, ihres Auftrags, Mensch im eigentlichen Sinne zu werden, bringen kann, was ihrem geistigen Tod – und damit einer Tötung durch das dämonische Millionenheer aus dem 8. Kapitel der Apokalypse – gleichkommt. Wir haben aber im Zuge unserer Heuschreckenideologie auch eine Sanktionierung der gewalttätigen Aggression mit der Begründung, daß die Zerstörung dieses als verbrecherisch diffamierten Systems vorangetrieben werden müsse. Wir haben unter der verschleiernden Devise einer „antiautoritären" Erziehung eine Entmachtung pädagogischer Bemühungen um eine

Kultivierung der Aggression, eine Sanktionierung natürlicher elterlicher Bequemlichkeit und damit eine Aufblähung aggressiver Tendenzen unter den jüngeren Jahrgängen, die die schrankenlose Quantifikation dieses im Grunde der Selbsterhaltung dienenden Antriebs bewirkt. Feuerrot, rauchblau, schwefelgelb sind die Kennzeichen der exzentrischen Verstärkung des Triebhaften in uns und um uns durch diesen destruktiven Geist. Die Apokalypse sagt, daß ein Drittel aller Menschen die Opfer dieser Entfesselung und Dämonisierung von Aggressivität und Sexualität sein werden. Dabei können leidvolle Niedergänge im Einzelschicksal gemeint sein – es kann aber durch die Entfesselung der Aggressivität auch kollektiv zu einem Überborden dieses Antriebs kommen, so daß Bürgerkriege oder gar große Kriege unter den Völkern entstehen. In solchen Fällen treffen die Visionen des Johannes häufig sogar direkt zu – in Zeiten, in denen aus feuer-, rauch- und schwefelsprühenden Geschoßmündungen totbringende Granaten ausgespien werden.

Aber das Massensterben der Menschen in einem Vernichtungskrieg darf allenfalls als *eine* besonders eindringliche Konsequenz einer „heil-losen" Entwicklung verstanden werden – und auch die Prophezeiung, daß ein Drittel der Menschen (die ohne das Zeichen Gottes sind) sterben werden, darf nicht wörtlich mit dem leiblichen Sterben von Menschen im Krieg gleichgesetzt werden. In einer umfassenderen Weise ist unter dem *Tod* der Menschen in der Apokalypse die seelisch-geistige Zerstörung gemeint, die als Preis unweigerlich gezahlt werden muß, wenn der Mensch sich allein unter die Herrschaft der Materie, seiner Natur, seiner Triebe stellt. Diese todbringende Verhaftung an die Materie, an Macht, Besitz und Sexualität ist im Bild des Götzendienstes ausgedrückt. Deshalb heißt es:

> „Sie hörten nicht auf, die Dämonen anzubeten und die Götzenbilder aus Gold, Silber, Erz und Stein und Holz, die weder sehen noch hören, noch gehen können. Auch bekehrten sie sich nicht von ihren Mordtaten noch von ihren Zaubereien, noch von ihrer Unzucht, noch von ihren Diebereien."

Diese aufgezählten Elemente sind Symbole der leblosen Materie. Stellt sich der Mensch unter ihr Primat, so verdirbt er sich selbst, sagt die Apokalypse aus. Mordtaten sind die Folge zuchtloser Aggressionen, Zaubereien die Folge eines grenzüberschreitenden Machttriebs, Unzucht ist die Folge enthemmter Sexualität, und die Diebereien der Menschen entstehen durch dranghafte Habgier. Das heißt also, wer die wertneutralen Naturtriebe nicht in den Dienst nimmt, sie nicht einspannt in die Funktion einer geistigen Gestaltung und Bewältigung dieses Seins, wer sie vergottet, leistet ihrer Wucherung und damit der Notwendigkeit eines Gerichts Gottes Vorschub!

In den Kapiteln 10 und 11 wiederholt sich der Stil, Kontraste zu setzen, wie wir es bereits in der Abhebung der vier ersten Siegel von den beiden folgenden kennengelernt hatten. Den furchtbaren Eindrücken der Visionen der sechs Posaunenengel folgen zwei Zwischengesichte, die der Ermutigung, der Zuversicht dienen. Sie enthalten abermals in symbolhaften Visionen die Verheißung eines Sieges des Guten über das Böse. Der erste Teil (Kapitel 10) berichtet vom Gesicht eines ungeheuerlichen, mächtigen Engels, der mit einem Fuß auf dem Land, mit dem anderen im Meer steht, dessen Gestalt so mächtig ist, daß sie in den Himmel hineinragt. Dieser Engel gibt mit Donnerstimme dem Johannes etwas kund, das er nicht aufschreiben darf.

Engel stellen generell bildhaft den Geist des vollkommen Guten dar. Insofern sind sie die direkten, beflügelten (das heißt geistigen) Abgesandten Gottes. Die Größe und Mächtigkeit der Gestalt des Engels, von der Johannes im Kapitel 10 berichtet, zeigt infolgedessen die Mächtigkeit, die Stärke des Geistes des Guten an. In seinem Stehen zwischen Meer und Land wird darüber hinaus ausgesagt, daß der Geist des Guten – trotz dieser furchtbaren Gerichte, von denen wir hörten – allumfassend ist, Bewußtes *und* Unbewußtes, Geformtes *und* Ungeformtes, Geist *und* Materie, Leben *und* Tod einschließt. Über die Eigenschaften dieses Geistes wird in herrlichen Metaphern aber noch mehr ausgesagt:

> „Er war in eine Wolke gehüllt, der Regenbogen (stand) über seinem Haupte, und sein Antlitz war wie die Sonne, seine Beine wie Feuersäulen."

Allgemein könnte man interpretieren: Der Geist des Guten ist ein Wesen der „oberen Welt", des Unirdischen, Unsterblichen, Ewigen. Er ist schwebend, sanft wie eine weiße Wolke, aber auch von herrlicher, leuchtender Schönheit wie ein Regenbogen. Vor allem aber ist er von einer sonnenhaften, durchdringenden Klarheit und Rundheit = Vollkommenheit, ist wärmende Hauptenergiequelle wie die Sonne. Wo solcher Geist aber mit der Erde in Berührung kommt (wo er sich in einem Menschen inkarniert, so könnte man interpretieren), wird er zum leidenschaftlich feurigen Kampfgeist, zum flammenden Einsatz, denn mythologisch bedeuten die Füße ein Symbol für die Lebensgestaltung, für

„Standfestigkeit" im Profanen. Da das Feuer in der Bildersprache der Seele oft für Leidenschaft, für die Gefühlsglut schlechthin steht, lassen sich die Füße des Engels, „die wie Feuersäulen sind", in dieser Weise interpretieren.

Die direkte Konfrontation mit dem Geist des Guten beschert dem Johannes mit ungeheuerlicher Eindringlichkeit (in der Lautstärke der Löwenstimme und dem Donner dargestellt) höchste Einsicht. Erkenntnis dieser Art ist so übermächtig, so zentral, daß sie nicht artikuliert werden darf. Das wird ausgesagt in dem Gebot an Johannes, das Gehörte nicht aufzuschreiben. Aber dennoch kann Wichtiges verkündet werden: daß das „Geheimnis Gottes" nicht für alle Zeiten bestehen, sondern in einer letzten Entscheidung sein Ende finden wird. Auch die folgende Anweisung an den Johannes erfolgt in der Bildersprache: denn er hört eine Stimme aus dem Himmel, die ihm befiehlt, ein aufgeschlagenes Buch aus der Hand des Engels zu nehmen. Dieser wiederum befiehlt ihm, das Buch zu verschlingen, und erklärt ihm, „daß es seinen Magen mit Bitterkeit erfüllen wird, in seinem Mund aber süß wie Honig sein wird". Nachdem das Buch verschlungen und die Weissagung des Engels eingetreten ist, wird dem Johannes gesagt: „Du mußt nochmals weissagen über viele Völker und Nationen und Sprachen und Könige." An dieser Geschichte vom Verschlingen des Buches wird wieder deutlich, wie wenig möglich es ist, zu einem Verstehen solcher Aussagen zu kommen, wenn man sie wörtlich nimmt. Zwar mag es so etwas gegeben haben; manche Exegeten behaupten, daß Adepten Papyrusrollen de facto gegessen haben; aber auch dann handelt es sich bereits um eine symbolische Handlung, nämlich um die zeichenhafte Integration der in der Schrift enthaltenen Weisheit durch Einverleibung.

Welche „göttlichen" Erkenntnisse, die der Engelbote bereithält, sind es denn wohl, die aufzunehmen Johannes sich aufgefordert fühlt? Da sie in Verbindung stehen mit dem Auftrag, abermals als Prophet zu wirken, darf angenommen werden, daß es sich um eine Einsicht in die harten Unterscheidungs- und Abtrennungsprozesse handelt, die der Verwirklichung des Reiches Gottes vorausgehen; denn die Aussage, daß das Buch dem Johannes im Munde süß schmeckt, ihm aber seinen Magen mit Bitterkeit füllt, zeigt, daß diese Einsicht eine „schwer verdauliche" Kost darstellt, daß sie sowohl furcht- und schreckenerregend, gleichzeitig aber voll „honigsüßer" Verheißung ist. Die Tatsache, daß dieser Einsicht die Aufforderung zu einem weissagenden Predigtamt folgt, rechtfertigt die Vermutung, daß es notwendig wird, die Menschen davor zu warnen, als

Folge einer verantwortungslosen Lebensführung im großen Unterscheidungsprozeß verworfen zu werden.

Im Kapitel 11 wird dann in viel bildhafter Ausdrucksweise die Aufgabe eines solchen Prophetenganges sowie das Elend und der Glanz des Prophetenschicksals aufgezeigt. Der Text lautet:

> Und es wurde mir ein stabähnliches Maßrohr gegeben mit den Worten: „Mach dich auf und miß den Tempel Gottes und den Altar samt denen, die darin anbeten. Den äußeren Vorhof des Tempels aber wirf hinaus und miß ihn nicht; denn er ist den Heidenvölkern preisgegeben worden, und sie werden die heilige Stadt zertreten, zweiundvierzig Monate lang. Und ich werde meinen zwei Zeugen (Auftrag) geben, und sie werden zwölfhundertsechzig Tage lang in Sackzeug hüllt weissagen." Diese sind die beiden Ölbäume und die beiden Leuchter, die vor dem Herrn der Erde stehen. Und wenn jemand ihnen ein Leid antun will, so geht Feuer aus ihrem Munde aus und verzehrt ihre Feinde; ja wenn jemand ihnen ein Leid antun wollte, so muß er auf diese Weise umkommen. Diese haben die Macht, den Himmel zu verschließen, daß kein Regen fällt in den Tagen ihrer Weissagung; auch haben sie Macht über die Wasser, sie in Blut zu verwandeln und die Erde mit jeglicher Plage zu schlagen, wann immer sie wollen. Und wenn sie ihr Zeugnis vollendet haben, wird das Tier, das aus dem Abgrund heraufsteigt, mit ihnen Krieg führen und sie besiegen und sie töten. Und ihr Leichnam wird auf dem Marktplatz der großen Stadt liegenbleiben, die in geistigem Sinn Sodom und Ägypten heißt, wo auch ihr Herr gekreuzigt worden ist. Dann sehen Leute aus den Völkern und Stämmen und Sprachen und Nationen ihren Leichnam drei und einen halben Tag lang, dulden aber nicht, daß ihre Leichname in ein Grab gelegt werden. Und die Bewohner der Erde freuen sich über sie und frohlocken und werden sich gegenseitig Geschenke senden, weil diese beiden Propheten die Bewohner der Erde gequält hatten. Aber nach den dreieinhalb Tagen kam Lebensgeist von Gott in sie hinein, und sie stellten sich auf ihre Füße, und große Furcht befiel die, die sie sahen. Und ich vernahm eine mächtige Stimme aus dem Himmel, die ihnen sagte: „Steigt hierher empor." Und sie stiegen zum Himmel empor in der Wolke, und ihre Feinde sahen sie. In derselben Stunde entstand ein großes Erdbeben, und der zehnte Teil der Stadt stürzte ein, und es wurden durch das Erdbeben siebentausend Personen unter den Menschen getötet; die übrigen gerieten in Schrecken und gaben dem Gott des Himmels die Ehre.

Im ersten Bild wird mit Hilfe des „stabähnlichen Maßrohres" dargestellt, daß es zum Amt des Propheten gehört, unter dem ihm anvertrauten Bereich eine Aussonderung zu vollziehen. Das Hinauswerfen des Vorhofs des Tempels, ein Preisgeben dieses Hofes an die Heidenvölker, die ihn zertreten werden, weist auf einen geistigen Reinigungsprozeß innerhalb der christlichen Amtsträger hin. Die „falschen Fünfziger" sollen, so lautet der Auftrag, preisgegeben werden, selbst wenn das zunächst wie Selbstzerstörung aussieht. Wollte man dieses Bild in unsere Zeit transponieren, so müßte man interpretieren: Es wird auf die unumgängliche Notwendigkeit hingewiesen, daß die Kirche sich „gesund schrumpft". Nicht Toleranz, so sagt die Offenbarung des Johannes, sondern ein Ausstoßen aus der Kirche aller jener ungetreuen Hirten sollte erfolgen, die sich weigern, die „Anbetung Gottes" mitzuvollziehen.

Den Gott-ist-tot-Schreiern von der Kanzel sollte der Weg dahin gewiesen werden, wohin sie sich mit diesem Bekenntnis selbst stellen: zu den „Heidenvölkern". Eine begrenzte Zeitlang (42 = 6×7 Monate) wird das zunächst eine negative Wirkung haben: Es wird zu einem „Zertreten der heiligen Stadt" kommen. In diesem Bild ist gewiß nicht einfach die reale Vernichtung der Stadt Jerusalem durch feindliche Soldateska gemeint, sondern die „heilige Stadt" steht hier für den zentralen Kern der Glaubensinhalte. Es soll damit also gesagt werden, daß auf diese Weise zunächst in einem verstärkten Maße eine Diffamierung der Glaubenssubstanz einsetzt, daß ihre Entweihung und Verleumdung durch den Geist des Ungehorsams erfolgt, der sie in der Tat gefährdet.

Wie nötig wäre es heute, den Mut zur Erfüllung solcher Aufträge, wie er an Johannes gegeben wurde, zu finden! Denn der Fortgang der prophetischen Vision zeigt, daß dann geistig starke Kräfte (die zwei Zeugen) in Erscheinung treten würden, an denen gleichnishaft Gottes Wille den Menschen erkennbar werden könnte. Unsere Kirche heute zeigt statt dessen eine gefährlich verantwortungslose Toleranz gegen die „Vorhöfe". Man kann als kirchlicher Amtsträger, wie ich es nicht selten erlebt habe, zum gewaltsamen Kampf gegen die Gesellschaft aufrufen, um ein sozialistisches Paradies zu kreieren, in dem alle alles haben und Gott überflüssig sein soll, man kann unbeschadet die Wundergeschichten Jesu öffentlich als überholte Hirngespinste verhöhnen, ohne daß das Maßrohr des Johannes angelegt wird. Aber wenn man auch mit Recht durch Abweisungen solcher Einstellungen eine Verstärkung der zerstörerischen Geisteskräfte befürchtet, so beschwört man durch diese Laisser-faire-Methode eine Vergiftung noch schlimmerer Art, nämlich der innersten Sphäre des Glaubens des „Tempelinneren" herauf. Es erscheint fraglich, ob in einer so lauen Situation die beiden Zeugen in Erscheinung treten könnten.

Über diese beiden Prophetengestalten ist innerhalb der

Geschichte der Exegese viel nachgedacht worden. Man hat gemeint, bestimmte Propheten, etwa Moses, Elia oder Henoch, darin umschrieben zu finden. Ich vermute, daß wir dem Wahrheitskern näher kommen, wenn wir auf dergleichen historische Festlegungen verzichten und in diesen beiden Gestalten allein große Prediger sehen, die in Zeiten der harten Glaubenskämpfe und Glaubensbedrängnis auftreten. Vermutlich ist selbst die Zahl Zwei wieder einmal nicht wörtlich zu verstehen, sondern soll in diesem Zusammenhang für die Aussage stehen: Es werden in dieser Situation einige, sehr wenige, aber überragende Propheten in Erscheinung treten.

Es wird nun in großen Bildern von der geistigen Kraft und geistigen Mächtigkeit dieser Menschen, die einen Auftrag Gottes zu erfüllen haben, gesprochen. Zunächst: sie sind Gottes Ölbäume und Gottes Leuchter. Der Ölbaum, Sinnbild der zentralen Lebenssubstanz des Morgenländers, zeigt in diesem Zusammenhang an, daß die Propheten den Menschen zu ihrer seelischen Grundnahrung verhelfen: sie machen ihnen den Sinn ihres Lebens bewußt, „Arbeiter im Weinberg des Herrn zu sein", eine Weisheit, die auch heute noch keineswegs überholt ist. Der Mensch kann ohne eine Sinnfindung seines Lebens nicht leben, so hat uns der Wiener Psychoanalytiker Frankl gelehrt, er verhungert seelisch, wenn ihm der „Ölbaum" der Sinnfindung nicht zuwächst. Propheten, die aufgrund ihrer von Gott gegebenen Erkenntnisse den Menschen von Seinem Sein und Wirken erzählen, sind deshalb wie Ölbäume, aber auch wie Leuchter für sie, da sie ihnen zur „Erleuchtung" verhelfen. Sie sind durch eine ungeheuerliche Kraft des Wortes ausgezeichnet; denn „es geht Feuer von ihrem Munde aus und verzehrt ihre Feinde". Mit diesem „Verzehren" ist nicht wörtlich ein Zerstören des realen Menschen durch Verbrennen gemeint, sondern eine geistige Schärfe, eine leidenschaftliche (feurige) Überzeugungskraft, eine flammende Be-geisterung, die atheistische Widersacher mattsetzt. Das Bild, daß diese Propheten das Strömen des Regens verhindern können, ja daß sie die Macht haben, das Wasser in Blut zu verwandeln, zeigt an, daß sie Mahner sind, die im höchsten Maße unbequeme, unwillkommene Weisheiten zu verkünden haben, die den Menschen hart bedrängen können, und daß sie über weit mehr geistige Kraft verfügen als gewöhnliche Menschen. Diese Kraft ist ihnen aber nur für die Zeit der Erfüllung ihres Auftrags verliehen. Haben sie ihr Amt erfüllt, dann haben sie diese Macht nicht mehr und werden sofort von den destruktiven Kräften liquidiert. Diese werden in der Gestalt des „Tieres aus dem Abgrund" dargestellt, das heißt der Geist der triebhaften Eigenmächtigkeit, der Geist der eigensüchtigen Selbstvergottung des Menschen bringt den Geist der Gottesliebe zum Verstummen, ja er treibt mit ihm eine kaum vorstellbare Eskalation der Verachtung und der Diffamierung. Das ist ausgesagt in dem Bild, daß die toten Propheten nicht bestattet werden, sondern daß man sie in den Straßen der Stadt zum Siegesjubel der Renegaten und Atheisten (= der Bewohner der Erde) liegen läßt. Aber dann wird zu deren Entsetzen deutlich, daß dieser prophetische Geist gar nicht abtötbar ist, daß er wiederbelebt wird, daß er unsterblich ist, Ewigkeitswert besitzt, wie es in der Himmelfahrt der Propheten ausgesagt wird, und daß eine Verhöhnung dieses Geistes, der bewußten Treue zu Gott, zu schweren Erschütterungen (dem Erdbeben) führt, die viele Menschen in einen Strudel der Vernichtung reißt. Auch das „Erdbeben" also, so dürfen wir gewiß annehmen, bezieht sich nicht auf ein reales Geschehen, auf eine Bewegung der Erdrinde, die durch Gottes Zorn hervorgerufen wird, sondern es wird deutlich, daß im übertragenen Sinne von „Erschütterungen" gesprochen wird, daß also das Überhandnehmen des Geistes der Eigenmächtigkeit auf der Erde zu Gewalttätigkeiten, zu Kriegen, Revolutionen, anarchistischen Bewegungen führt, die durch die Ehrfurchtslosigkeit vor dem Glauben an Gott ihre Ursache haben.

Unsere Zeit bietet eine Fülle von Möglichkeiten, um den Kern dieser Aussage zu verstehen. Geht der Bezug zur Religion verloren, so schlittert der Mensch unversehens in einen leichtfertigen, selbstgerechten Hochmut der Eigengestaltung zu Zwecken der Bequemlichkeit hinein – ganz gleich, ob es sich um die Befreiung von der Einehe, vom Leistungszwang oder um die Devise „mein Bauch gehört mir" handelt. Er verliert unbedacht das ihm zugeteilte Maß. Behutsamkeit als Haltung, die durch Ehrfurcht vor Gott entsteht, verschwindet, und an ihre Stelle tritt ein unbekümmertes Machen, eine überhebliche Einstellung der Entbundenheit, die fürchterliche Nöte aller Art heraufbeschwört. Denn wenn der Mensch sich Freiheiten herausnimmt, braucht er gleichzeitig das Wissen um die Bürde von Verpflichtung, Gebundenheit und Verantwortung. Mangel an Einsicht in diese Gegebenheit bewirkt – auf welchem Sektor auch immer – Zerstörung des für den Schöpfungsplan unbrauchbar Gewordenen. Das Kapitel 11 sagt etwas über den Sinn von zerstörerischen Katastrophen aus: nämlich sich zu besinnen und Ehrfurcht zu lernen; deshalb heißt es in den Schlußworten dieses Kapitels: „... die übrigen gerieten in Schrecken und gaben dem Gott des Himmels die Ehre."

Nach diesen abklärenden, Entscheidung erleichternden und damit tröstlichen Kapiteln setzt mit der Posaune des siebenten Engels das zentrale Geschehen des Gerichts ein. Es beginnt mit einer mächtigen, in den Mythologien vielfältig vorkommenden Vision:

> Und es erschien am Himmel ein großes Zeichen: eine Frau, umkleidet mit der Sonne, der Mond unter ihren Füßen und auf ihrem Haupt ein Kranz von zwölf Sternen; und sie ist schwanger und schreit in Wehen und Geburtsqualen. Und ein anderes Zeichen erschien am Himmel und siehe: ein großer, feuerroter Drache mit sieben Köpfen und zehn Hörnern und auf seinen Köpfen sieben Kronen; und sein Schwanz fegte ein Drittel der Sterne des Himmels hinweg und warf sie auf die Erde. Und der Drache steht vor der Frau, die gebären soll, um gleich nach der Geburt ihr Kind zu verschlingen. Und sie gebar einen Sohn, ein männliches Kind, das alle Völker mit eisernem Stabe weiden soll; und ihr Kind wurde entrückt zu Gott und zu seinem Thron. Die Frau aber floh in die Wüste, wo sie eine von Gott bereitete Stätte hat, damit man sie dort erhalte zwölfhundertsechzig Tage lang.
> Und es entstand ein Kampf im Himmel. Michael und seine Engel erhoben sich, um Krieg zu führen mit dem Drachen, und der Drache kämpfte und seine Engel. Aber er vermochte nichts, und es wurde im Himmel kein Ort mehr für sie gefunden. Und gestürzt wurde der große Drache, die alte Schlange, die der Teufel heißt und der Satan, der die ganze Welt verführt; gestürzt wurde er auf die Erde, und seine Engel wurden mit ihm gestürzt. Und ich hörte eine mächtige Stimme im Himmel rufen: „Nun ist das Heil und die Kraft und das Reich unseres Gottes und die Macht seines Gesalbten angebrochen; denn gestürzt wurde der Ankläger unserer Brüder, der sie vor unserem Gott Tag und Nacht verklagt. Und sie haben ihn besiegt kraft des Blutes des Lammes und kraft des Wortes ihres Zeugnisses, und sie haben ihr Leben nicht liebgehabt bis in den Tod. Darum jauchzet ihr Himmel und die darin ihr Wohnzelt haben! Wehe der Erde und dem Meer! Denn der Teufel ist zu euch hinabgestiegen mit grimmem Zorn, weil er weiß, daß er (nur noch) kurze Zeit hat."
> Und als der Drache sah, daß er auf die Erde geworfen war, verfolgte er die Frau, die den Knaben geboren hatte. Da wurden der Frau die zwei Flügel des großen Adlers gegeben, damit sie in die Wüste flöge an ihre Stätte, wo sie eine Zeit und Zeiten und eine halbe Zeit erhalten wird vor der Schlange. Und die Schlange spie aus ihrem Maul hinter der Frau her Wasser gleich einem Strom, damit sie von dem Strom fortgerissen werde. Aber die Erde kam der Frau zu Hilfe, und die Erde öffnete ihren Mund und verschlang den Strom, den der Drache aus seinem Maul ausgespien hatte. Und der Drache ergrimmte wider die Frau und ging hin, um Krieg zu führen mit den übrigen ihrer Nachkommenschaft, mit denen, die die Gebote Gottes beobachten und am Zeugnis Jesu festhalten.

Die Gestalt dieser Himmelskönigin ist ein in zahllosen Mythen in verschiedenen Variationen wiederkehrendes Urbild. Die amerikanische Tiefenpsychologin E. Harding ist diesem Mythos in ihrem Buch „Frauen-Mysterium" nachgegangen und schreibt darüber: „Mondgöttinnen fanden die jesuitischen Missionare in China und Mexiko, ohne daß diese je etwas von der Mutter Maria gehört hatten. In Babylonien wurden die Himmelsgöttin Istar und ihr Sohn Tammuz verehrt, Astarte war die Muttergöttin, die die Kanaaniter, die Hebräer und die Phönizier anbeteten, aber sie und ihr Sohn Baal waren älter als diese Völker. Ihr Name, der dem der Istar nahesteht, wird zum ersten Male 1478 vor Christus genannt, aber damals war ihr Kult schon sehr alt und reichte zurück in die primitiven Zeiten der Semiten. Die ägyptische Isis hieß die ‚Mutter des Universums', und alles Leben auf Erden kam von ihr. Ihr Sohn Osiris wurde von Seth, dem Drachen der Finsternis, getötet. Kybele, Erdgöttin und Mondgöttin, wurde in Phrygien vor 900 vor Christus verehrt. Sie war die Mutter von Attis, auch er ein typischer sterbender und wiederauferstehender Gott." Kelten, Griechen, Römer haben analoge mythische Vorstellungen entwickelt. In den Tarotkarten der jüdischen Kabbala gibt es eine Mondgöttin, deren Haupt von zwölf Sternen umstellt und von der Sonne umstrahlt ist. Und die Gestalt des göttlichen Kindes, das vom Drachen bedroht wird, das aber später zum Helden erstarkt und das Ungeheuer in einem fürchterlichen Kampf tötet, lebt in zahllosen Sagen – am schönsten in der Sage vom heiligen Georg, deren älteste Darstellungen aus dem östlichen Mittelmeer stammen, aber im Mittelalter als englische Heldengestalt besonders ausgebaut wurde.

Frauengestalten dieser Art, die immer als Jungfrau und gleichzeitig als Gebärerin eines göttlichen männlichen Kindes dargestellt und durch den dämonischen Drachen fürchterlich bedroht werden, sind Urbilder für die Natur, die magna mater schlechthin. Sie ist die Verkörperung der „guten Hoffnung", daß der Geist sich in ihr inkarniert, daß mitten in der Materie neue, höhere Bewußtseinsebenen unter heftigen Wehen (= Veränderungsnöten) zur Geburt gebracht werden. Dieses „Kind", die höhere Bewußtseinsebene, ist unmittelbar von einem wachsamen Drachengeist bedroht, denn dieser, der Geist der Materie und des Chaos, muß die Erstarkung des Bewußtseins fürchten, weil es allein in der Lage sein könnte, die Gefahr chaotischer Rückfälle endgültig zu besiegen. Das durchgängige Vorhandenseins dieses Motivs in allen alten Hochkulturen weist auf ein unbewußtes Wissen um das Ziel der Schöpfung hin. Um so brennender muß uns das Auftauchen dieses Motivs in den Visionen des

Johannes über die Endzeit interessieren; kommt es hier doch zu Abweichungen vom Grundmotiv, das uns Aufschluß geben kann über einen zukünftigen Aspekt unserer Menschwerdung. Hier, im Endgericht, wird ja das von der Himmelskönigin geborene Kind nicht vom Drachen verschlungen und dann wiedergeboren, wie es in Analogie zum jahreszeitlichen Geschehen in vielen Völkern noch geschieht, das heißt, es kommt hier nicht zu einem Kreislauf des Wieder-eingesogen-Werdens des Geistes in die Materie, sondern dieses göttliche Kind, die neue Bewußtseinsmöglichkeit, wird *post Christum* auf eine wunderbare Weise entrückt, es wird der Macht der Regression entzogen. Das Wirken und Sterben der Person Jesu hat also die geistige Situation verändert, hat einen neuen Status bewirkt. Die Erstarkung des christlichen Geistes, des Geistes der Liebe, Vergebung, Opferbereitschaft und der Treue zum konstruktiven Geist der Schöpfung läßt eine klare geistige Polarisation entstehen, hat einen Kampf zwischen Engeln und Teufeln zur Folge. Die Idee des Guten – in der Gestalt des Engels Michael gezeichnet – wird als kosmisches Prinzip so mächtig, daß das Böse, der Drache, im geistigen Bereich, im „Himmel", endgültig entmachtet wird. Damit ist der alte Drache, das Prinzip der destruktiven Kräfte, aber keineswegs besiegt – im Bereich des Ich, im irdischen Rahmen also, tritt es jetzt mit gedoppelter Stärke auf den Plan. Als entfesselte, dämonisierte, chaotische Kraft wendet er sich jetzt gegen das „Weib", gegen die Naturordnung, gegen den Eros, gegen den weiblichen Aspekt in der Schöpfung. Der Geist der Zerstörung versucht durch Wasserströme, die er aus seinem Maul ausstößt, das Weib zu ersäufen, das, in die Wüste entrückt, eine lange, aber begrenzte Zeit auf seine Erlösung wartet. Dieses Bild sagt aus, daß destruktive Triebüberflutung dazu ansetzt, Naturordnung ins Chaos, ins Tohuwabohu des Urmeers zurückzustoßen. Solche gefährlichen Überflutungen finden immer dann statt, wenn in den Zeitströmungen materielle Maßlosigkeit entsteht, die das weibliche Prinzip besonders gefährdet. In Zeiten der Fülle kann die Frau durch eine maßlose Gebebereitschaft zu einer gefährlich Verwöhnenden werden, in Zeiten zu großer sexueller Freizügigkeit kann ein Rückfall in die Promiskuität kollektive Niedergänge heraufbeschwören. Aber das Bild, daß die Erde sich öffnet und diese zerstörerischen Fluten verschlingt, sagt aus, daß in nachchristlicher Zeit das „Geschaffene", der Geist der Ordnung, bereits so viel mächtiger ist, daß ihm die Urmacht des Ungeformten nichts mehr anhaben kann. Denn die Himmelskönigin ist mehr als die wilde, böse, dämonische Hexe Natur, sie ist nicht mehr die grausame, unerbittliche Herrin über

Leben und Tod, die durch Materialisation erdrückt, sie ist das Gefäß, in dem das Göttliche zum Menschlichen wird, in dem sich der Geist mit dem Stoff vereinigt. Sie wird durch die Steigerung des Bewußtseins zu echter Menschlichkeit, wie Christus sie erreicht hat, selbst zu einer veredelten Kraft. Ihre Funktion, der Verwirklichung des Geistes in der Materie zu dienen, erhebt sie, gibt ihr geistige Kräfte, die in Gestalt der Flügel dargestellt sind. Die Kraft des Sohnes, des neuen männlich-schöpferischen Bewußtseins, läßt auch die Natur zu einem geistigen Prinzip werden, zu einer himmlischen Kraft, in der der Mondgeist empfangsbereiten Horchens ebenso mächtig ist wie der Sonnengeist der schöpferischen Ausstrahlung. Die Natur wird zum weiblichen Aspekt von Gott selbst. Das Prinzip des Eros, das „Ewig Weibliche", wird damit zum ergänzenden Pol des männlich-schöpferischen Prinzips. Aus einer solchen Legierung von Natur und Geist entsteht das Bild der Himmelskönigin, Symbol naturnaher Weisheit, die große Muse, das heißt die Mutter der Künste, die demütige Hüterin des noch schwachen Bewußtseins, die Vermittlerin intuitiver Erkenntnis.

Sowenig die „alte Schlange" hier Urordnung entmachten und den Werdeprozeß der Schöpfung zerstören kann, um so intensiver künden die folgenden Kapitel vom verzweifelten Kampf des destruktiven Geistes um eine Vernichtung der Schöpfung auf der Erde. Es kommt zu einer abenteuerlichen Herrschaft des Tieres aus dem Meer, eines Ungeheuers mit sieben Köpfen und zehn Hörnern:

> Und ich sah aus dem Meere ein Tier auftauchen; das hatte zehn Hörner und sieben Köpfe und auf seinen Hörnern zehn Kronen und auf seinen Köpfen Lästernamen. Und das Tier, das ich sah, glich einem Panther; seine Füße waren wie Bärenfüße und sein Maul wie ein Löwenmaul. Und der Drache verlieh ihm seine Macht und einen Thron und große Gewalt. Und einen seiner Köpfe (sah ich) wie zum Tode geschlachtet; aber seine Todeswunde wurde geheilt. Und die ganze Welt staunte hinter dem Tier her. Und sie beteten den Drachen an, weil er dem Tier die Gewalt gegeben hatte, und sie beteten das Tier an, indem sie sprachen: „Wer ist dem Tier gleich, und wer vermag mit ihm zu kämpfen?" Und es ward ihm ein Maul gegeben, um prahlerische und lästerliche Reden zu führen, und es ward ihm die Vollmacht gegeben, es zweiundvierzig Monate lang (so) zu treiben.

Zweifellos ist in diesen Bildern abermals vom Tierischen im Menschen die Rede, von den Antrieben zur Selbst- und Arterhaltung. Ihre Entfesselung zeigt an, daß Menschen in solchen Zeiten den Sinn für die Notwendigkeit der Steuerung ihrer Antriebe verlieren. Dadurch kommt es zu einer dämonischen Vervielfältigung (sieben

Köpfe), so daß das Leben mehr und mehr von triebhaften Impulsen beherrscht wird. Die Ansprüche der Menschen blähen sich unter einem solchen Zeitgeist zu wuchernder Mächtigkeit auf, die besonders den Machttrieb des Menschen gefährlich quantifizieren.

Ein sehr seltsames Bild wird uns in der Vision dargestellt, in der einer der Köpfe des Tieres eine tödliche Schwertwunde trägt, die mit Hilfe der Macht des Drachen geheilt wird, ein Vorgang, der eine große Menge von Menschen unbedacht und leichtgläubig zu Anhängern des neuen Zeitgeistes werden läßt, ohne daß sie ahnen, daß hier teuflische Kräfte am Werk sind. Um was für Geschehnisse kann es sich in diesem Bild wohl handeln? Auch heute sieht manche Triebbefreiung wie eine Heilung aus; so war der Triebbereich Sexualität durch eine gewaltsame Prüderie gewiß in vielen Bereichen krank und behindert, verwundet von einem allzu harten Zugriff asketischer Moralvorschriften. Die Befreiung von lähmenden Schuldgefühlen, von Sittenregeln, die den Lebensgenuß einschränkten, hat im Zeichen unserer modernen Emanzipationsbewegung gewiß zu mancher Heilung, zu mancher beglückenden Lebenserleichterung geführt. Aber schon jetzt zeichnen sich die gefährlichen Teufelsklauen dieser Triebentfesselung ab: Durch den Mißbrauch entstehen neue Sexualstörungen, die Auflösung der Tabus, vor allem die Verfrühung und Brutalisierung in der Sexualaufklärung der Kinder, der Regulationen um die Geschlechtlichkeit läßt neue Nöte, Leiden, Krankheiten und Lebenskonflikte sichtbar werden, denen viele Menschen nicht mehr gewachsen sind und sie in die Selbstzerstörung treiben. Dabei soll die Sexualität hier nur als *ein* Beispiel stehen. Jeder andere Triebbereich – auch der Nahrungs- oder der Verteidigungstrieb – kann zunächst durch eine Triebbefreiung gesunden, bedarf dann aber dringend einer bewußten geistigen Steuerung des Menschen, wenn er nicht dämonisiert und zerstörerisch übermächtig werden soll.

Im folgenden Kapitel geht es in Form anderer Bildsymbole um die gleiche Aussage: um die Unterscheidung des Schicksals der Getreuen Gottes von dem der Ungetreuen. Dabei dürfen hier, wie in den anderen Kapiteln der Offenbarungen, die Zahlen ebenfalls nicht wörtlich genommen werden. Die einhundertvierundvierzigtausend Getreuen beziehen sich nicht auf eine reale Personenzahl, sondern bedeuten eine tausendfache Zahl zur Vollendung gelangter Menschen (12 × 12). Ebenso ist die Aussage, die die Wesenheit der Getreuen kennzeichnet, bildhaft zu verstehen. Im Kapitel 14, Vers 4 wird über die Getreuen ausgesagt:

„Das sind die, die sich mit Weibern nicht befleckten; denn sie sind jungfräuliche Menschen. Das sind die, die dem Lamme folgen, wohin immer es geht. Das sind die, die erkauft sind aus den Menschen als Erstlingsgabe für Gott und das Lamm. Und in ihrem Munde ward keine Lüge gefunden; ohne Makel sind sie."

Begreiflicherweise haben sich die Exegeten über dieses Teilstück viele Gedanken gemacht – enthält es doch schließlich so etwas wie eine Anweisung, um zur Schar derer zu gehören, die der ewigen Verdammnis entgehen. Läßt sich dieser Vers als ein Aufruf zum Zölibat verstehen? Die Wahrscheinlichkeit, daß die wörtliche Deutung unzutreffend ist, geht bereits daraus hervor, daß die Getreuen dann allein aus Männern bestehen dürften („denn sie sind von Weibern nicht befleckt"). Deshalb erscheint es angebracht, auch diese Aussage bildlich zu verstehen, und zwar wird wahllose sexuelle Betätigung als Bild einer allgemeinen Verhaftung an die eigene Triebhaftigkeit verstanden. „Jungfräulichkeit" ist hier nicht ein Zeichen absoluter sexueller Abstinenz, sondern ein Symbol für das Freisein von der Herrschaft der Triebe. Folgerichtig heißt es deshalb im nächsten Satz, daß diese Menschen von der Erde *erkauft* sind, als Erstlingsgabe für den Herrn. Hier wird das Bild der von einer Fronherrschaft losgekauften Sklaven verwendet, um aufzuzeigen, daß Freisein von der Vorherrschaft des Triebhaften (von der *Erde*) dadurch entsteht, daß die Menschen ihr Leben als Gottesdienst verstehen. „Erstling" Gottes und des Lammes werden sie dadurch, daß sie ihre eigenen „Erstlinge", die Triebe zu Macht, Besitz und Sexualität geopfert haben zugunsten eines anderen Primates: Gott treu zu sein und ihm zu gehorchen. Eine solche Einstellung *kann* ins Zölibat führen, sie kann auch zur Aufgabe der Sexualität in der Ehe führen, muß aber nicht unbedingt diese Folgen haben.

Das Wesen der „Jungfräulichkeit", wie es hier verstanden werden soll, besteht in einer inneren Ein- und Umstellung: nämlich im Freisein von Fixierungen, von Verhaftungen an Triebbereiche in gedanklicher und aktiver Form. Wir wissen heute, daß diese Freiheit oft leichter und unverkrampfter erreicht werden kann, wenn eine Zeitlang der „Erde", der Natur, gegeben wird, was der Natur gebührt, daß die Gefahr der Triebfixierung sehr viel geringer ist, wenn zunächst einmal das „Tier im Menschen" angenommen wird. Kinder, die immer hungern mußten, die nie Besitz haben durften, die dauernd gedemütigt und geprügelt wurden, neigen später zu Habgier und Herrschsucht. Deshalb ist es sicher von großer Bedeutung, daß gerade in diesem Kapitel Gottes Thron mit den vier Tieren wieder auftaucht. Das neue „Lied", das die hundertvierundvierzigtausend Losgekauften lernen, ist nicht ein Lied von der statischen Freiheit vom Trieb, sondern vom Frei*geworden*sein vom Trieb mit Hilfe seiner Integration (s. S. 114ff.). Es ist die Rede davon, daß der Mensch den Zustand des „Befleckseins" zugunsten einer neu erworbenen Jungfrauenschaft überwinden kann. Ähnliche Bilder kommen auch in den Träumen moderner Menschen vor: Eine vierzigjährige verheiratete Frau, die nach der Aufzucht mehrerer Kinder ihre geistige Bestimmung entdeckt hatte, träumte: „Ich sitze auf einem Balkon und sehe nacheinander meine Kinder fortgehen und zurückwinken. Dann kommen verschiedene Männer und schauen zu mir herauf. Sie belustigen mich, sind mir aber gänzlich uninteressant. Jemand sagt: ‚Sie ist eine Jungfrau geworden.' Ich wundere mich, daß er die Wahrheit weiß."

Zu seinen Lebzeiten wie auch in der Ewigkeit, so sagt das Kapitel 14, wird es für den Menschen diese Scheidung, Entscheidung und die konsequenten Folgen daraus geben: entweder qualvoller seelischer Untergang (das Getretenwerden im großen Kelter des Zornes Gottes) oder ewige Seligkeit. Deshalb heißt es:

> „Selig sind die Toten, die in dem Herrn sterben von nun an. Ja, der Geist spricht, daß sie ruhen von ihrer Arbeit; denn ihre Werke folgen ihnen nach."

Deshalb heißt es aber auch:

> Und ein anderer Engel trat aus dem Tempel, der im Himmel ist; der trug auch eine scharfe Sichel. Und noch ein Engel kam vom Altare her; der hatte Macht über das Feuer; und er rief mit mächtiger Stimme dem zu, der die scharfe Sichel trug, und sagte: „Sende deine scharfe Sichel aus und ernte die Trauben vom Weinstock der Erde; denn seine Beeren sind reif." Da warf der Engel seine scharfe Sichel auf die Erde und erntete den Weinstock der Erde ab und warf die Trauben in die große Zornkelter Gottes. Und die Kelter wurde getreten außerhalb der Stadt, und Blut quoll aus der Kelter bis an die Zügel der Pferde, sechzehnhundert Stadien weit.

Hier wird deutlich: Apokalypse kann eine Angelegenheit einzelner, auch die von Gruppen, sicher aber auch die aller Menschen auf der Erde werden. Der Ausspruch des Engels: „Die Zeit zu ernten ist gekommen; denn die Ernte der Erde ist dürr geworden" mag sich auf eine kollektive Situation beziehen, darauf, daß das Endgericht im wahrsten Sinne des Wortes notwendig wird, weil die Zahl jener, die ihr Leben als Gottesdienst leben, so klein geworden ist, daß eine „Noternte", wie es im Bild der dürren Ernte aufgezeigt wird, unumgänglich ist. Dennoch sollte man das Schreckensgericht des Engels, der „Macht über das Feuer hatte", nicht allzu wörtlich als eine

Macht verstehen, die etwa einen Atomkrieg befiehlt, in dem die Menschen in riesigen Strömen des Blutvergießens umkommen, so daß das Blut von der Kelter bis an die Zügel der Pferde ginge. Solche Prophezeiungen dürfen nicht gleichgesetzt werden etwa mit Greueln, wie sie als Massenmorde in den Konzentrationslagern geschahen; denn in diesen Visionen von Gottesgerichten handelt es sich ja immer um ein Vernichtetwerden *negativer* Kräfte, während die positiven erhalten bleiben und erhöht werden. Es handelt sich gewiß auch bei dieser Darstellung um einen bildhaften Ausdruck für die Vernichtung destruktiven *Geistes*. Der Tod in der Apokalypse ist nicht gleichzusetzen mit dem leiblichen Sterben des Individuums. Die blutige Vernichtung im Kapitel 14 bezieht sich auf die Ausscheidung destruktiver, unentwickelter, zurückgebliebener und damit gefährlicher Potentiale zugunsten einer Reinigung der konstruktiven schöpferischen Kräfte. Deshalb trägt der Engel eine Sichel, das Instrument, das scharfe Trennung und Abtrennung bewirkt. Den positiven Kräften verhelfen Gott mit seinen Engeln und Christus (dem Lamm) letztlich zum Sieg, so wird gesagt. Diese Kräfte sind – unabhängig von der vielleicht tragischen Vernichtung leiblichen Lebens – unsterblich, während die negativen ein Ende haben oder zu ewiger Höllenqual verdammt werden.

Der Vollzug dieses Reinigungsprozesses wird in den nächsten Kapiteln in einer Fülle von symbolhaften Bildern dargestellt. Zunächst treten abermals sieben Engel auf den Plan, die die Menschen, „die das Tier anbeten", mit sieben Schalen göttlichen Zornes übergießen. Sieben Plagen – ähnlich den ägyptischen – sind die Folgen.

> Und es ging der erste weg und goß seine Schale auf das Land aus: da entstand ein böses und schmerzhaftes Geschwür an den Menschen, die das Malzeichen des Tieres hatten und die sein Bild anbeteten. Und der zweite goß seine Schale auf das Meer aus; da wurde es zu Blut wie von einem Toten, und alle Lebewesen im Meer starben. Und der dritte goß seine Schale aus über die Flüsse und die Wasserquellen; da wurde Blut daraus. Und ich hörte den Engel der Gewässer sagen: „Gerecht bist du, der da ist und der da war, du Heiliger, weil du so Gericht gehalten hast; denn Blut von Heiligen und Propheten haben sie vergossen; nun hast du ihnen Blut zu trinken gegeben; sie verdienen es." Und ich hörte den Altar sprechen: „Ja, Herr, Gott, du Allherrscher, wahrhaft und gerecht sind deine Gerichte." Und der vierte goß seine Schale über die Sonne aus; da wurde ihr gegeben, die Menschen mit Glut zu versengen. Und die Menschen wurden von großer Glut versengt, und sie lästerten den Namen Gottes, der die Macht über diese Plagen hat, aber sie bekehrten sich nicht dazu, ihm Ehre zu zollen. Und der fünfte goß seine Schale aus über den

Thron des Tieres; da wurde dessen Reich verfinstert, und sie zerbissen sich die Zungen vor Pein, und sie lästerten den Gott des Himmels ob ihrer Peinen und ob ihrer Geschwüre, aber sie bekehrten sich nicht von ihren Werken. Und der sechste goß seine Schale aus über den großen Euphratstrom; da vertrocknete dessen Wasser, damit der Weg gebahnt würde für die Könige vom Sonnenaufgang her. Und ich sah aus dem Maul des Drachen und aus dem Maul des Tieres und aus dem Maul des Lügenpropheten drei unreine Geister wie Frösche hervorgehen; das sind nämlich Dämonengeister, die Wunderzeichen wirken, die ausziehen zu den Königen der ganzen Welt, um sie zum Krieg zu sammeln für den großen Tag Gottes, des Allherrschers. Siehe, ich komme wie ein Dieb; selig, wer wacht und seine Kleider bewahrt, damit er nicht nackt umherzugehen braucht und man seine Scham sieht. Und er versammelte sie an dem Ort, der auf hebräisch Harmagedon heißt. Und der siebte goß seine Schale in die Luft aus; da kam eine mächtige Stimme aus dem Tempel, die rief: „Es ist geschehen." Und es entstanden Blitze und Getöse und Donner, und es entstand ein großes Erdbeben, derart, wie noch keines entstanden ist, seit es Menschen auf Erden gibt, ein so gewaltiges Erdbeben, so groß. Und die große Stadt fiel auseinander in drei Stücke, und die Städte der Heiden stürzten ein. Und des großen Babylon wurde vor Gott gedacht, um ihm den Becher des Weines seines grimmigen Zornes zu reichen. Und jede Insel verschwand, und keine Berge waren mehr zu finden. Und ein gewaltiger Hagel, wie Zentner so schwer, geht vom Himmel auf die Menschen nieder.

Wie ist es zu deuten, daß bei den Gottlosen gefährliche, schmerzhafte Geschwüre entstanden? Geschwüre, das war gewiß auch in damaliger Zeit bereits bekannt, zeigen sich am Leib, wenn sich ein schwerer entzündlicher Prozeß in ihm abspielt. Sie sind das Symptom einer inneren Vergiftung. In ähnlicher Weise müssen sich diese Geschwüre im übertragenen Sinn als ein Symbol der seelisch-geistigen Vergiftung, als Ausfluß der Ehrfurchtslosigkeit vor Gott zeigen. Wir haben heute eine große Zahl solcher „Geschwüre", so zum Beispiel die neurotische Verwahrlosung, die eine Folge der ungehorsamen Eigenmächtigkeit der Menschen ist, die den Müttern weismachen, Kinder könnten ohne deren permanente Einsatzbereitschaft zu einer inneren Ordnung und zu seelischer Gesundheit kommen. Das ist nicht der Fall! Viele andere seelische und körperliche Leiden sind eine solche Folge menschlichen Hochmuts. Die Menschen meinen, der Medizin ihre Gesundheit anvertrauen zu können. Und zahllose Mediziner sind einfältig genug, sich an der Stelle Gottes als Herren über Leben und Tod zu empfinden. Nikotin, Alkohol, Rauschgift – diese gefährlichen Errungenschaften wurden von „Fachleuten" so lange gutgeheißen, bis Heere von Opfern endlich eine Statistik möglich machten, die die Schädlichkeit wissenschaftlich beweist. An „Geschwüren", wie sie die Apokalypse beschreibt, fehlt es uns heute nicht. Als unterschwellige Geschwüre, als Verhärtungen des Charakters zeigen sie sich heute bei zunehmend mehr Menschen.

Die nächsten Schalengerichte wiederholen die Bilder aus früheren Kapiteln: Das Blutigwerden des Meeres und der Flüsse deutet darauf hin, daß das „Lebenswasser", das heißt die Lebendigkeit des Geistes, abgetötet wird. Die schöpferische Phantasie stirbt und damit die Voraussetzung zu Kultur und Kunst. Die in die Sonne gegossene Schale weist auf das Dürrewerden des Geistes hin. Die zerbissenen Zungen der Gottlosen bedeuten ihren zersetzenden Geist, die Zwietracht im eigenen Lager, die stänkernde, zerspaltende, unfruchtbare Kritik. Das Austrocknen des Euphrat sagt aus, daß der Atheismus ein Verdorren der schöpferischen Intuition bedeutet, das dem Menschen die Fähigkeit nimmt, seine Grenzen zu erkennen und einzuhalten. Der Einbruch anarchistischer Tendenzen, das heißt maßloser, ungezielter Aggressionen, ist in dieser Situation ebenso gegeben wie Invasionen der Ich-Ansprüche durch Riesenansprüche und gierige Maßlosigkeit. So sagt es das Bild der durch den eingetrockneten Grenzfluß einbrechenden Könige aus. Schließlich fallen den Menschen eisige Klötze als schlagender Hagel auf die Köpfe, und ein Beben vernichtet große Teile der Erde, das heißt, eiskalte Verhärtungen der Seele schlagen die Menschen ebensosehr wie kollektive Erschütterungen, Revolutionen, die die Werke der Menschen dem Erdboden gleichmachen, indem sie progressive Gestaltungsprozesse durch eine sinnlose, überhebliche Gleichmacherei behindern.

In den weiteren Kapiteln werden die Kräfte, die in der Lage sind, den Menschen ins Verderben zu führen, noch weiter in bildhaften Visionen zum Ausdruck gebracht und nach mehreren Zwischenstadien ihre endgültige Entmachtung und ewige Bestrafung prophezeit. Noch einmal, wie bereits in Kapitel 13, ist die Rede von jenem Tier mit sieben Häuptern und zehn Hörnern, noch einmal taucht das Bild von einer großen Hure auf, die jetzt den Namen Babylon trägt, aber, wie ein Texthinweis deutlich macht, mit der falschen Prophetin des Kapitels 2 identisch ist. Noch einmal zeigt sich, daß Tier und Weib hier Inkarnationen des schlechthin Bösen, des Teufels sind; denn in Kapitel 20, Vers 2 heißt es: „Und er (der Engel) griff den Drachen, die alte Schlange, das ist der Teufel und Satan...", und in Vers 10 des gleichen Kapitels berichtet Johannes:

> „Und der Teufel, der sie (die Heiden) verführte, ward geworfen in den Pfuhl von Feuer und Schwefel, da auch das Tier und der falsche Prophet war, und sie werden gequält werden Tag und Nacht und von Ewigkeit zu Ewigkeit."

Über das Wesen und Wirken der teuflichen Mächte im Bereich der Menschen wird in den Kapiteln 17 bis 19 eine noch stärkere Enthüllung vorgenommen. Da sie aber in der Bildersprache vollzogen werden, brauchen wir auch hier die „Übersetzung". Über die Hure wird folgende Aussage gemacht:

> Sie sitzt an vielen Wassern. Die Könige der Erde haben mit ihr gehurt, und die auf der Erde wohnen, sind von dem Wein ihrer Hurerei trunken geworden. Sie ist bekleidet mit Purpur und Scharlach und übergoldet mit Gold und edlen Steinen und Perlen und hat einen goldenen Becher in der Hand, voll Greuel und Unsauberkeit ihrer Hurerei. Sie ist trunken vom Blut der Heiligen und vom Blut der Zeugen Jesu. Sie sitzt auf jenem dämonischen Tier. Dieses Tier und seine Hörner werden die Hure einsam machen und blaß, werden ihr Fleisch essen und sie mit Feuer verbrennen. Die Kaufleute auf der Erde sind von ihrer Wollust reich geworden. Und sie spricht in ihrem Herzen: „Ich sitze als Königin und bin keine Witwe, und Leid werde ich nicht sehen."
>
> Darum sollen an einem einzigen Tag seine Plagen kommen: Tod und Trauer und Hunger, und im Feuer wird es verbrannt werden; denn stark ist der Herr, Gott, der ihm das Urteil gesprochen hat.
>
> Dann werden über es weinen und wehklagen die Könige der Erde, die mit ihm Unzucht trieben und schwelgten, wenn sie den Rauch seines Brandes sehen. Von ferne stehen sie aus Furcht vor seiner Qual und sprechen: „Wehe, wehe, du große Stadt, Babylon, du starke Stadt. Denn in einer einzigen Stunde ist das Gericht über dich gekommen." Und die Kaufleute der Erde weinen und klagen über (die Stadt); denn niemand kauft mehr ihre Ware, Ware von Gold und Silber, von Edelstein und Perlen, von feinem Linnen und Purpur, von chinesischer Seide und Scharlach, all das Thujaholz und all das Gerät von Elfenbein und all das Gerät von Edelholz und Erz, von Eisen und Marmor, dazu Zimt und Balsam, Räucherwerk, Salböl und Weihrauch, Wein und Öl, Feinmehl und Weizen, Rinder und Schafe, Pferde und Wagen, Menschenleiber und Menschenseelen. Auch deine reifen Früchte, die Lust deines Herzens, sind für dich dahin, und all der Prunk und all der Glanz gingen für dich verloren, und nimmermehr wird man sie finden. Die mit diesen Dingen Handel trieben und an ihr reich geworden sind, sie werden von ferne stehen aus Furcht vor ihrer Qual, werden weinen und jammern und sprechen: „Wehe, wehe, du große Stadt, in Linnen und Purpur und Scharlach gehüllt, überladen mit Gold und Edelsteinen und Perlen. Ist doch in einer Stunde ein so großer Reichtum zur Öde geworden."

Und alle Steuerleute, alle Küstenfahrer und Matrosen samt allen, die auf dem Meere tätig sind, standen von ferne und schrien, als sie den Rauch von ihrem Brande sahen, und sprachen: „Wer gleicht der großen Stadt?" Und sie streuten Staub auf ihre Häupter und schrien unter Weinen und Jammern und sprachen: „Wehe, wehe, du große Stadt, an deren Wohlstand alle sich bereicherten, die Schiffe auf dem Meere haben. Ist sie doch in einer einzigen Stunde zur Öde geworden."
Freue dich über sie, du Himmel, und ihr Heiligen, ihr Apostel und Propheten (freuet euch). Denn Gott hat für euch das Gericht an ihr vollstreckt.
Und ein starker Engel hob einen Stein auf, groß wie ein Mühlstein, und warf ihn ins Meer mit den Worten: „Mit solcher Wucht wird Babylon, die große Stadt, hingeworfen, und nimmermehr wird sie zu finden sein."
Und kein Laut von Harfenspielern und Sängern, von Flötenspielern und Posaunenbläsern wird mehr in dir gehört werden, und kein Künstler irgendwelcher Kunst wird mehr in dir gefunden werden, und das Geräusch des Mühlsteins wird man nimmermehr in dir vernehmen. Kein Licht einer Lampe wird mehr in dir scheinen, und die Stimme von Bräutigam und Braut wird nimmermehr in dir gehört werden. Denn deine Kaufleute waren die großen Herren der Erde, ja durch deine Zauberkunst sind alle Völker verführt worden. Und in ihr fand sich das Blut von Propheten und Heiligen und von allen, die auf Erden hingeschlachtet wurden.

Die Tatsache, daß hier in Bildern einer *Hure* Babylon und gleichzeitig der *Stadt* Babylon gesprochen wird, ist kennzeichnend für die Wesenheit dieser satanischen Geistesmächte: Sie sind Triebkräfte, bindungslos, unmäßig, sie dienen wahllos der Natur, sie sind genußsüchtig, prunksüchtig, gewalttätig, widergöttlich, sie sind vor allem von einem hemmungslosen Materialismus, Verfallene an eine gierige Herrsch- und Gewinnsucht, wie es in den Bildern der sich bereichernden Kaufleute dargestellt wird. Interessanterweise wird berichtet, daß diese Hure Babylon nicht nur einer raschen Vernichtung durch ein Gottesurteil anheimfällt als einer direkten Folge eines anmaßenden Hochmuts („ich bin die Königin"), sondern daß sie vorher selbst von jenem Tier angefallen wird, das sie trägt; das heißt: Der Teufel ist auch im Geist der Zwietracht. Der Geist, der sich allein an die Materie bindet, vernichtet sich selbst durch seine eigene Triebhaftigkeit. Eine materialisierte Zivilisation, so wird hier gesagt, frißt sich selbst auf, geht an ihrer eigenen Genußsucht zugrunde; denn das Tier, dem die Hure aufsitzt, ist ja nur *ein* Aspekt des dämonisch destruktiven, triebhaften Geistes. Deutlicher wird das Tier mit den sieben Köpfen und zehn Hörnern in diesem letzten Kapitel der

Offenbarungen als das Symbol einer hochmütigen Eigenmächtigkeit des Menschen charakterisiert: denn einerseits ist es tierisch triebhaft, wie der Wille zur Macht ein Teilaspekt des Selbsterhaltungstriebes des Menschen ist, andererseits zeigt es in der Vielzahl seiner Köpfe die Quantifizierung des Verstandes, der Intellektualisierung einer dämonischen Verbindung von Trieb und Verstand an. Das heißt: Teuflisch wird der Machttrieb erst, wenn er sich mit Hilfe von Planung, Vorsatz, mit Wissen und Wissenschaft in den Dienst der Zerstörung von Schöpfung stellt. Viele Mächtige dieser Erde, viele Herrschende („die Könige") sind in dieser Weise Inkarnationen teuflischen Geistes gewesen, weil sie der Versuchung erlagen, sich an die Stelle Gottes zu setzen. Sie verabsolutierten den Machttrieb, waren von ihm besessen. Von dieser aggressiven Gewaltherrschaft tyrannischer Machthaber ist im Symbol der Köpfe und Hörner des Tieres die Rede, denn es heißt: „Die zehn Hörner, die du gesehen hast, das sind zehn Könige ... Sie werden eine Zeit Macht empfangen mit dem Tier. Die haben eine Meinung und werden ihre Kraft und Macht geben dem Tier."

Die Bilder um dieses Tier und seine bösen Könige haben Anlaß zu vielfältigen Deutungen gegeben. Vor allem hat man in diesen Bildern viel Zeitgeschichtliches zu sehen gemeint, vor allem die Schreckensherrschaft römischer Kaiser. Sicher sind solche Deutungen auch möglich, sie sind aber nur Teilaspekte der einen großen überzeitlichen Wahrheit: der Gefährlichkeit und des zerstörerischen Geistes von Gewaltherrschaft der Mächtigen. In diesem Sinne sind auch die vielen Aussagen über vergangene und kommende Tierherrscherperioden zu verstehen als das Aufbranden, Zurückebben und Wiederaufbranden zerstörerischer Geistesepochen in der Geschichte. Diese Aussage kulminiert in der mehrmals wiederholten Feststellung: „Das Tier ist gewesen, ist nicht und wird wiederkommen." In vielen verschiedenen Bildern („dem tausendjährigen Reich Christi") wird von guten und bösen Zeiten gesprochen, von der scheinbar endgültigen Übermacht des Bösen und gleichzeitig von der Hoffnung auf eine Zunahme langfristiger Perioden, in denen christlicher Geist die Oberhand hat; denn trotz dieses Oszillierens, trotz der „kleinen Zeit" des Entbundenwerdens der destruktiven geist-feindlichen Mächte, steht die „neue Stadt Jerusalem" als eine herrlich leuchtende Vision auf dem Plan – als Ziel der Schöpfung. Diese Stadt „Jerusalem" ist genau wie die Stadt „Babylon" nicht wörtlich zu nehmen. Sie ist ein Bild für eine Zeit, die kommen wird, in der Gottes Wille und Gottes Vollkommenheit ihre Verwirklichung finden. Ein Symbol ihrer Vollkommenheit ist in der Gegebenheit gezeichnet, daß diese Stadt aus einem Würfel in vollkommenem Gleichmaß besteht und daß sie aus allen kostbaren Steinen zusammengesetzt ist.

Wieder taucht hiermit der Stein der Weisen auf als ein Symbol für die Inkarnation durchsichtiger, klarer, ebenmäßiger Form in der Materie, als herrliches Bild der Vereinigung der Gegensätze Stoff und Form. Er ist in seinen Eigenschaften von höchster Reinheit, Klarheit und Härte, ein Bild für die machtvolle Festigkeit einer absoluten Bewußtheit, die der Materie zur höchsten Veredelung verhilft. Von einem solchen Jerusalem, das durch den Geist Christi allmählich erwirkt wird, ist in hymnischen Gesängen in den letzten Kapiteln der Apokalypse die Rede. Es ist geradezu selbstverständlich, daß diese Stadt „nicht der Sonne bedarf und des Mondes; denn die Herrlichkeit Gottes hat sie erleuchtet, und ihre Leuchte ist das Lamm". Das soll natürlich nicht heißen, daß eines Tages auf der Erde weder Sonne noch Mond scheinen werden, sondern es sagt aus, daß diese höchste Stufe der Vollkommenheit von einer Atmosphäre unmittelbarer göttlicher Klarheit gekennzeichnet sein wird. Christlicher Geist allein (das Lamm ist die Lampe) macht dann die Motivation aller Lebensregungen der Menschen aus. Nach seinem Richtmaß allein vollziehen sie ihr Leben. In diesem Status kann endlich auch der Baum des Lebens, um dessentwillen Adam das Paradies verlassen mußte, neu geschenkt werden. Denn der Mensch braucht, wenn er mit christlichem Geist vollständig identifiziert ist, nicht zu sterben, selbst dann nicht, wenn der Leib hier auf der Erde erlischt.

> „In der Mitte des Platzes und des Flusses, der hüben und drüben fließt, steht der Baum des Lebens, der zwölfmal Früchte trägt, jeden Monat bringt er seine Frucht, und die Blätter des Baumes dienen zur Heilung der Völker."

Dieser Baum, der auf einem durch das Lebenswasser gebildeten Rund steht und als sein Zentrum aufragt, ist ein Symbol des vegetativ lebendigen, unsterblich gewordenen Menschengeistes. Die Vorherrschaft der Natur, so wird im ganzjährigen Fruchttragen ausgesagt, ist endgültig besiegt, denn es gibt kein Vergehen, keine Winterstarre, keinen Tod mehr. Das Eiland und der Baum darauf in seiner Mitte sind eine lebendige Inkarnation der Ursymbole, die uns in abstrakter Form das Ziel der Schöpfung vor Augen halten: die Kugel mit dem aus ihr aufragenden Kreuz. Diese Symbole sind überzeitliche Wegweiser, die unser Unbewußtes unmittelbar versteht, denn dort sind sie einprogrammiert, die uns wissen lassen, daß unser Leben einen Sinn und ein Ziel hat, daß wir die Chance haben, zum Baum des ewigen Lebens zu kommen. Selbst wenn wir als Individuum nur ein kleines Stück schaffen, wenn wir nur winzige Bausteine liefern auf das große Ziel – der „Heilung der Völker" zu. Weil diese Anrufung in uns allen lebendig ist, gibt es auch heute, selbst bei areligiösen Menschen – und oft *gerade* bei ihnen – eine Fülle von Träumen und Visionen, die auf diese unsere Marschroute hinweisen – wie Blinkfeuer in der Nacht von fernen Leuchttürmen, die uns zur Orientierung verhelfen wollen. Wie sehr darin gleichartig die großen Ursymbole der Apokalypse wiederkehren, mag der Traum eines Schriftstellers verdeutlichen, der mir kürzlich berichtet wurde.

„Etwa zwei Kilometer vom Strand entfernt sah ich einen wunderbaren Baum, dessen königliche Gestalt unter seinesgleichen mich anzog. Auf der Strandhöhe ragte er weit ins Land hinaus. Im Geäst, etwa auf halber Höhe, sah ich drei buntschillernde Paradiesvögel, erschrak aber, als sich eine Riesenschlange zum Wipfel hinaufwand. Die Paradiesvögel schienen jedoch keine Angst zu haben, sie traten nur etwas beiseite und ließen die Schlange sich höher winden, bis sie über den Baumwipfel hinausragte.

Mein Blick wandte sich dann dem Meer zu, wo ein Tierungeheuer auftauchte, dessen Größe einen Teil der Meeresfläche ausfüllte. Bald aber tauchte es wieder unter.

Plötzlich erfaßte mich eine unsichtbare Kraft und stieß mich in den Meeresgrund hinab, wo sich ein weit ausgedehnter Jahrmarkt befand. Auf Podesten fuchtelten Redner, um ihrer Überzeugung Ausdruck zu geben, daß Gott tot sei. Tausende von Menschen versammelten sich, um die Wahrheit zu hören, und die Quintessenz der Unterhaltung lautete: ‚Wenn Gott tot ist, können wir ja tun, was wir wollen.' Ein anderer Prediger sprach von der Erlösung durch den Sex. Dagegen wurde eingewandt, daß es ein noch viel größeres Glück gebe, das sei der Glaube, der Glaube an Christus. Großes Gelächter.

Die Reden und Gegenreden fanden kein Ende. Als sich junge Mädchen auszogen, um die Streiter Gottes durch ihre Nacktheit zu verführen, wurden viele Männer schwach und schworen dem Glauben einer ‚besseren Welt' ab.

Warum wurde die Welt nur so dunkel? Das Tier sank herab, das Ungeheuer, das mächtig war wie unübersichtliche Wolken, und hüllte die Gemüter wie in Nebel ein.

Ich sah im Traum, wie sich die Rüstungskammern öffneten, unzählige Rohre aus der Erde wuchsen und ein einziges Feuer entstand. Die Angst würgte mich.

Danach befand ich mich wieder unter dem Baum, und etwas mir

völlig Unerklärliches ereignete sich: Ich war auf einmal der Kopf der Riesenschlange, ein viereckiger Kopf, und ich sah in das Meer hinaus und in den Himmel und sah eine lichte Gestalt herankommen, eine Riesengestalt, mit der Sonne als Kopf, und in der Sonne schien mir ein Gesicht, als wäre es Christus. Geblendet mußte ich mich abwenden, aber ich konnte das Gesicht nicht von der mächtigen Größe lassen, die Himmel und Meer erfüllte. Die Umgrenzung der Gestalt schien wie ein Kleid wie von tausend Regenbogen. In der Mitte war die Figur grellblau, und ich sah darin die Sterne kreisen. Immer tiefer senkte sie sich ins Meer, das immer höher stieg, bis es fast an den Wipfel des Baumes reichte.

Als die Erscheinung versunken war, tauchte sie nach einer kurzen Zeit wieder aus dem Meer, fuhr gen Himmel, am Saum des Kleides lösten sich viele Menschen, die aus der ‚Hölle dieser Erde' gerettet wurden. Jetzt erst merkte ich, daß ich die Schlange erwürgt hatte, tot hing sie im Geäst. Das Meer war rot vom Blut des Tieres, das Christus vernichtet hatte."

Deutlich gibt dieser große Traum uns Auskunft über unsere kollektive Situation heute, aber er sagt darüber hinaus auch, daß wir nur zum Heil und zur Erlösung kommen können, wenn wir die Existenz der Schlange, des Bösen in uns und um uns bewußt erleben und uns dem Kampf gegen sie gewissermaßen in eigener Sache, in persönlicher Verantwortung stellen. Nur so ist der Sonnenmacht christlichen Geistes in uns zum Sieg zu verhelfen, nur so kann der Baum des ewigen Lebens für uns Wirklichkeit werden.

Literaturverzeichnis

Beit, Hedwig, v.: Gegensatz und Erneuerung im Märchen. Bern/München 1965.
Bitter, Wilhelm: Religiosität in der Krise, in: Der Verlust der Seele, Freiburg i. Br. 1969.
Boyden-Howes, Elisabeth: Die Evangelien im Aspekt der Tiefenpsychologie, Zürich 1968.
Bultmann, Rudolf: Neues Testament und Mythologie, in: H. W. Bartsch: Kerygma und Mythos. Hamburg 1960.
Forstner, Dorothea: Die Welt der Symbole. Innsbruck/Wien/München 1961.
Halver, Rudolf: Der Mythos im letzten Buch der Bibel. Hamburg 1964.
Harding, Esther: Das Geheimnis der Seele. Zürich 1947.
–: Frauen-Mysterium. Zürich 1949.
Harsch, Helmut: Tiefenpsychologisches zur Schriftauslegung, in: Gerhard Voß und Helmut Harsch (Hrsg.): Versuche mehrdimensionaler Schriftauslegung. München/Stuttgart 1972.
Hemleben, Johannes: Biologie und Christentum. Stuttgart 1971.
Huch, Ricarda: Der Sinn der Heiligen Schrift. Leipzig 1919.
Illies, Joachim (Hrsg.): Die Sache mit dem Apfel. Freiburg i. Br. 1972.
Jung, Carl-Gustav und Kerényi, Karl: Einführung in das Wesen der Mythologie. Amsterdam/Leipzig 1941.
–: Psychologie und Religion. Zürich 1942.
–: Symbolik des Geistes. Zürich 1953.
Kautzsch, Emil (Hrsg.): Die Apokryphen und Pseudepigraphen des Alten Testaments. Tübingen 1900.
Koch, Karl: Der Baumtest. Bern/Stuttgart 1954.
Kretschmer, Wolfgang: Psychologische Weisheit der Bibel. München 1956.
Loretz, Oswald: Schöpfung und Mythos. Stuttgarter Bibelstudien 1968.
Meves, Christa: Tiefenpsychologische Aspekte der Kindheit, in: Das Kind, hrsg. v. W. Behler, Freiburg i. Br. 1971.
–: Abgeschaffte Schuld; in: Manipulierte Maßlosigkeit. Freiburg i. Br. 1972.
–: Erziehen und Erzählen – Von Kindern und Märchen. Stuttgart 1971.
Neumann, Erich: Ursprungsgeschichte des Bewußtseins. Zürich 1949.
Novalis: Schriften, hrsg. v. P. Keuckholm und R. Samuel, Stuttgart 1960.
Otto, Walter-Friedrich: Gesetz, Urbild, Mythos. Stuttgart 1951.

Rad, Gerhard v.: Das Alte Testament. Göttingen 1953.
Rosenberg, Alfons: Begegnung mit Engeln. Weilheim 1955.
–: (Hrsg.) Dokumente religiöser Erfahrung. München 1958.
–: Engel und Dämonen. München 1967.
Scharfenberg, Joachim: Religion zwischen Wahn und Wirklichkeit. Hamburg 1972.
Seifert, Friedrich und Seifert-Helwig, Rotraut: Bilder und Urbilder. München/Basel 1965.
Spaemann, Heinrich: Stunde des Glaubens. Einsiedeln 1971.
Steffen, Uwe: Das Mysterium von Tod und Auferstehung. Göttingen.
Weinreb, Friedrich: Die Symbolik der Bibelsprache. Zürich 1969.
–: Der göttliche Bauplan der Welt. Zürich 1971.
Westermann, Claus: Genesis 1–11, Darmstadt 1972.

Herderbücherei
20 Jahre Taschenbuch-Verlag

Mit einer neuen Taschenbuchreihe eröffnet die Herderbücherei ihr Jubiläumsprogramm 1977: Ab April erscheint die „Fachserie Deutschunterricht" für Lehrer aller Schulstufen. Ein ideologiefreier, kreativer Deutschunterricht und, damit verbunden, eine bessere Leseerziehung sind die Ziele dieses Sonderprogramms. Zusammen mit der „Fachserie Pädagogik" bringt die Herderbücherei jetzt pro Jahr 20 neue Beiträge für die Schulpraxis heraus. Damit ist sie auf dem Sektor des pädagogischen Taschenbuchs Marktführer geworden.

Die unangefochtene Spitzenstellung im Bereich des religiösen Taschenbuchs konnte sie gleich im Startjahr 1957 besetzen. Romano Guardini, Karl Rahner und Reinhold Schneider zählten zu den Autoren der ersten Stunde. Der Anteil evangelischer Autoren trat in den Folgejahren immer stärker hervor. Im Jubiläumsprogramm 1977 sind z. B. Helmut Thielicke, Peter Meinhold und Frère Roger, der Prior von Taizé, mit Originalbeiträgen vertreten. Unter den 7 Millionen Herderbücherei-Lesern sind einer neuen Allensbach-Umfrage zufolge 37% evangelischer Herkunft.

Führend ist die Herderbücherei nicht zuletzt auf dem Gebiet der psychologischen Literatur und der Lebenshilfe. Neben Christa Meves, von der die Herderbücherei bisher allein über 850000 Exemplare verlegte, bestimmen Psychotherapeuten wie Paul Tournier (Genf), Viktor E. Frankl (Wien), Joachim Bodamer (Winnenden) und Klaus Thomas (Berlin) das Profil des Angebotes. Gegen die verdeckte Inhumanität unserer Zeit richtet sich die Serie „menschlicher leben". Sie findet wachsende Beachtung.

Frühzeitig hat man in Freiburg die Signale einer Tendenzwende erkannt und mit dem von Gerd-Klaus Kaltenbrunner herausgegebenen Zweimonats-Taschenbuch INITIATIVE eine geistespolitische Alternativposition entwickelt. „Die Zeit" schrieb dazu in ihrer Messe-Nummer u. a.: „Den Illusionen reformpolitischer oder gar kulturrevolutionärer Emanzipations- und Demokratisierungsstrategien sollte eine klare, aber begründete und detailliert ausgewiesene ‚Absage' erteilt werden. Inzwischen hat die Herderbücherei unübersehbar dazu beigetragen der Überflutung des Buchmarktes mit linker Literatur Einhalt zu gebieten ... Umfassende Übersichten über weiterführende Literatur und eher sporadische ‚Dokumentationen' ergänzen jeweils die Aufsätze. Unter den Autoren finden sich neben den Wortführern des Neokonservatismus (wie Kaltenbrunner, Armin Mohler, Ernst Topitsch, Erik von Kuehnelt-Leddihn, Günter Zehm oder Klaus Hornung) auch renommierte Wissenschaftler vom rechten Flügel der SPD (Hermann Lübbe, Thomas Nipperdey, Heinz-Dieter Ortlieb, Gottfried Eisermann und Werner Becker), dazu eine respektable Reihe parteipolitisch oder weltanschaulich nicht fixierbarer Publizisten, Pädagogen, Systemforscher, Naturwissenschaftler usw. Dieses relativ breite Spektrum politischer Meinungen, theoretischer Ansätze und wissenschaftlicher Disziplinen versucht der Herausgeber in jedem Band zu umschreiben und nach Konvergenzen abzuleuchten. Kaltenbrunners Essays gehören zum Luzidesten dessen, was die Herderbücherei zu bieten hat. Sie formen die Reihe zu einer Publikationsfolge von prägnanter geistespolitischer Fasson."

Zur liberal-konservativen Gegenbewegung mag man auch die neuentwickelte „heitere Serie" rechnen; denn Humor ist gewiß nicht eine Tugend verbissener Fortschrittsideologen. Lernziel Gelassenheit könnte man über diese Programmsparte schreiben, die inzwischen auf mehr als 25 Titel angewachsen ist. Auch hier strebt die Freiburger Redaktion eine Spitzenposition auf dem deutschen Taschenbuchmarkt an.

20 Jahre Herderbücherei – das ist auch vom Markt her gesehen ein bemerkenswertes Datum. 16 Millionen Taschenbücher konnten seit 1957 verbreitet werden. Die Bundesbahn müßte 186 Güterwagen anspannen, wenn sie diesen Pocketbook-Berg abtransportieren sollte. 16 Millionen mal haben sich Leser unter einem breiten Angebot von Taschenbüchern für einen Herderbüchereiband entschieden. Taschenbücher stehen täglich zur Wahl – eine Herausforderung an die Redaktion, im Wettbewerb um die Gunst der Leser immer etwas Besonderes zu leisten.

Christa Meves
Kinderschicksal in unserer Hand

Erfahrungen aus der psychagogischen Praxis

Herderbücherei 501   160 Seiten, 6. Auflage

Daß die ersten Lebensjahre und die Pflege der Kinder durch die Erziehenden eine große Bedeutung haben, das mag der aufgeschlossene Leser in den letzten Jahren durch die Bücher von Christa Meves gelernt haben.
Wie dieses erste Erleben sogar die Berufswahl, politische Einstellungen, Temperament und Charakter mitbestimmen kann, das ist der Inhalt dieses Buches. Aber Christa Meves stellt nicht nur fest. Wieder zieht sie konkrete Konsequenzen, und sie weiß Abhilfe für die Situationen, die aufgrund der Schwierigkeiten mit den Kindern die Eltern zu Fragenden werden läßt. Neue Zusammenhänge erschließt das Buch, Rat in Einzelfragen gibt es.

Christa Meves
Ehe-Alphabet

Herderbücherei 485   128 Seiten, 12. Auflage

Dieses Buch ist ein Hochzeitsgeschenk. Christa Meves schrieb es zunächst für ihre Kinder. Sie wollte ihnen etwas Eigenes mit auf den Weg geben. Daher versucht sie in diesem „Ehe-Alphabet" etwas von den Erfahrungen mitzuteilen, die sie in einer großen psychagogischen Praxis und in vielen menschlichen Begegnungen gewinnen konnte. Es geht ihr nicht um Rezepte für den Ehealltag, sondern um Grundhaltungen, die eine Ehe heute, durch alle Krisen hindurch, lebenswert machen. Eine sehr persönliche Orientierung, den Lesern gewidmet, die sich den Anforderungen einer modernen partnerschaftlichen Lebensgemeinschaft stellen.

Herderbücherei

Christa Meves / Joachim Illies
Lieben – was ist das?

Ein Grenzgespräch zwischen Biologie und Psychologie

Herderbücherei Band 362 128 Seiten, 11. Auflage

Die Eigenart menschlichen Liebens, die mögliche Falschprogrammierung und Lernbarkeit des Liebenkönnens sowie die menschliche Gestaltung des Liebens im Vergleich zum instinkthaften Verhalten der Tiere sind die großen Themen dieser Grenzgespräche zwischen der Psychagogin Christa Meves und dem Biologen Joachim Illies.

Herderbücherei

Christa Meves
„Ich reise für die Zukunft"

Vortragserfahrungen und Erlebnisse einer Psychagogin

192 Seiten, 19,5 × 16,5 cm, Best. Nr. 16845 2. Auflage

Christa Meves, Erfolgsautorin und Psychagogin aus Leidenschaft, gibt in diesem Buch einen Erlebnisbericht über ihre Erfahrungen und Beobachtungen bei ihren zahlreichen Vortragsveranstaltungen. Ein echter Meves-Titel, der aber zugleich, stärker als die früheren Bücher, etwas von der Verfasserin selbst sagt. Hierin liegt der besondere Reiz dieses temperamentvoll geschriebenen und mit brillanten Beobachtungen gefüllten Buches.

Herder Freiburg · Basel · Wien